编审小组

组　　长　顾　军
副组长　　申卫华　刘　敏　诸　旐　张　杰　张智毅　周　岚
　　　　　张国华　罗志松　赖晓宜　李　泓
编　　辑　殷　凤　王敬云
成　　员　江　潇　阎　蓓　杨　曜　温　泉　姚　健　钱司玮
　　　　　董　晓　宋欣平　王　硕　党修宇　沈敏君

2021 上海服务贸易发展报告

上海市商务委员会

上海大学出版社
·上海·

图书在版编目(CIP)数据

2021上海服务贸易发展报告 / 上海市商务委员会编著. —上海：上海大学出版社，2022.3
ISBN 978-7-5671-4455-2

Ⅰ.①2… Ⅱ.①上… Ⅲ.①服务贸易－贸易发展－研究报告－上海－2021 Ⅳ.①F752.68

中国版本图书馆 CIP 数据核字(2022)第 050306 号

责任编辑　傅玉芳
封面设计　柯国富
技术编辑　金　鑫　钱宇坤

2021上海服务贸易发展报告

上海市商务委员会　编著
上海大学出版社出版发行
(上海市上大路99号　邮政编码200444)
(http://www.shupress.cn　发行热线 021-66135112)
出版人　戴骏豪

*

南京展望文化发展有限公司排版
上海东亚彩印有限公司印刷　各地新华书店经销
开本 889mm×1194mm　1/16　印张 11.25　字数 317 千
2022 年 3 月第 1 版　2022 年 3 月第 1 次印刷
ISBN 978-7-5671-4455-2/F·223　定价　78.00 元

版权所有　侵权必究
如发现本书有印装质量问题请与印刷厂质量科联系
联系电话: 021-34536788

目 录

第一部分 总报告

2020年上海服务贸易发展总报告 ······ 3

第二部分 专题报告

对上海数字贸易发展的若干思考 ······ 19
对接高标准国际经贸规则 推进上海服务贸易数字化发展 ······ 30
《数字经济伙伴关系协定》背景下上海推动数字贸易发展研究 ······ 38
RCEP框架下我国数字贸易开放度分析及对上海服务外包的启示 ······ 45
上海自贸试验区临港新片区发展跨境金融服务研究 ······ 53
上海文化贸易发展产业基础与产业链水平研究 ······ 64
上海软件贸易企业"数字出海"路径 ······ 74
全面深化服务贸易创新发展试点最佳实践案例 搭建链接全球的公共服务平台 ······ 81

第三部分 政策文件

商务部、中央宣传部等17部门关于支持国家文化出口基地高质量发展若干措施的通知
（商服贸函〔2021〕519号） ······ 87
商务部等24部门关于印发《"十四五"服务贸易发展规划》的通知 ······ 90
商务部、国家中医药管理局等7部门关于支持国家中医药服务出口基地高质量发展若干措施的
通知（商服贸规发〔2021〕73号） ······ 104
国务院关于同意在全面深化服务贸易创新发展试点地区暂时调整实施有关行政法规和国务院
文件规定的批复（国函〔2021〕94号） ······ 107
上海市人民政府关于印发《"十四五"时期提升上海国际贸易中心能级规划》的通知
（沪府发〔2021〕2号） ······ 110
市商务委 市委宣传部 市经济信息化委 市司法局 市财政局 市人力资源社会保障局 市文化旅游局
市卫生健康委 市市场监管局 市体育局关于印发《上海市服务贸易促进指导目录（2021年版）》的
通知（沪商服贸〔2021〕341号） ······ 130

上海市人民政府办公厅印发《关于本市加快发展外贸新业态新模式的实施意见》的通知
（沪府办发〔2021〕25号） ………………………………………………………………… 140

上海市商务委员会 上海海关 上海市药品监督管理局 上海市科学技术委员会
上海推进科技创新中心建设办公室关于印发《上海市生物医药研发用物品进口试点方案》
的通知（沪商规〔2021〕4号） …………………………………………………………… 145

第四部分　数据表组

表1　1980—2020年全球服务贸易进出口额 ……………………………………………………… 149
表2　1982—2020年中国服务贸易进出口额 ……………………………………………………… 151

附录　2004—2020年蓝皮书目录

《2004上海国际服务贸易发展研究报告集》目录 ………………………………………………… 155
《2005上海国际服务贸易发展研究报告集》目录 ………………………………………………… 156
《2006上海服务贸易发展研究报告集》目录 ……………………………………………………… 157
《2007上海服务贸易发展报告》目录 ……………………………………………………………… 158
《2008上海服务贸易发展报告》目录 ……………………………………………………………… 159
《2009上海服务贸易发展报告》目录 ……………………………………………………………… 160
《2010上海服务贸易发展报告》目录 ……………………………………………………………… 161
《2011上海服务贸易发展报告》目录 ……………………………………………………………… 162
《2012上海服务贸易发展报告》目录 ……………………………………………………………… 163
《2013上海服务贸易发展报告》目录 ……………………………………………………………… 164
《2014上海服务贸易发展报告》目录 ……………………………………………………………… 165
《2015上海服务贸易发展报告》目录 ……………………………………………………………… 166
《2016上海服务贸易发展报告》目录 ……………………………………………………………… 167
《2017上海服务贸易发展报告》目录 ……………………………………………………………… 168
《2018上海服务贸易发展报告》目录 ……………………………………………………………… 169
《2019上海服务贸易发展报告》目录 ……………………………………………………………… 170
《2020上海服务贸易发展报告》目录 ……………………………………………………………… 171

A Report on Trade in Services Development of Shanghai, 2021

Contents

Part I General Report

General Report on Trade in Services Development of Shanghai, 2020 ········· 3

Part II Special Reports

- Suggestions on Digital Trade in Shanghai ········· 19
- Aligning with High-standard International Economic and Trade Rules to Promote the Digital Development of Shanghai's Trade in Services ········· 30
- Advancing Digital Trade in Shanghai under DEPA ········· 38
- Analysis of China's Openness of Digital Trade under the RCEP Framework and Its Enlightenment to Shanghai Service Outsourcing ········· 45
- Study on the Development of Cross-border Financial Services in Lin-gang New Area of Shanghai Pilot Free Trade Zone ········· 53
- Research on the Industrial Basis and Industrial Chain Level of Shanghai Cultural Trade Development ········· 64
- The Path of "digital going overseas" for Shanghai Software Enterprises ········· 74
- Best Practice Case of Comprehensive Deepening of Service Trade Innovation and Development Pilot: Building a Global Public Service Platform ········· 81

Part III Polices and Regulations

- Catalogue of Technologies Prohibited or restricted from import in China Ministry of Commerce Announcement of the Ministry of Commerce and other 17 departments on measures to support the high-quality development of national cultural export base ········· 87
- Notice on several measures to support the innovative development of national digital service export base Circular of the Ministry of Commerce and other 24 departments on printing and distributing the 14th Five-Year Plan for The Development of Trade in Services ········· 90

- ➤ The Notice on Measures to Support the High-quality Development of the National TCM Service Export Bases ·· 104
- ➤ The State Council's reply on agreeing to temporarily adjust the implementation of relevant administrative regulations and state Council documents in the pilot areas for comprehensively deepening innovative development of trade in services ···························· 107
- ➤ Notice of Shanghai Municipal People's Government on printing and distributing the Plan of Upgrading Shanghai International Trade Center during the 14th Five-Year Plan Period ············ 110
- ➤ Shanghai service trade promotion guidance catalogue ·· 130
- ➤ Circular of the General Office of the Shanghai Municipal People's Government on printing and distributing the Implementation Opinions on Accelerating the Development of New Forms and Models of Foreign Trade in Shanghai ·· 140
- ➤ Pilot scheme for import of articles for biomedical R & D in Shanghai ···························· 145

Part IV Data

Table 1   Import and Export Volume of World Trade in Services from 1980—2020 ················ 149
Table 2   Import and Export Volume of China Trade in Services from 1980—2020 ················ 151

Appendix Contents of Report from Year 2004—2020

第一部分

总报告

2020年上海服务贸易发展总报告

上海市商务委员会

一、世界服务贸易总体情况

(一) 服务贸易整体下滑

受新冠肺炎疫情及多种因素影响,2020年全球服务贸易进出口总额同比下降20.6%,为2015年以来首次下降。其中,进口额4.68万亿美元,同比下降21.3%;出口额4.99万亿美元,同比下降20.0%。

图1　2015—2020年全球服务贸易进出口额趋势图

数据来源:WTO国际贸易统计数据库

(二) 不同服务部门表现各异

分项目来看,2020年货物相关服务、运输、旅游和其他商业服务等部门出口均有不同程度下降。其中,旅游服务下降幅度最大,出口同比下降62.6%;其他商务服务降幅最小,出口同比下降2.4%。全球运输、货物相关服务出口和进口占比变化幅度不大,旅游服务的进出口占比大幅下降,与此同时,其他商务服务占比有所提高(表1)。在服务贸易整体下滑的趋势下,保险和养老金服务、金融服务和通信、计算机和信息服务出口实现了正增长,分别同比增长2.6%、4.1%和4.1%,三项服务占其他商务服务出口的比重为41%,推动其他商务服务出口占比增长12.3%。

表1　2020年世界商务服务进出口额及占比

项　　目	金额 (10亿美元) 2020	份　　　　额(%)				
		2005	2010	2018	2019	2020
服务出口	4 985	100	100	100	100	100
货物相关服务	203	3.3	3.2	3.8	3.8	4.1
运输	830	21.5	20.8	17.0	16.7	16.6
旅游	549	26.0	24.2	23.6	23.6	11.0
其他商务服务	3 404	49.1	51.7	55.6	56.0	68.3
服务进口	4 682	100	100	100	100	100
货物相关服务	143	2.5	2.2	2.7	2.7	3.0
运输	996	26.3	25.7	21.6	20.9	21.3
旅游	554	24.9	22.6	24.0	23.6	11.8
其他商务服务	2 989	46.3	49.5	51.7	52.9	63.8

资料来源：WTO国际贸易统计数据库

(三) 服务贸易区域集聚明显

2020年,从服务贸易进出口总额来看,全球前20名国家依次为：美国、中国、德国、爱尔兰、法国、英国、日本、新加坡、荷兰、印度、比利时、瑞士、韩国、意大利、加拿大、卢森堡、丹麦、瑞典、俄罗斯和西班牙。其中,欧洲有13个国家排进全球前20名(德国、爱尔兰、法国、英国、荷兰、比利时、瑞士、西班牙、卢森堡、瑞典、俄罗斯、丹麦、意大利);亚洲有5个国家排进前20名(中国、日本、新加坡、印度、韩国);美洲有2个国家排进前20名(美国、加拿大)。发达国家主导全球服务贸易格局的态势并未改变。美国服务贸易进、出口额均排名第一,服务贸易顺差2 453亿美元,是全球服务贸易第一强国。作为排名靠前的两大新兴经济体,中国服务贸易进口额排名第二、出口额排名第四,贸易逆差逾1 000亿美元;英国服务贸易出口额排名第二、进口额排名第六,贸易顺差1 376.9亿美元。此外,德国服务贸易进出口额均排名第三,贸易顺差18.6亿美元;印度服务贸易进口额排名第十、出口额排名第七,贸易顺差为493.3亿美元。服务贸易出口额前十位国家占世界服务贸易出口的比重达到57.9%,较上年增加3.7个百分点(表2～表4)。

表2　2020年全球服务贸易总额前10名

排名	国家/地区	服务贸易 进口额 (亿美元)	服务贸易 出口额 (亿美元)	服务贸易 进出口总额 (亿美元)	服务贸易差额 (亿美元)
1	美　国	4 603.01	7 056.43	11 659.44	2 453.42
2	中　国	3 810.88	2 806.29	6 617.17	−1 004.59

续 表

排名	国家/地区	服务贸易进口额（亿美元）	服务贸易出口额（亿美元）	服务贸易进出口总额（亿美元）	服务贸易差额（亿美元）
3	德国	3 088	3 106.61	6 194.61	18.61
4	爱尔兰	2 957.45	2 627.04	5 584.49	−330.41
5	法国	2 316.64	2 455.78	4 772.42	139.14
6	英国	2 047.48	3 424.39	5 471.87	1 376.91
7	日本	1 845.31	1 602.87	3 448.18	−242.44
8	新加坡	1 726.89	1 875.64	3 602.53	148.75
9	荷兰	1 692.52	1 866.44	3 558.96	173.92
10	印度	1 539.25	2 032.53	3 571.78	493.28

资料来源：WTO 国际贸易统计数据库

表 3　2020 年全球服务贸易出口额前 10 名

排名	国家/地区	服务贸易出口额（亿美元）	对全球减少贡献率(%)	占全球比重(%)	同比增速(%)
	世界	49 853.29	100	100	−20.0
1	美国	7 056.43	13.7	14.2	−19.5
2	英国	3 424.39	5.1	6.9	−15.5
3	德国	3 106.61	2.9	6.2	−10.4
4	中国	2 806.29	0.2	5.6	−0.9
5	爱尔兰	2 627.04	−1.2	5.3	6.0
6	法国	2 455.78	3.9	4.9	−16.5
7	印度	2 032.53	0.9	4.1	−5.4
8	新加坡	1 875.64	2.4	3.8	−13.6
9	荷兰	1 866.44	7.2	3.7	−32.3
10	日本	1 602.87	3.8	3.2	−22.7

资料来源：WTO 国际贸易统计数据库

表 4　2020 年全球服务贸易进口额前 10 名

排名	国家/地区	服务贸易进口额（亿美元）	对全球减少贡献率(%)	占全球比重(%)	同比增速(%)
	世界	46 815.35	100	100	−21.3
1	美国	4 603.01	10.3	9.8	−22.1

续 表

排名	国家/地区	服务贸易进口额（亿美元）	对全球减少贡献率(%)	占全球比重(%)	同比增速(%)
2	中　国	3 810.88	9.4	8.1	−23.9
3	德　国	3 088	4.9	6.6	−16.8
4	爱尔兰	2 957.45	2.9	6.3	−11.0
5	法　国	2 316.64	3.0	4.9	−14.2
6	英　国	2 047.48	5.7	4.4	−26.2
7	日　本	1 845.31	1.7	3.9	−10.5
8	新加坡	1 726.89	2.8	3.7	−17.1
9	荷　兰	1 692.52	7.6	3.6	−36.3
10	印　度	1 539.25	2.0	3.3	−14.2

资料来源：WTO国际贸易统计数据库

（四）全球数字服务贸易在服务贸易中主导地位逐步显现[①]

伴随着数字产业化、产业数字化进程的不断推进，以数据为生产要素、以数字交付为主要特征的数字贸易蓬勃兴起，驱动全球贸易向服务化方向发展，正在成为全球贸易的新形态、未来贸易发展的新引擎。根据联合国贸易发展会议发布的"可数化服务贸易规模"，2008—2019年，全球可数化服务的出口规模已从1.9万亿美元增长至近3.2万亿美元，且占全球服务出口的比重已经过半，达到52%，占全部贸易的比重上升至12.9%。从增长趋势来看，2008—2019年，全球服务贸易出口额复合增长率是4.3%，而可数化的服务贸易出口复合增长率达到5.48%。2020年新冠肺炎疫情的暴发，进一步加速了全球数字贸易的发展进程，全球数字贸易出口逆势增长3.8%，占服务出口的比例上升0.9个百分点，升至61%，对于服务出口增长的贡献率达到98.3%，显著增强了服务贸易发展的韧性和动力。2020年，全球服务贸易出口额下降20%，但数字化服务贸易仅下降5%左右。

从细分领域结构看，新兴服务业在数字贸易中占主导地位，是数字贸易发展的关键动力。从数字贸易结构看，2020年全球其他商业服务、ICT服务、金融服务、知识产权服务、保险服务、文娱服务，出口规模分别为13 999亿美元、6 782亿美元、5 204亿美元、4 092亿美元、1 370亿美元、822亿美元；数字贸易出口占比分别为43.4%、21.0%、16.1%、12.7%、4.2%、2.5%；从结构变化趋势上看，2010—2020年，年均增长率分别为6.1%、8.7%、4.2%、5.8%、4.1%、5.0%；对数字贸易出口增长贡献率分别为43.5%、26.8%、12.2%、12.2%、3.1%、2.2%。

从各国市场占有率看，美欧等发达经济体占绝对优势，发展中经济体、转型经济体影响力上升。2020年，发达经济体、发展中经济体和转型经济体的数字贸易出口规模分别为24 310亿美元、7 204亿美元、412亿美元，全球数字贸易出口占比分别为76.1%、22.6%、1.3%。2020年，美国数字贸易出口排名全球第一；英国以其优势的金融、保险服务产业排名全球第二；爱尔兰、德国、荷兰、印度、法国分列第三至第七位；中国排名第八。从短期增长看，转型经济体、发展中经济体、发达经济体在数字贸易出

[①] 中国信息通信研究院：《数字贸易发展白皮书（2020年）》，2020年12月。

口方面分别同比增长8.8%、5.5%、3.2%;从长期增长看,三者年均增速依次为4.7%、5.6%和8.2%。

从细分行业看,发达经济体虽然占绝对地位,但各国也形成了自身发展重点和优势。2020年,发达经济体在各细分数字贸易的国际市场占有率均超过60%,其中知识产权服务占有率超过90%,金融和文娱服务占有率在80%～90%,其余则在70%上下。横向比较,各经济体数字贸易出口结构大体相似,以约50%的其他商业服务和约20%的ICT服务主导;纵向比较,不同国家发展各细分领域有所侧重,从各行业出口规模占该国数字贸易出口总规模比例来看,保险服务排名前三的国家是瑞士、英国、德国;金融服务排名前三的是卢森堡、瑞士、英国;知识产权服务排名前三的是日本、荷兰、瑞士;ICT服务排名前三的是爱尔兰、芬兰、印度;其他商业服务排名前三的是泰国、印尼、巴西;文娱服务排名前三的是南非、加拿大、澳大利亚。

从发展优势看,在规模上,美国是数字服务市场中心,在数字技术、产业和贸易领域具有绝对优势。2020年,美国数字贸易进出口总额为8 450亿美元,其中可数字化服务出口达到5 341.8亿美元,排名全球第一。美国数字贸易中,其他商业服务、知识产权服务、文娱服务、金融服务出口的国际市场占有率排名第一位,占比分别达到13.5%、28.7%、28.4%、26.1%。美国数字服务业体系发展成熟、增速稳定,以美国为代表的发达经济体主导全球细分数字服务市场。在增速上,印度、日本、中国等亚洲国家数字贸易增速分别为11.4%、9.0%和8.6%,居全球前列,极具活力与发展潜力。按照联合国贸易发展会议的统计口径测算,2020年,中国可数字化交付的服务贸易额为2 947.6亿美元,同比增长8.4%,占服务贸易总额的比重达44.5%,成为服务贸易新的增长点。

(五) 后疫情时代全球服务贸易发展趋势

自2005年到2019年,全球服务贸易年均增长5.7%,高于货物贸易4.0%的年均增速。服务贸易在全球贸易中的占比不断提升。受新冠肺炎疫情的影响,2020年服务贸易在全球贸易中的占比略有下降,从2019年的24.1%降至21.4%。但服务贸易仍有巨大潜力,且由于教育、旅游、金融、医疗等领域可替代性较差,疫情过后会有明显反弹。据估计,到2040年,服务贸易占全球贸易的比重将提高到三分之一左右。《2020年世界贸易报告》指出,全球贸易将在2021年复苏,并随着全世界逐渐驱散疫情阴霾,展现复原能力。同时,数字技术、消费者行为、气候变化、地缘政治将在未来几年重塑全球服务贸易。

1. 数字技术推动全球服务贸易深刻变革

疫情改变了贸易的形态,越来越多的政府采取了促进经济创新和技术进步的政策,各国的电子商务和数字化创新的进程加快。服务贸易"数字化"趋势日益明显,贸易方式的数字化和贸易对象的数字化催生了贸易新业态,拓展了产业新空间,极大地提高了现有服务贸易的深度和广度,为服务贸易结构调整和新型服务贸易发展带来了新机遇,成为驱动新一轮经济全球化和贸易发展的重要力量。电子商务在疫情推动下蓬勃发展,推进了价值链消费者端的技术应用——覆盖零售、"最后一公里"运送、配送和仓储。同时,在价值链的其他环节,技术继续以更温和的速度得到采用,但并未间断。区块链和某种程度上的加密货币是处于过渡期的技术,随着渐趋成熟,它们必将对全球服务贸易的运作形式产生重大影响。根据世界贸易组织预计,到2030年,数字技术将促进全球贸易量每年增长1.8%～2%。

2. 服务贸易在全球价值链中的作用将更加重要

制造业服务化已成为价值链升级发展的重要驱动力,价值增值环节还将继续向生产前的研发、设计阶段与生产后的市场嵌入服务阶段转移,在整个价值链条中,服务增加值占比不断提高,将日益成为企业利润的主要来源。特别是制造业服务化趋势带来服务要素投入的不断提升,将带动研发、设计、金融、专业服务等生产性服务贸易快速发展,未来制造业的竞争很大程度上是其背后的服务竞争。从产出端来看,品牌、服务的价值将不断提升。

3. 围绕服务贸易规则的合作与竞争将更为常态化

随着数字经济驱动的创新全球化深入发展,服务贸易已成为贸易战略竞争、贸易规则竞争、贸易利益竞争的核心,也是重塑未来全球贸易新版图的关键因素。服务市场准入、边境后措施、跨境数据流动、知识产权保护等相关规则成为国际经贸谈判的重要议题,推动服务贸易自由化与便利化成为签署多双边自由贸易协定的核心内容。经济合作与发展组织(OECD)提出了数字税"双支柱"方案,其中之一就是针对数字服务贸易的税收改革方案。欧盟委员会于2018年提出关于数字服务税的立法提案。法国在2019年通过了数字服务税立法。目前,英国、法国、意大利、马来西亚、以色列等国已单边实行数字服务税,对其认为用户对价值创造具有重要贡献的特定数字服务课税,并以企业提供这些数字服务的收入而非净所得为应纳税额。在数字服务税体系单边碎片化和缺乏协调的情形下,可能会增加贸易摩擦,进而影响跨境数字贸易的开展和准入。新加坡、新西兰、智利三国于2020年6月签署《数字经济伙伴关系协定》(DEPA),是在现有贸易和投资协定之外,单独提出的关于数字经济的协定,是全球第一个关于数字经济的重要规则安排。DEPA在跨境数据流动、网络空间开放等方面提出了较高要求。中国已于2021年11月1日正式提出申请加入DEPA。

二、我国服务贸易总体情况

2020年,在新冠肺炎疫情的冲击下,我国服务贸易规模总体下降明显,但同时服务进出口增速降幅逐季收窄趋稳,逆差大幅减少。全年服务进出口总额45 642.7亿元人民币,同比减少15.7%。其中,服务出口总额19 356.7亿元人民币,同比下降1.1%;服务进口总额26 286.0亿元人民币,同比下降24.0%(图2)。

图2　2016—2020年中国服务贸易进出口额趋势图

数据来源:国家外汇管理局上海市分局

(一)服务出口好于进口,贸易逆差大幅减少

1. 服务业发展潜能继续释放

2020年,我国服务业发展潜能继续释放,服务业增加值同比增长3.5%,为服务出口提供强大支

撑。面对新冠肺炎疫情等多种因素影响,相比服务进口的大幅减少,服务出口受影响较小。2020年,我国服务贸易出口额减少仅1.1%,推动服务贸易逆差下降54个百分点至6929.3亿元,同比减少8095.6亿元。服务出口总额在服务进出口总额中的占比达42.4%,同比提升6.3个百分点。一些领域的出口额实现两位数增长,如运输、保险服务、知识产权使用费、政府服务以及电信、计算机和信息服务。最为突出的是:政府服务出口贸易额同比增长62.3%,知识产权使用费同比增长30.5%。

2. 服务进口规模大幅缩减

2020年,我国服务进口规模大幅缩减,进口额同比减少24%,高出同期出口额35.8%。其中,旅行服务进口额占服务进口总额34.4%,较上年降低15.6个百分点;运输服务进口6530.7亿元人民币,占服务进口总额24.8%。加工服务、金融服务和电信、计算机和信息服务进口额增长较多,增速分别达59.7%、28.6%和22.5%。同时,旅行以及个人、文化和娱乐服务领域的进口下跌较多,跌幅分别为47.7%和26.3%(图3)。

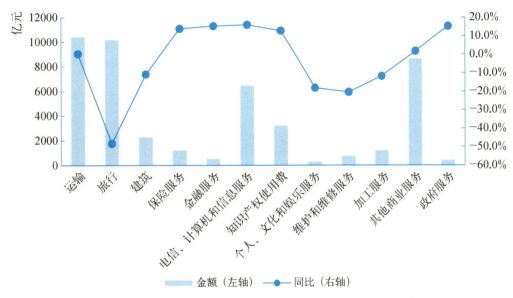

图3 2020年中国分行业服务贸易进出口总额及增速

数据来源:国家外汇管理局上海市分局

(二)传统服务贸易规模缩减,新兴服务贸易逆势增长

1. 传统服务贸易领域贸易规模大幅缩减

2020年,我国传统服务领域①进出口额为22 923.5亿元,下降29.9%;占服务贸易总额比重下降10.2个百分点至50.2%。其中,出口6 779亿元,下降9.5%,占服务贸易出口总额的35.0%;进口16 144.5亿元,下降35.9%,占服务贸易进口总额的61.4%。旅行服务进出口总额下降48.3%,占服务贸易总额比重下降14.1个百分点至22.3%。

2. 新兴服务贸易逆势增长

2020年,我国知识密集型服务领域②进出口额20 331.2亿元,同比增长8.3%,占服务进出口总额

---

① 传统服务领域指运输、旅行、建筑服务。
② 知识密集型服务领域指电信计算机和信息服务、金融服务、知识产权使用费、保险和养老金服务、个人文化和娱乐服务、其他商业服务。

的比重达到44.5%,同比提升9.8个百分点。其中,知识密集型服务出口额10 701.4亿元,同比增长7.9%,占服务出口总额的比重达55.3%,同比提升4.6个百分点;知识密集型服务进口额9 629.8亿元,同比增长8.7%,占服务进口总额的比重达36.6%,同比提升11个百分点。从具体领域看,电信计算机和信息服务、金融服务、保险服务、知识产权服务费的进出口额均实现两位数增长,进出口增速分别为16.0%、15.4%、13.9%和12.9%(表5)。

表5 2020年中国服务贸易进出口情况

服务类别	进出口 金额(亿元)	同比(%)	出口 金额(亿元)	同比(%)	进口 金额(亿元)	同比(%)	贸易差额(亿元)
总额	45 642.7	15.7	19 356.7	-1.1	26 286	-24.0	-6 929.3
加工服务	1 209.3	-11.8	1 174.8	-12.9	34.5	59.7	1 140.3
维护和维修服务	760.2	-20.4	528.6	-24.7	231.6	-8.2	297
运输	10 434.8	0.2	3 904.1	22.9	6 530.7	-9.7	-2 626.6
旅行	10 192.9	-48.3	1 141.3	-52.1	9 051.6	-47.7	-7 910.3
建筑	2 295.8	-10.8	1 733.6	-10.3	562.2	-12.3	1 171.4
保险服务	1 222.4	13.9	370.9	12.5	851.4	14.5	-480.5
金融服务	507.6	15.4	288.7	7.0	219	28.6	69.7
知识产权使用费	3 194.4	12.9	598.9	30.5	2 595.5	9.4	-1 996.6
电信、计算机和信息服务	6 465.4	16.0	4 191.4	12.8	2 274	22.5	1 917.4
其他商业服务	8 643.2	1.7	5 160.8	2.0	3 482.4	1.3	1 678.4
个人、文化和娱乐服务	298.2	-18.1	90.7	9.8	207.5	-26.3	-116.8
政府服务	418.5	15.3	172.9	62.3	245.6	-4.2	-72.7

数据来源:国家统计局

(三)数字贸易对服务贸易的贡献率持续攀升,发展潜力大

按照联合国贸发会议的统计口径测算,2020年,我国可数字化交付的服务贸易额为2 947.6亿美元,同比增长8.4%,占服务贸易总额的比重达44.5%,成为服务贸易新的增长点。

中国数字贸易出口居全球第八名,国际市场占有率为4.5%。其中ICT服务出口、其他商业服务出口、保险服务出口分别排在第四位、第七位、第八位;ICT服务出口和知识产权服务出口在本国数字贸易出口占比增幅分别为18.9%和3.6%,占比增速为全球第一和第三。

数字贸易各细分领域规模逐年扩大,贸易逆差不断收紧,新模式新业态不断涌现。信息通信类进出口规模约为6 201.8亿元,在数字贸易整体规模中占比最高,为42.6%,进出口数字融合比达到100%。内容娱乐类进出口总额为239.9亿元,占数字贸易总规模的1.6%。数字化融合比和增速在各服务贸易类别中排名前列。商业金融类贸易规模达到5 344.4亿元,占数字贸易整体规模的36.7%。

根据商务部发布的《中国数字贸易发展报告2020》,预计到2025年,中国可数字化的服务贸易进

出口额将超过4 000亿美元,占服务贸易总额的比重将达到50%左右。

服务贸易是对外贸易的重要组成部分和对外经贸合作的重要领域,在构建新发展格局中具有重要作用。我国高度重视服务贸易发展,强调要充分发挥服务贸易对稳外贸、稳外资的支撑作用。根据2020年商务部发布的《"十四五"对外贸易高质量发展规划》,"十四五"时期,我国将从深化服务贸易开放、大力发展数字贸易、优化服务贸易行业结构、完善服务贸易区域布局、壮大服务贸易市场主体、深化服务贸易对外合作等六个方面加快服务贸易改革、开放、创新,推动服务贸易高质量发展。商务部将从完善政策体系、营造良好环境、提升服务水平等方面分类施策,促进外贸供应链柔性升级,提升贸易效率。初步测算表明,到2025年,我国服务贸易规模有望达到1.2万亿美元左右,占外贸总额比重提高至20%以上。

三、上海服务贸易发展情况

上海服务贸易进出口规模连续多年位居全国首位。根据外管局上海市分局国际收支初步统计数据,2020年上海服务进出口总额1 530.3亿美元,比2019年的1 843.8亿美元下降17%。其中,服务出口额666.6亿美元,比2019年的626.3亿美元增长6.4%;服务进口额863.6亿美元,比2019年的1 217.5亿美元下降29.1%,约占全国服务贸易进出口总额的三分之一(图4)。

图4　2016—2020年上海服务贸易进出口趋势图

数据来源:国家外汇管理局上海市分局

(一)服务进出口额下降,贸易差额继续收窄

2020年,上海服务进出口总额同比下降17个百分点。其中,传统服务类别(旅行、运输及建筑)进出口贸易额合计752.2亿美元,占比49.2%,较上年下降31.0%。金融服务和知识产权使用费增长最快,同比增速分别达63.2%、18.1%。当年本市服务贸易逆差197亿美元,较上年收窄394.2亿美元。

(二)服务出口回稳向好

2020年,上海服务贸易出口总额666.6亿美元,同比增长6.5%。其中,专业管理和咨询服务、电信、计算机和信息服务、技术服务等高附加值产业占全市服务出口比重达57.1%,在国际市场上具有较强竞争力。运输、旅行等传统服务出口保持增长,金融、知识产权使用费、保险和养老金、电信、计算机和信息服务出口均保持稳步增长态势。运输服务出口169.3亿美元,增长28.9%;电信、计算机和信息服务出口101.3亿美元,增长7.1%;旅行出口31亿美元,增长11.1%(表6)。

(三)上海旅行服务进口因疫情影响下降

受新冠肺炎疫情影响,上海旅行服务进口额继续下降,当年进口额307.0亿美元,占服务进口的比重为35.5%,同比下降57.0%。作为上海市第一大服务进口类别,旅行服务进口的大幅缩减是总体服务进口下降的主要因素,拉低全市进口33个百分点。旅行进口数据下降的主要原因是新冠肺炎疫情的冲击,疫情期间,各国采取停飞国际航线、限制人员出入境等不同程度人员管控措施,旅行服务受影响最为严重。扣除旅行进口,其他服务进口实现增长10.5%。其中,知识产权使用费进口111亿美元,增长16.2%;电信、计算机和信息服务进口42.9亿美元,增长11.4%;专业管理和咨询服务进口81.2亿美元,增长5.7%(表6)。

表6 2020年上海服务贸易进出口按类别统计数据

类别	进出口			出口		进口		贸易差额
	金额(亿美元)	同比(%)	占比(%)	金额(亿美元)	同比(%)	金额(亿美元)	同比(%)	金额(亿美元)
总额	1 530.3	-17.0	100.0	666.6	6.5	863.6	-29.1	-197.0
运输服务	398.0	19.3	26.0	169.3	29.0	228.7	13.1	-59.4
旅行	338.1	-54.4	22.1	31.0	11.3	307.0	-57.0	-276.0
建筑服务	16.1	6.2	1.1	8.6	-12.2	7.5	39.7	1.1
保险和养老金服务	23.4	8.0	1.5	11.9	8.4	11.5	7.1	0.4
金融服务	3.8	63.2	0.2	2.2	155.4	1.5	5.7	0.7
电信、计算机和信息服务	144.2	8.4	9.4	101.3	7.2	42.9	11.4	58.4
专业管理和咨询服务	306.4	-0.7	20.0	225.3	-2.9	81.2	5.7	144.1
技术服务	96.5	3.0	6.3	53.8	0.4	42.8	6.6	11.0
文化和娱乐服务	5.8	-33.2	0.4	1.8	-15.7	4.0	-38.7	-2.2
知识产权使用费	116.2	18.1	7.6	5.2	84.2	111.0	16.2	-105.7
其他服务	81.7	-6.1	5.3	56.3	-7.1	25.4	-3.7	30.8

(四)亚洲市场占比超4成,欧洲市场占比逾3成

亚洲地区仍是本市最大服务贸易市场,服务贸易额689.8亿美元,占比由2019年的52.2%下降至45.1%。欧洲地区服务贸易额466.3亿美元,占比提升至30.5%,较2020年上升3.6个百分点。中国香港特别行政区继续成为本市服务贸易最大伙伴,两地之间服务贸易额321.8亿美元,占服务贸易总额的21%。

（五）浦东新区、临港新片区、虹桥国际中央商务区三大重点区域进军数字贸易

浦东新区是上海市发展服务贸易的重点区域,从 2010 年起年均增长约 10%,占全市比例逐年提升。其中陆家嘴金融城已形成了以金融、航运、贸易三大产业为核心,以专业服务业、文化旅游会展等产业为支撑的现代服务业产业体系。上海浦东软件园 2020 年被认定为首批国家数字服务出口基地之一,园区已形成七大产业集群,企业 1 700 余家,产品服务超过 10 000 种。上海国际文化服务贸易平台是我国首个"国家对外文化贸易基地",努力打造版权服务平台、数字文化贸易平台、游戏拓展服务平台、艺术品交易服务平台、跨境贸易促进服务在线平台和在线培训集聚平台等多个专业服务平台。

2020 年 11 月 6 日施行的《上海市全面深化服务贸易创新发展试点实施方案》指出,要发挥临港新片区作为特殊经济功能区先行先试的优势,率先开展资金、人才和数据跨境流动便利化试点,加快打造服务贸易制度创新高地。在数字贸易方面,临港新片区以与国际通行规则相衔接为目标,探索建立安全高效的跨境数据流动体系,以数字服务和相关企业为核心,以建设"国际数据港"为载体,打造辐射全球的跨境综合数据枢纽。临港将建设全球数字经济主题园区,并在年内完成国内首个"跨境数字新型关口"试验站,三年内集聚 100 家数字创新型企业,打造 10 多家数字品牌。临港新片区还将加快新型基础设施建设,加快部署 IPv6,统筹规划互联网数据中心(IDC)及边缘数据中心布局,实施国际互联网数据跨境安全有序流动;打造国际领先的工业互联网功能、转化平台及数字经济产业链;扩大软件和信息服务业对外开放,试点增值电信业务告知承诺制度。

虹桥国际中央商务区初步形成了以总部经济为核心,以高端商务商贸和现代物流为重点,以会展、航空、医疗健康为特色的产业格局,已崛起长三角电商中心、苏河汇全球共享经济数字贸易中心、北虹桥国家文化出口基地、西虹桥国家北斗产业基地等八大数字载体,集聚了一大批在线新经济企业,在(跨境)电商、数字内容、云服务和信息技术垂直领域应用等全域布局,率先打造全球数字贸易港是上海市委《关于加快虹桥商务区建设打造国际开放枢纽的实施方案》中对虹桥商务区提出的重点任务。聚焦新经济新业态,抢占全球数字贸易制高点,依托长三角一体化、进博会等重大战略,虹桥商务区在促进数字贸易国际合作上将有更多作为。2020 年 5 月 21 日,虹桥商务区全球数字贸易港正式开港,将重点聚焦跨境服务与功能承载,通过"枢纽占位、功能卡位、竞争错位"来提升长三角电商中心能级,打造具有全球影响力的数字贸易开放枢纽高地。《虹桥商务区全力推进全球数字贸易港建设三年行动计划(2020—2022 年)》提出,到 2022 年,虹桥商务区数字贸易进出口额将力争达到全市数字贸易额一半以上的占比;将打造一批估值百亿美元的、具有全球影响力、资源配置力和创新驱动力的数字贸易龙头企业;集聚一批数字贸易平台,引进一批数字跨国公司,培育一批独角兽企业,将虹桥商务区建设成为数字贸易服务最综合、要素流通最便利、功能平台最完善的数字贸易集聚区。

四、2020 年上海服务贸易工作推进情况

2020 年,上海主动适应新发展阶段特点、坚持贯彻新发展理念,聚焦全面深化服务贸易创新发展试点工作主线,扎实推进服务贸易结构优化和质量提升,继续保持全国服务贸易排头兵地位。2020 年,上海服务进出口总额 1 530.3 亿美元。其中,服务出口额 666.6 亿美元,比 2019 年的 626.3 亿美元增长 6.4%;服务进口额 863.6 亿美元,比 2019 年的 1 217.5 亿美元下降 29.1%,服务贸易逆差大幅缩小。

（一）优化服务贸易发展的政策环境

上海市商务委员会着眼优化服务贸易发展的结构和质量,不断完善发展目标和政策供给。

1. 出台《上海市全面深化服务贸易创新发展试点实施方案》

根据国务院关于全面深化服务贸易创新发展试点的统一部署,按照市政府主要领导关于做好试点工作的批示精神,牵头编制《上海市全面深化服务贸易创新发展试点实施方案》,提出了8个方面22项任务、80条试点举措,市政府已于11月5日正式印发实施。

2. 制订《上海市加快推动服务外包转型升级实施方案》

贯彻落实商务部等八部委《关于推动服务外包加快转型升级的指导意见》,会同本市相关部门于11月4日编制印发《上海市加快推动服务外包转型升级实施方案》,提出了5个方面20项任务、45条具体举措。

3. 修订《上海市服务贸易示范基地和示范项目认定管理办法》

鼓励各区和经济园区探索建设特色服务出口基地和重点项目,形成平台梯队,发布新版《上海市服务贸易示范基地和示范项目认定管理办法》。

4. 开展本市服务贸易"十四五"发展思路研究

开展本市建设数字贸易国际枢纽港专题研究,形成数字贸易"十四五"期间发展指标和专项行动方案。围绕国家高质量发展评价体系的重要指标,研究提出本市服务贸易"十四五"知识密集型服务贸易发展的相关举措。

（二）高标准完成服务贸易交易会主宾市参展参会工作

上海作为2020年中国国际服务贸易交易会唯一主宾市,圆满完成参展参会工作。

1. 上海主宾市展区亮点纷呈,成为省区市专区中最热门的展区

上海主宾市展区将服务贸易新技术新模式与展陈方式相融合,通过有声化、可视化、可体验等科技互动手段,全面反映上海服务贸易30年来的创新发展成就,展示了服务贸易在强化"四大功能"和加快"五个中心"建设中的地位作用。上海主宾市展区获评优秀展区。

2. 成功举办上海主题日活动,一批优质项目签约

上海主题日活动于2020年9月5日上午在国家会议中心成功举办,中外企业集中发布了14项具有较强竞争优势的新产品、新服务,签订了一批服务贸易合作协议。浦东新区、临港新片区、虹桥国际中央商务区一批优质投资项目集中签约。主题日还举办了以"上海数字贸易——新技术、新基建、新机遇"为主题的上海数字贸易创新发展论坛,与会专家和企业家深入研讨数字贸易创新发展新动能和新机遇。

3. 组织数百家企业参展,上海交易团各类成果显著

共组织346家企业线上线下参展。上海交易团权威发布、首发创新、成交签约等成果显著,共有权威发布成果21项,推出首发创新成果9项,各类成交项目金额总计27.7亿美元。

（三）持续提升服务贸易重点领域竞争力

加快推动服务贸易新模式新业态发展,不断提高管理服务水平。

1. 大力发展数字贸易

推进落实《上海市数字贸易发展行动方案(2019—2021)》。浦东软件园被认定为首批国家数字服务出口基地。推动虹桥商务区打造全球数字贸易港,进一步集聚数字贸易重点企业和重要平台。建设数字贸易交易促进平台外汇结算、版权服务等功能和虹桥分平台,并上线运营。开展数字贸易国际规则比较研究,研究《全面与进步的跨太平洋伙伴关系协定》(CPTPP)等多、双边协议的相关数字贸易规则。

2. 优化技术贸易管理流程

贯彻落实《商务部办公厅关于疫情防控期间进一步便利技术进出口有关工作的通知》,在全市范围推动技术进出口合同登记的无纸化办理,最大限度推行"不见面"办理。贯彻落实商务部、科技部关于调整发布《中国禁止出口限制出口技术目录》的公告,进一步完善技术出口管理工作机制。落实"放管服"要求,完成向临港新片区下放自由类技术进出口合同登记事项权限。

3. 加快推进文化贸易发展

不断丰富国家文化出口基地(徐汇)建设内涵,将"上海西岸"打造成为文化贸易新地标。组织企业申报"2019—2020年度国家文化出口重点企业和重点项目"和2021年度文化产业发展专项资金。继续提升国家对外文化贸易基地(上海)作为进博会"6天+365天"常年展示交易平台的服务水平和影响力,启动"千帆计划",服务数字内容"走出去"。推动上海文化贸易语言服务基地为"在线经济"提供跨文化交流和多语种服务。

4. 推动中医药服务贸易创新发展

贯彻落实市委、市政府印发的《关于促进中医药传承创新发展的实施意见》,依托上海中医药国际服务贸易平台开展中医适宜技术的筛选和推广、"海上中医"的品牌推介、中医药服务贸易培训等工作。继续推动中医药国际标准化工作,支持上海中医药大学筹建中医药国际标准化研究中心。

(四) 不断完善服务企业的工作机制

着眼企业发展需求,不断提升服务企业的能力。

1. 及时提供复工复产指引

市商务委出台《关于积极支持服务贸易企业加快复工复产的通知》,支持新模式新业态发展,实行相关合同备案在线办理,并从资金、金融等方面对企业给予支持,发挥服务贸易"稳就业"功能。

2. 提供海外市场拓展宣传和信息服务

会同相关部门联合发布《上海市服务贸易促进指导目录(2020年版)》。编制德国、日本、比利时、巴拿马等《服务贸易海外重点市场拓展指南》以及《上海服务贸易海外行(西班牙文版)》《上海专业服务贸易海外行(英文版)》等海外行宣传册。编制上海新兴服务贸易、数字贸易、技术贸易、金融服务贸易、服务外包、邮轮服务贸易、文化贸易、中医药服务贸易等8份服务贸易重点领域运行指引报告。

3. 丰富服务贸易实务培训内容

聚焦企业实务需求,汇聚专业机构资源,开展文化贸易、服务外包、邮轮服务贸易等主题系列的服务贸易实务培训,累计培训各类企业中高级管理人员和专业人员数千人。

4. 用好管好服务贸易发展专项资金

严密组织2020年度上海市服务贸易发展专项资金和2020年度国家外经贸发展资金(服务贸易)申报、审核和发放工作,对服务贸易公共服务平台、重点国际性展会、服务贸易企业进出口企业等给予支持。

5. 做好各类服务贸易促进活动组织工作

在落实疫情防控各项措施的前提下,落实好第三届进口博览会服务贸易分团组织工作,积极促成服务贸易企业成交。创新软件贸易企业线上交流合作新渠道,会同市经济信息化委共同承办第十八届上海软件贸易发展论坛。

第二部分

专题报告

对上海数字贸易发展的若干思考

随着5G通信、云计算、区块链、人工智能等数字技术的迅速发展及其与传统产业融合,贸易标的、企业的商业模式和支付(交付)方式等发生了深刻的变革,数字技术的发展俨然成为现阶段全球经济增长的新引擎,与之相关的数字贸易也成为全球贸易的重要组成部分。根据2021年联合国贸发会议(UNCTAD)最新统计数据显示,受新冠肺炎疫情影响,2020年全球服务贸易总额下降约20%,但全球的可数字化服务出口呈现逆势增长的态势,其在全球服务贸易出口额中的占比已高达64%[①]。可见,在全球经贸形势发生大变局的当下,数字贸易的兴起不仅为全球化发展注入了全新的活力,也成为国际贸易的新方向。

根据商务部发布《中国数字贸易发展报告2020》的数据显示,"十三五"时期中国数字贸易额由2015年的2 000亿美元增长到2020年的2 947.6亿美元,增长47.4%,占服务贸易的比重由30.6%增长至44.5%。从上海数字贸易发展现状来看,2020年上海数字贸易额达到433.5亿美元,同比增长8%,高于服务贸易平均水平;2021年一季度,数字贸易额达到127.7亿美元,同比增长36.9%,随着虹桥商务区全球数字贸易港、临港国际数据港建设的不断加快,数字服务开始走向"全球化"。上海作为中国改革开放的"排头兵",应充分发挥国际贸易和国际航运的优势,以打造全球数字贸易新高地为重要目标,积极推动贸易结构转型,促进高端要素集聚,把上海建成全球范围内要素高效流动、数字贸易规则完善、跨国公司集聚的数字贸易国际中心。

一、上海数字贸易发展现状

数字贸易的提出最早始于2013年7月美国国际贸易委员会(USITC)发布的《美国与全球经济中的数字贸易Ⅰ》,报告中指出数字贸易应当包括数字化内容、社交媒体、搜索引擎、其他数字化产品和服务四部分内容。2017年8月,USITC在其发布的《全球数字贸易Ⅰ:市场机会和海外贸易限制重点领域》中进一步更新了数字贸易的内涵,认为"通过互联网和智能手机、网络连接传感器等相关设备交付的产品和服务"均属于数字贸易的范畴。具体而言,包括互联网基础设施和网络、云计算服务、数字内容、电子商务、工业应用和通信服务六部分(表1)。本部分将基于USITC定义的数字贸易内涵切入,以此阐述上海数字贸易发展现状。

表1 数字贸易分类

具体类别	具 体 内 容
互联网基础设施和网络	网络基础设施、网络访问量、网络速度、通信网络服务、广域网络和软件定义网络
云计算服务	数据存储、方便的网络访问、定制软件服务、在远程、共享和外部管理的计算机资源上的信息池处理

---

① https://unctad.org/system/files/official-document/tn_unctad_ict4d19_en.pdf.

续表

具体类别	具 体 内 容
数字内容	提供的文化创意内容、新闻和信息,主要有电子游戏、视频、音乐、电子书、水平和垂直搜索、新闻
电子商务	电子商务平台、数字支付和交易服务、物流和包裹配送服务
通信服务	各类视讯软件,如微信、Kakoo Talk、Facebook Messenger 等以及各类软件所带来的智慧制造、智慧医疗、智慧城市等
工业应用	物联网(如在制造业和化学品、精密农业、车队管理系统、基于使用的保险中使用连接设备和传感器等)、机器人和其他自动化过程(如制造业中的机器人、农业中的机器人、无人机系统、3D打印机等)、数据管理和处理(如企业资源和客户关系管理的云计算和数据分析等)

(一) 互联网基础设施和网络

1. 互联网基础设施建设持续完善,网络传输和信息负载能力不断提升

通信服务和设备的提供不仅是数字贸易的一个重要组成部分,它还通过提供互联网的主干和接入点,在实现数字贸易方面发挥着关键作用。上海得益于雄厚的信息产业基础,千兆宽带发展势头迅猛,截至2020年已经覆盖2万个小区,光纤到户能力覆盖家庭数达到960万户,比上年增加1万户,覆盖率从2016年不足3.2%增至99%(图1)。从固定宽带可用下载速率(Mbps)来看,2020年上海固定宽带可用下载速率为50.32 Mbps①(图2),同比增长13.08%。虽然增速较之于前几年有所放缓,但在该指标上,上海始终领先于其他一线城市,并成为首个下载速率超过50 Mbps的城市。对照中国"千兆城市建设"的网络基础设施能力和覆盖、用户感知度(固定宽带可用下载速率)来看,上海已经率先实现了"双千兆宽带城市"的建设。为进一步推动网络通信服务能力的提升,上海市已开启"双千兆宽带城市"加速计划,预计至2023年上海重点地区5G网络平均下载速率可达到1 000 Mbps。

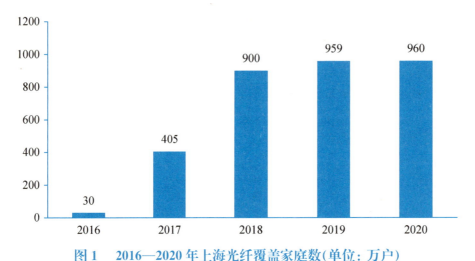

图1 2016—2020年上海光纤覆盖家庭数(单位:万户)

数据来源:上海市历年统计公报(下文图表如无说明,数据均来源于此)

---

① 该数据来源于《上海"双千兆宽带城市"发展白皮书》。

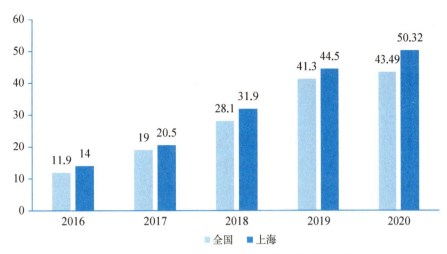

图 2　2016—2020 年全国及上海固定宽带下载速率(单位：Mbps)

数据来源：《上海"双千兆宽带城市"发展白皮书》

2. 移动通信网络用户结构性转换加速

从移动通信网络用户构成情况来看，上海正处于用户结构性转换加速阶段。2020年上海4G用户数为3 246.2万户，比2019年减少353.4万户，同比下降12.22%，5G用户数则从2019年的21.5万户迅速增长至612.7万户，增长超27倍。从信息交换的负载能力来看，2020年上海省际网络出口宽带为28 863 GB，比2019年增加7 003 GB，国际网络出口宽带为6 941.9 GB，比2019年增加1 865.5 GB(图3)。省际网络出口宽带总量高于国际网络出口宽带总量，但从增速来看，国际网络出口宽带增速(45.32%)高于省际网络出口宽带增速(32.04%)。

图 3　2016—2020 年上海省际和国际宽带出口总量(单位：GB)

(二) 云计算服务

1. 云计算服务能力位居全国前列

市场中涌现出一批代表性的云计算服务公司，产业集群逐渐形成。据中国电子学会、中国数字经济百人会和阿里云研究中心2019年公布的《我国区域数字化转型"云"观察报告》数据显示,上海云栖总指数得分47.03①,位列全国第三。从各分指标来看,云服务投资指数得分35.98,位列全国第三;云计算能力指数得分40.8,位列全国第四;云储存指数得分42.14,位列全国第四;云普及指数得分45.48,位列全国第四;云活跃指数得分70.75,位列全国第三。

2. 云计算技术企业迅速成长

从上海最新的云计算服务发展现状来看,一批以市场需求为导向的云计算技术企业迅速成长,公司业务范围已覆盖了包括政务、金融、电信、工业、教育、交通、能源在内的多个行业。以云计算为主的产业集群正逐渐形成②,如位于浦东新区中南部的张江高科技产业园区中积聚了UCloud(优刻得)、七牛牛、驻云CloudCare等一批云计算服务公司。以UCloud公司为例,该公司成立于2012年3月,短短数年间成长为国内首家公有云科创板上市公司(2020年1月上市),公司自主研发IaaS、PaaS、大数据流通平台、AI服务平台等系列云计算产品,服务于医疗、金融、政府、运营商等诸多行业。此外,公司依托在莫斯科、圣保罗、雅加达等海外市场部署的31个云计算中心以及在国内北京、上海、广州、深圳、杭州等城市的线下服务站,为全球近5万家企业提供包括公有云、私有云、混合云在内的服务,间接服务终端用户数达到数亿人。

(三) 数字内容

1. 文创产业中网游和网络文学表现抢眼,信息服务业发展迅速

近年来,上海各区针对自身特色,多措并举打造具有自身特色的文化创意产业,推动了上海网络出版行业"井喷式"增长。据上海市文化创意产业会议中公布的数据显示,2020年上海文化创意产业运行整体平稳,总产出额为20 404.48亿元。会议中还指出受新冠肺炎疫情影响,文化创意产业中部分行业收入大幅下滑,但与数字领域相关的文化创意产业表现抢眼,特别是网络出版行业。2020年上海游戏行业实现销售收入1 206亿元,同比增长50%,占全国游戏行业销售收入的37.6%,其中由上海自主研发的网游销售收入为823.8亿元,同比增长18.1%,占上海游戏行业销售收入的68.31%。从销售市场来看,约有999.77亿元(占比为82.9%)销售额来源于本土市场,206.23亿元(占比为17.1%)销售额来源于海外市场。海外市场出口额增幅超过50%,美、日、韩成为主要出海市场③。除游戏行业外,网络文学销售收入达115亿元,同比增长37.7%,占全国网络文学销售收入的42.89%。

2. 信息服务业产业规模增速快、带动性强

从信息服务业发展情况来看,呈现出产业规模增速快、带动性强等特点。根据上海统计局最新公布的数据显示,2021年1—10月上海信息传输、软件和信息服务业的营业收入为8 199.13亿元,比上年同期增长22.1%,营业利润为696.73亿元,比上年同期增长12.2%,其中电信、互联网和相关服务、软件和信息技术服务的营业收入分别占比为9.33%、44.69%、45.98%。图4展示了2020年上海信息服

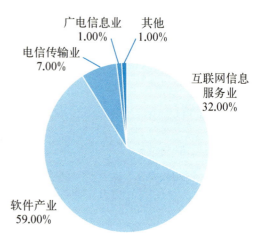

图4 2020年上海信息服务业收入构成

---

① 该指数是阿里云通过统计各区域用户购买云服务资金额、虚拟机、储存空间、软件等数据所得到的综合指标,在一定程度上量化了中国各区域云计算的水平和进程。该数据仅能获取至2019年。
② 戴跃华:《上海数字贸易发展的瓶颈和对策》,《科学发展》2020年第8期。
③ 2020年上海游戏行业相关数据均来源于前瞻产业研究院发布的《中国网络游戏行业商业模式创新与投资机会分析报告》。

务业收入的具体构成情况。信息服务业已成为上海服务业中重要组成部分,根据上海经信委公布的数据显示,截至2020年上海信息服务业产业规模达到10 912.97亿元,信息服务业增加值为3 250.74亿元,占整个服务业增加值的11.5%。上海信息服务业中龙头企业引领整个行业的迅速发展,超亿元软件企业收入占全行业比重超过90%,营业利润占全行业比重超过95%,并且营业收入和营业利润的增长率分别为14%、20%,增速远高于行业平均水平。此外,在信息技术应用创新产业、区块链、轨道交通、网络游戏等领域,龙头企业发展优势更为突出。

(四) 电子商务

1. 电子商务交易额有所下降,电商平台呈"量多质低"的局面

新冠肺炎疫情影响下的电子商务交易额有所下降,电商平台呈"量多质低"的局面,电商直播和跨境电商后续将成为上海电商发展中不可或缺的一环。2020年上海市统计公报的数据显示,上海电子商务全年交易额为29 417.4亿元,同比下降11.4%。B2B交易额和网络购物交易额均存在不同程度的下降,其中B2B交易额为17 697.3亿元,同比下降11.5%,网络购物交易额为11 720.1亿元,同比下降11.1%。图5呈现了2016—2020年上海电子商务交易概况。此外,按重点行业划分情况来看,2020年1月,B2B交易重点行业中钢铁(-8.1%)、石油化工(-2.8%)、有色金属(-5.8%)、成套设备(-8.7%)、汽车(-5.2%)、农产品(-6.3%)均存在不同程度的下降,网络购物重点行业中,餐饮行业同比下降了8.3%①。

图5　2016—2020年上海电子商务交易概况(单位: 亿元)

2. 电子商务企业发展情况

从电子商务企业发展情况来看,截至2021年,上海共拥有七家零售电商上市企业,与浙江并列全国第一位。但零售电商体量与其他省市相比差距悬殊,上海七家零售电商上市企业总市值约为1 974亿元,甚至略低于仅拥有一家零售电商上市企业的江苏(总市值为2 121亿元)。七家上市企业中,仅拼多多营业收入超过百亿元(594.92亿元),其余营业收入均低于零售电商平均值668.38亿元,甚至低于百亿元。除拼多多外,上海其余的电商上市企业均由于体量因素,难以打造综合性电商平台,从而逐步转向细分行业竞争,如1药网主要经营药品零售、达达主要经营外卖配送等。

---

① 数据来源为上海市商务委。

3. 电子商务发展趋势和政策

从当前电子商务发展趋势和政策来看,上海将目标重点转向直播电商和跨境电商领域。一方面,直播电商将成为电商新常态,2020年,中国直播电商行业市场规模突破万亿元,达到1.05万亿元,同比增长超2.4倍,预计2021年行业市场规模突破2万亿元[①]。在此环境下,上海市商务委、经信委、文旅局、市场监管局和网信办联合发布《上海市推进直播电商高质量发展三年行动计划(2021—2023年)》,该计划重点从建设电商平台、基地、集聚产业、打造品牌、引进人才等九个方面推动上海未来直播电商的发展。另一方面,跨境电商发展势头迅猛,根据商务部公布的数据显示,中国跨境电商五年内增长近10倍,2020年中国跨境电商进出口规模为1.69万亿元,同比增长31.1%。在此过程中,上海逐渐形成了针对跨境电商的一站式服务生态网络,如2020年9月1日上海启动跨境电商B2B出口试点,试点通过简化监管模式的方式,极大提高了跨境电商出口效率,10月份出口清单达到46万票,与9月相比日清单数接近翻倍。

(五)通信服务

1. 移动通信业务迅速发展,新型通信服务兴起

从电信业务发展概况来看,2021年1—5月份,上海电信业务小幅增长,电信业务收入总额为260.9亿元,同比增长6.3%,其中固定通信业务收入总额为147.1亿元,同比增长4.5%,移动通信业务收入总额为113.8亿元,同比增长8.7%。从电信业务用户及使用情况来看,截至2021年5月,移动用户数达到3 503.4万户,同比增长9.7%,移动互联网使用流量不断增长,1—5月累计使用流量达到16.0亿GB,其中手机使用流量为15.7 GB,占比高达97.1%。由于数字技术而发展起来的通信服务,作用于物联网、智慧医疗、网络客服等诸多方面。如截至2021年5月,上海物联网终端使用人数达到8 900.1万户,其中在智能制造、智慧交通和智慧公共事业的用户占比分别达到25.9%、20.8%、12.8%。除物联网外,上海还将数据收集、储存和分析应用于医疗行业,智慧医疗试点蓬勃兴起。2021年5月27日,首家"5G+智慧医疗创新实验室"于上海落户,该试点将结合大数据分析、超高清视频传输、区块链、边缘计算等技术,以此提高医疗体系决策效率。

2. 移动电话通话量下降

2021年1—5月,上海移动电话通话时长为174.4亿分钟,与2016年1—5月上海移动电话通话时长(494.7亿分钟)相比,降幅接近65%。出现上述情况的可能原因在于,当下上海很大一部分企业和个人已经从传统的通信行业转向基于互联网的服务,倾向使用非传统渠道向企业和个人提供OTT(over-the-top)和统一通信服务,从而有效替代了运营商的传统语音和信息服务。

(六)工业应用

1. 长三角工业互联网集群效应显著

相关政策大力扶持,工业互联网布局进入"快车道",长三角工业互联网集群效应显著。亿欧智库提供的《2021年上海市数字经济发展研究报告》显示,上海市工业互联网相关企业数量为547家,位列全国第三。2020年4月20日,由上海通信管理局牵头的《临港新片区通信基础设施专项规划(2020—2025)》发布,临港新片区将通过"两个枢纽""四个网络""一纵两横"等战略部署加速5G时代工业互联网的建设布局。2020年6月18日,上海市政府正式发布《推动工业互联网创新升级 实施"工赋上海"

---

① 数据来源于浙江电子商务促进会。

三年行动计划(2020—2022年)》,重点通过推广云网普惠、建立工业大数据服务体系、强化工业互联网安全基础服务和提升工业互联网公共服务能级,优化"工赋服务"。预计到2022年,上海工业互联网产业规模将从800亿元增长至1500亿元。

2. 推进长三角工业互联网一体化发展示范区建设

2020年1月9日,上海、浙江、江苏、安徽三省一市经信部门共同签署《共同推进长三角工业互联网一体化发展示范区建设战略合作协议》,该协议也是中国首个工业互联网一体化发展示范区。示范区内将打造国内工业互联网产业高地,具有显著的头雁效应,同时为全国工业互联网发展起到示范作用。

二、上海数字贸易工作推进情况及未来可能的发展趋势

为大力发展数字贸易,上海市人民政府及市各部门实施了一系列政策措施。本部分将2020年以来与数字贸易发展相关的政策措施进行总结归纳(表2)①。

表2　2020—2021年上海促进数字贸易发展相关政策

相关政策	发布时间	主要内容
《上海市促进在线新经济发展行动方案(2020—2022年)》	2020年4月14日	加快发展工业互联网;积极推动金融、文娱、生鲜电商、教育、研发设计、医疗等行业的线上发展;积极建设新型基础设施、大力培育创新型企业、不断开拓数字应用场景、实现智能交互等核心技术的攻克;实施数字资源共享开放行动;制定新型人才从业评价;建设在线新经济生态园
《推动工业互联网创新升级实施"工赋上海"三年行动计划(2020—2022年)》	2020年6月12日	突破关键核心技术,培养相关专业人才,打造一批平台型领军企业;建设工业互联网创新应用示范区和产业集聚区;推动长三角区域互联网一体化发展;建立完善的工业互联网大数据服务体系,积极推广云网服务;培育一批工业互联网安全企业,搭建网络安全检测及态势感知平台
《上海市推进直播电商高质量发展三年行动计划(2021—2023年)》	2021年4月15日	通过建立直播电商园区和基地,打造一批具有影响力的直播电商平台,树立直播电商品牌并进一步集聚与直播电商相关的专业服务企业;发挥地区特色,通过"云逛街""网红打卡"等方式,充分扩展直播电商应用场景;加强直播电商相关人才培养
《全面推进上海数字商务高质量发展实施意见》	2021年5月6日	通过打造数字贸易示范区、培育数字贸易主体、发展数字贸易新业态、对标国际先进的规则等方式推动本市数字贸易创新性发展;拓展数字贸易影响新模式,推动跨境电商新业态发展;通过商业数字转型示范区,增强和推动商业企业数字化应用、创新能力,加速商业企业数字化转型;加速推进口岸数字化升级,提高口岸数字化服务能力;健全数据检测体系,强化数据信用建设,提高数据治理能力

---

① 下文中仅梳理了2020年以来主要的政策措施,如《上海新一代人工智能算法创新行动计划(2021—2023年)》《上海市建设100+智能工厂专项行动方案(2020—2022年)》等文件中对数字贸易部分均有所提及,但并非文件的主题内容。因此本部分未对此类政策文件进行梳理。

续 表

相关政策	发布时间	主　要　内　容
《关于本市加快发展外贸新业态新模式的实施意见》	2021年10月18日	完善数字贸易基础设施建设；提升贸易数字化营销能力；推动跨境电商制度创新；聚焦云服务、数字内容等关键领域，加速数字贸易发展；培育数字贸易生态链
《上海市全面推进城市数字化转型"十四五"规划》	2021年10月24日	通过建设"人工智能＋物联网"基础设施、打造城市数据中心和共性技术赋能平台等方式构建智慧城市；推进金融、农业、制造、航运等行业数字转型；将数字技术融入医疗、出行、文旅等生活方式之中
《推进治理数字化转型实现高效能治理行动方案》	2021年12月3日	聚焦经济、城市和社会治理数字化，推进"三大治理"应用体系建设；深化政务服务"一网通办"和城市运行"一网统管"；深化大数据资源平台建设，提升政务数字化基础设施能力

资料来源：上海市人民政府、上海市商务委、上海市经信委

通过上海数字贸易发展现状和近期实施的相关政策措施，不难发现未来上海数字贸易发展将呈现以下几点特征：

（一）从网络基础设施和云服务方面来看，上海重视核心技术的发展和突破，为数字贸易发展奠定良好基础

"十四五"时期，上海将以打造全球数据流通的信息服务枢纽为目标，推动互联网IPv6升级，提高互联网信息承载能力，进一步提高网络基础设施的服务能级。通过支持拥有核心技术的数字贸易企业在科创板上市；扶持一批SaaS云服务、数据分析、系统开发的数字服务企业；支持数字贸易跨国企业在沪设立研发中心和科研机构；积极打造国际合作交流平台，强化相关领域的技术和创新产品的交流合作等具体举措，对云计算、边缘计算、人工智能、工业智能、数据孪生、区块链等一批关键技术进行突破。

（二）数字内容方面，网游和网络文学继续保持高增长态势

积极举办信息消费节，针对5G、IPTV等终端产品开展优惠促销，鼓励居民升级智能终端、可穿戴设备，以此扩大音频、视听、网游等信息服务；将新兴技术成果融入文化创新行业中，打造全媒体智能控播、音视频大数据处理等平台，进一步优化用户体验；针对促进文化创新产业发展的具体项目，财政资金予以一定支持。

（三）电子商务方面，直播电商将呈现"井喷式"发展

市商务委同市经信委等五部门联合发布的《上海市推进直播电商高质量发展三年行动计划（2021—2023年）》，明确规划了上海电子商务行业的发展。计划中将直播电商平台和基地发展、集聚直播电商专业人才和服务机构、推动直播电商行业规范、积极扩展直播电商多元化应用场景并树立上海自身品牌作为未来重点任务。预计到2023年，上海将打造10个引领全球行业发展的直播电商平台，超过30家具有影响力的直播电商产业基地，带动上海网购交易额超2 000亿元。

（四）工业应用方面，数字技术深度融入各产业，工业互联网生态布局逐步完善

由上海市人民政府办公厅印发的《推动工业互联网创新升级实施"工赋上海"三年行动计划（2020—2022年）》，从工业互联网增能、提质、创优和营造四个方面，加快上海工业产业向数字化、网络化和智能化方向迈进。通过各部门共同参与、协同合作、强化行业规划引导，逐渐形成体系化的工业互联网制度供给，积极打造具有上海特色的新型工业生产和服务体系。预计到2022年，上海基本建成具有国际影响力和国内领先的工业互联网发展高地，工业互联网核心产业规模达到1500亿元。

（五）通信服务方面，通信业务应用场景多元化发展，智慧城市建设"由点到面，由面到体"

上海市人民政府办公厅印发的《上海市全面推进城市数字化转型"十四五"规划》，在以技术与制度"双驱轮动"、政府与市场"和弦共振"、效率与温度"兼容并蓄"、安全与发展"齐头并进"为原则的基础上，将建设城市AIoT基础设施、打造城市数据中枢系统和共性技术赋能平台作为下一步工作的重点，积极推进经济、生活、治理的数字化转型。计划到2025年将上海打造为国际一流、国内领先的数字化标杆城市。随后发布的《推进治理数字化转型 实现高效能治理行动方案》，着力构建"3+2+1"（3即经济、社会、城市的三大治理应用体系，2即一网通办、一网统管，1即一体化数字底座）的治理数字化转型体系。

三、上海数字贸易发展面临的挑战

（一）国际经贸环境

从国际经贸环境来看，至少存在三方面因素制约上海数字贸易发展。其一，一方面受新冠肺炎疫情冲击，发达国家和地区纷纷将海外的产业链和供应链迁回本土，以此保障自身产业链和供应链的安全和稳定；另一方面，全球单边主义盛行，欧美等地区的再工业化战略对中国外贸层面频繁施压，企图将中国始终锁定在全球价值链的低端位置。不难看出，上海从欧美等地区引进和转移技术的窗口越来越小，后续数字技术发展将更多地依赖于自身的研发和创新能力；其二，各国出于自身利益的考量，针对数字贸易规则诉求始终存在差异，如数据跨境流动、数据本土化、源代码披露等问题。进而造成了全球数字贸易壁垒始终处在高位，且在数字贸易后续发展过程中，上述冲突将更加显著。较高的数字贸易壁垒无疑会阻碍上海在全球发展数字贸易。其三，由于WTO和GATS框架下的多边规则难以完全涵盖数字贸易发展新模式、无法有效解决新型服务贸易和数据流动限制等问题，造成了数字规则供给缺失。在此背景下，针对数字贸易过程中利益诉求差异和追求规则主导权的意愿，激发了各国采取区域自贸协议的方式进行数字贸易，并逐步形成"数字贸易制度联盟"的趋势。若中国游离于联盟之外，会面临更高的数字贸易壁垒，进而阻碍上海数字贸易发展。

（二）国内法律制度

目前国内数字战略尚未形成完整的体系，数字确权、监管、保护等方面均存在空白。如《网络安全

法》和《数据安全法(草案)》中,并未针对数据的跨境流动进行分类管理,关键领域和非关键领域的数据均存在严格的管控,造成了数字要素难以进行跨国流动,这无疑制约了上海数字贸易效率的提升。此外,由于数字贸易涵盖诸多经济部门,各部门相互交叉造成数字贸易的行业分类、统计制度模糊不清。若一直沿用以往的统计标准,则难以切实反映数字贸易主要产品的进出口情况,也无法实时监测数字贸易发展现状。从数据监管和保护方面来看,数字贸易产业的发展与知识产权保护密切相关,中国目前运用法律来保护数据安全的能力仍然十分薄弱,国内个人信息和流媒体资源的贩卖问题极为泛滥,从非法获取到非法售卖已然成为一条成熟的产业链[1],这不仅极大地侵害了公民的隐私,并且弱化了国内对于知识产权的保护。知识产权保护机制缺失这一问题在上海同样突出[2]。

(三)上海自身产业因素

亿欧智库公布的报告显示,上海拥有一批高端制造企业,2018—2020年上海芯片行业的投资金额、交易金额和交易笔数均位列全国第一。但是,上海在云计算和电子商务行业中缺乏引领的企业和平台。与北京、深圳等城市相比,上海在直接从事数字贸易相关的企业中,不论是龙头企业数量还是大型平台型企业和独角兽企业数量均不占优。大量上海本地的数字贸易公司通过苹果应用商城为国内用户提供服务,提供的跨境服务占比相对较低。上述情况直接造成上海在从事数字贸易过程时定价能力的丧失,并进一步造成上海跨境数字贸易的失衡。

四、上海数字贸易发展对策建议

数字贸易作为全球经济变革的关键一环,其规模不断扩张,俨然成为推动全球经济增长的重要组成部分,并且成为国际贸易升级转型的突破口。上海作为中国改革开放的排头兵,深刻贯彻中央精神,落实新发展理念,针对本市数字贸易发展采取了包括数字基础设施、数字内容、电子商务在内的诸多针对性措施。然而各项规划方针中,对于数字要素的确权、统计、流动以及数字贸易营商环境等问题并未重视,仅对数字要素跨境流动、数据分类管理模式、开展数据跨境传输时点等方面有所提及,但并未有进一步具体措施。数字贸易时代,数字要素的充分流动是贸易产生的根源,基于上述原因,本部分针对上海数字贸易发展提出如下几点建议:

(一)尽快建立完善的数字贸易统计体系

从现实来看,各种国际组织和国家对于数字贸易并未形成一个统一的概念,并且数字贸易过程中涉及诸多行业。上海市政府应会同相关部门,对数字贸易的现行定义进行详尽的梳理,进而针对中国或上海特色的数字贸易进行明确界定。在此基础上,上海应不断完善数字贸易全口径统计,进一步细化各行业领域之中的数字贸易,在确保数据真实有效的前提下,采取抽样调研、专项调查等方式,做到数字贸易部分的应统尽统。此外,以上海数据交易所为交易平台,积极推进数据交易配套制度的实施,尽快完善数据的确权、定价和监管等问题。

---

[1] 高凌云、樊玉:《全球数字贸易规则新进展与中国的政策选择》,《国际经济评论》2020年第2期。
[2] 戴跃华:《上海数字贸易发展的瓶颈和对策》,《科学发展》2020年第8期。

(二)通过试点,尽快推动跨境数据自由流动

中国通过《网络安全法》《数据安全法》和《个人信息保护法》基本确立了重要数据、个人数据跨境流动的基本框架,然而数据跨境流动的具体操作性制度尚未形成,如在上述法规中并未对数据实行分级管理,采取"一刀切"的原则使个人数据和重要数据均不允许跨境流动;《数据安全法》中所规定的个人数据与重要领域数据(个人健康信息与医疗行业信息)存在交叉,多部门存在同时对此类数据进行监管的可能,极易形成监管交叉。

鉴于此,上海临港新片区在探索建立跨境流动管理体系的过程中,应当充分吸收美、欧等地区先进的数据跨境流动经验。一是要施行数据分级审查制度,设立数据安全审查机构对数据信息进行评估,对非关键领域信息逐步采取自由开放的形式,对关键领域信息则需在出境前采取审慎的安全风险评估。二是要采取灵活的方式设立数据白名单制度,对各国数据安全进行评估并定期审查,形成动态的数据跨境流动的白名单机制,数据可在白名单内的国家自由流动。三是要对境外数据加以监管,首先需对跨境传输的数据规定类别、使用范围、使用目的等标签。在数据跨境后,应实施权责明确的监管措施,相关部门按照标签定期对数据进行安全审查,针对不符合安全要求的数据应设有应急保障机制。此外,针对跨国企业内部如何使用本国数据,也可部分借鉴GDPR中的约束性企业规则。

(三)完善数字产权保护,平衡价值冲突

数据经济时代,数据及数字化产品成为知识产权保护成果的新形态,知识产权的犯罪方式和对象范围都有所扩大。上海相关立法部门一方面需加快建立与国际通行规则接轨的数字贸易方面的知识产权保护体系;另一方面需更加关注知识产权新形态(数字化产品)及其背后的数字技术,针对数据、源代码、算法规则等方面的权益侵占,尽快对现行的知识产权法进行调整,以立法堵截处罚漏洞,并进一步结合知识产权犯罪的数字化特点,适当调整相关知识产权犯罪的入罪标准。

需要注意的是,在对数字产权保护立法过程中需要平衡两大价值选择难题:一是数字经济下倡导的共享原则与企业数据权、算法保护等方面存在价值冲突;二是由于网络效应和转换成本的存在,网络平台依托严格的数据保护极易形成"赢者通吃"的局面,进而产生数据垄断。从这一角度来看,数字产权保护和数据反垄断同样存在价值冲突。因此,立法过程中应当平衡数据和数字技术的产权属性和公共属性,在加强对数字权力司法保护的同时,推动形成数字技术和数据资源汇集共享,数据价值市场化配置的良性发展格局。

执笔:党修宇 殷 凤
(上海大学经济学院)

对接高标准国际经贸规则
推进上海服务贸易数字化发展

2021年,上海服务贸易又上一层楼,服务贸易进出口总额2 294.1亿美元,同比增长49.5%。其中,出口额1 035.5亿美元,同比增长54.2%;进口额1 258.6亿美元,同比增长45.8%,上海服务进出口规模占全国总量的四分之一。在全球新冠肺炎疫情持续蔓延、国际贸易形势不稳定的环境下,上海服务贸易发展依然韧性十足。上海服务贸易的规模和增长速度之所以一直处于全国领先位置,不是一日之功,其成绩得益于上海长期以来不断进行产业结构优化调整,得益于上海持续对接高标准国际经贸规则扩大开放,得益于上海注重培育技术创新发展新兴服务业。

一、厚积薄发:上海服务贸易高速发展的源动力

(一) 上海服务贸易发展成绩斐然非一日之功

早在1985年底,国务院批复的《关于上海经济发展战略的汇报提纲》就要求,在保持制造业优化升级的同时,上海要优先发展第三产业;浦东开发开放以后,上海从国际经济、贸易、金融"三个中心"到国际经济、贸易、金融和航运"四个中心"再到国际经济、贸易、金融、航运和科创"五个中心"建设的过程中,持续调整制造业结构,推动传统制造业向高附加值、高技术的行业发展。中国加入世界贸易组织(WTO)后,上海服务业对外开放的程度不断提高,在开放的环境下,外资更多更快地流向服务业。2013年9月,上海自贸试验区建立后,上海提高服务业改革深度和开放广度,大幅度放宽市场准入,打造国际一流营商环境,助力上海经济结构调整、转型升级。2016年上海入选国家首批服务贸易创新发展试点,2018年上海继续入选第二轮深化服务贸易创新发展试点,2020年上海入选国家第三轮全面深化服务贸易创新发展试点地区。

(二) 全面深化服务贸易创新发展试点

2021年,上海遴选出13项创新试点案例,一是打通生物医药研发政策堵点,联合印发《上海市生物医药研发用物品进口试点方案》,在国内首创"白名单"方式,为生物医药企业进口研发用物品提供通关便利,助力上海生物医药高地建设。二是建设服务贸易"单一窗口",在上海国际贸易"单一窗口"导入服务出口退税、服务贸易购付汇和生物医药研发用物品进口等功能,建成首个服务贸易"单一窗口"。三是实现技术贸易出口退税企业免填报,完成全市技术出口合同登记等信息的在线集成和要素化采集,在全国首次实现技术出口退税申报"免填报"。四是认定一批市级示范项目和示范基地,进一步发挥示范引领带动作用,优化重点服务贸易区域布局,认定7个市级服务贸易示范基地,以及包括10个出海IP类、12个出海平台类、11个创新项目类和3个人才服务类在内的4大类36个市级示范项目。

(三) 积极推进数字贸易、技术贸易等特色服务贸易发展

一是加快建设数字贸易国际枢纽港。提升数字贸易交易促进平台功能，新增服务外包收结汇和技术出口收结汇2项功能。遴选发布数字贸易10大创新案例。加强数字贸易规则研究，编制数字贸易国际规则比较报告。浦东软件园国家数字服务出口基地累计新引进41个创业项目，临港和虹桥建成一批国际互联网数据专用通道，微软虹桥数字贸易创业创新赋能中心成功落地，积极创建虹桥临空数字服务出口基地。二是推动文化贸易能级提升，上海全市32个企业和12个项目入选年度国家文化出口重点企业和重点项目，《十万个为什么》等一批文化IP出海，仓城影视文化产业园被认定为国家文化出口基地，徐汇国家文化出口基地位居国家首轮综合评价前列，2个项目入选国家首批创新实践案例，入选数量居全国各基地首位。三是促进技术贸易快速增长，2021年1—11月，上海全市技术合同备案2 355份，合同金额145.2亿美元，同比增长18.0%，完成西门子发电机和蒸汽轮机设计制造技术进口、云扩机器人流程自动化软件出口、云之脑人工智能交互界面技术等三项限制进出口技术许可审查，安徽科大讯飞集团技术贸易主体落户上海。

习近平主席在2021年中国国际服务贸易交易会全球服务贸易峰会上发表视频致辞指出：加强服务领域规则建设，开展国际高水平自由贸易协定规则对接先行先试，打造数字贸易示范区。上海要立足自贸试验区、长江三角洲区域一体化发展和浦东社会主义现代化建设引领区建设，对接高标准服务贸易规则，推进上海服务贸易通过数字化实现高质发展。

二、高标严规：上海服务贸易高质发展的新标杆

中国政府已经于2021年9月申请加入《全面与进步的跨太平洋伙伴关系协定》(CPTPP)，于2021年11月申请加入《数字经济伙伴关系协定》(DEPA)。在CPTPP中有超过三分之一的章节均与服务贸易相关，核心纪律分布在投资、跨境服务贸易、金融服务、商业人员的临时进入、电信服务和电子商务之中，政府采购、竞争政策、国有企业、监管一致性等章也与服务贸易密切相关。总体看，成员国采取负面清单方式作出的具体承诺大幅提高了服务的开放水平，显著提高了成员国服务贸易政策透明度、确定性和可预见性，国有企业、政府采购及竞争政策等新规则也提高了成员国在服务贸易领域的市场准入水平，可视为服务贸易规则创新的先行先试。上海服务贸易要实现高质发展，就要敢为天下先，对接以CPTPP、DEPA为代表的高标准服务贸易规则。

(一) CPTPP服务贸易规则的核心纪律

一是"禁止要求当地存在"确保跨境服务贸易自由化。"禁止要求当地存在"是CPTPP推出的服务贸易新规则，目的是在现代信息通信技术基础上电子商务、数字贸易迅速发展的环境下，确保跨境服务贸易自由化。

二是"棘轮"机制约束负面清单。CPTPP规定负面清单以外的所有跨境服务提供，成员国均须符合国民待遇、最惠国待遇、市场准入并取消当地存在要求，其列入负面清单的不符措施，必须承诺该类措施履行"静止"和"棘轮"，自由化只许前进，不许倒退。

三是"公平透明"规范服务贸易国内规制。相较于货物贸易措施大多属于边境上措施，服务无形性特性决定服务贸易措施更多地在于边境后政府管理措施，CPTPP强调成员国通过公平透明来规范

各类国内规制,以使各成员国的服务及服务提供者获得非歧视待遇,其核心纪律在于通过推进全周期政策透明、严格工作程序时限、支持资格互认、鼓励政策交流及能力建设,确保成员国各类国内服务业监管措施公平、合理和透明,不对服务贸易构成壁垒。

四是扩大开放专业服务。CPTPP鼓励各成员国间互认专业资格,便利服务提供者许可和注册程序,给予特定项目背景下工程师临时许可或允许注册,允许基于"临时飞进飞出"、或基于互联网、或基于电信技术提供跨国法律服务。

五是不得强迫快递服务进入普遍邮政服务。CPTPP要求成员国对快递服务保持普遍市场开放,建立邮政垄断规则,禁止监管者要求快递服务提供者提供普遍邮政服务,并确保监管者与任何服务提供者间的独立性。

六是审慎的金融服务自由化。CPTPP金融服务以跨境贸易为主,金融跨境交付模式采用正面清单列明,要求各成员国相互间应给予跨境金融服务提供者以国民待遇,但出于审慎目的,要求其他成员国的跨境金融服务提供者或金融工具注册或获得授权,规定成员国居民,不管身处本国、其他成员国或非成员国,都可向跨境金融服务提供者购买服务,履行上述义务并不要求成员允许跨境金融服务提供者在本国从事经营或招揽业务。

七是规范透明便利的商业人员临时进入机制。商务人员和访客为商业目的的临时入境既涉及服务市场开放,同时也潜在涉及比较敏感的一国签证和移民等制度,CPTPP主要规范了成员国商业临时访客的入境申请、信息公开以及允许或拒绝入境的条件,明确商务人士为"从事货物贸易、提供服务或进行投资活动的人"。临时入境指无永久居留目的的入境,要求成员国以"正面清单"列明承诺,各方根据自身情况设定要求,保证企业在内部调配关键人员、临时获得高技能全球人才时不受配额限制,也不进行经济需求测试(或劳动力市场影响评估),以增强透明度。

八是公平有序的电信服务。CPTPP电信采用负面清单谈判模式,其核心纪律主要确立成员国政府在电信服务监管方面的保证义务,特别是确保本国存在公平竞争有序的电信服务市场以及其他成员国电信企业进入本国电信服务市场提供服务等,规定现有"不符措施"在未来不再加严的义务,并锁定未来任何自由化措施以及一方在未来保留完全自由裁量权的部门和政策。在负面清单以外的所有相关服务必须符合国民待遇、最惠国待遇和市场准入等要求。CPTPP界定了电信服务的重要概念,允许成员国对电信服务采取不同的监管方式,但不得歧视提供者、注重保护消费者利益及维护公共利益,要求成员国确保其电信监管机构的独立性和公正性,建立了多元化的电信争端解决机制。

九是对等互惠的服务业投资。CPTPP某些成员国基于对等互惠原则,在航空运输、沿海运输、国际空运的货代业务、进出口、安保、人员安排、合作社、评估、测量、研发服务领域扩大开放,在船舶登记方面也积累了经验。CPTPP有成员国基于对等互惠原则认可专业人员在境外取得的从业资质和从业时间。CPTPP某些成员国在对外开放邮政服务时做了一定限制;以负面清单的形式就农矿工业支持性服务开放做出保留。因为公用事业的自然垄断属性,很多成员国都控制市场经营者数量。CPTPP某些成员国对烟草制品的批发、零售和分销开放考虑了医疗健康方面的法律法规。CPTPP成员国对不同类型教育服务各自做出了限制,某些成员国对外资投资文化、旅游服务业也做出了限制。CPTPP成员国以严格安全审查制度为基础来深化电信开放。CPTPP成员国的服务贸易商业存在对外开放的经验表明,严格的外资审查制度是持续扩大对外开放的坚实基础。

(二)CPTPP在推进电子商务向数字贸易进化方面的核心纪律

一是跨境数据自由流动。CPTPP规定成员国应当允许涵盖的人为开展其业务而通过电子方式跨境传输信息,包括个人信息。这一规定对成员国的投资者和服务提供者为其业务活动进行的跨境数据传输提供了保障,但仅适用于信息提供者的商业行为,允许成员国保留为实现合法公共政策目标而采取或维持有关跨境数据传输措施的权利,但是措施的适用方式不得构成任意或不合理歧视或对贸易的变相限制,也不得对信息传输施加超出实现目标所需要的限制,同时,CPTPP赋予成员国利用相关规则,挑战以歧视性方式实施网络审查和过滤的其他成员国的权利。DEPA成员坚持其在CPTPP的承诺,允许数据跨边界自由流动,允许在成员国开展业务的企业跨境无缝传输信息,并确保它们符合必要的法规,从而营造一个良好的营商环境,使企业无论身在何处都可以为客户提供服务,尤其是通过新的业务模型(如软件即服务,software-as-a-service)以及数字产品和服务(如在线游戏和视频流)。为此,DEPA尽可能在统一框架下将货物贸易相关信息以电子数据等形式进行交换和共享,其第二模块开宗明义,对电子发票、电子支付指引、电子记录、开放标准、单一窗口、贸易管理文件等进行了定义,并从无纸贸易、国内电子交易框架、物流、电子发票、快运货物、电子支付等方面逐一制定约束条款。

二是禁止数据本地化。CPTPP明确规定成员国不得以在其领土内使用或放置计算设施作为在其领土内开展业务的条件,意味着成员国既不能要求企业在当地建立数据储存中心,也不能要求其使用本地计算设施;DEPA成员国坚持了其在CPTPP的承诺。

三是保护源代码。CPTPP规定任何成员国不得以转移或获得另一成员国的人拥有的软件源代码或该源代码表达的算法,作为在其领土内进口、分销、销售或使用该软件或含有该软件的产品的条件,但成员国的监管机关或司法机关有权针对具体调查、检验、检查执法行动或司法程序要求另一成员国的人保存及向监管机关提供软件的源代码或该源代码表达的算法,但需采取保护措施防止未经授权的披露,这一规定既要确保政府不强制要求获取或与当地企业共享源代码等专有信息,也要保留主管部门实现合法监管目标的能力。

四是数字产品非歧视待遇。CPTPP规定成员国给予另一成员国的数字产品的待遇,不得低于其给予其他同类数字产品的待遇。当然,政府仍然可以向自己的制作者或开发者等提供补贴或赠款,包括政府支持的贷款、担保和保险;DEPA数字产品模块基本承袭了CPTPP所有内容,并进一步确认了DEPA成员国在处理数字产品和相关问题方面的承诺水平,承诺保障数字产品的国民待遇和最惠国待遇。

五是电子传输免关税。CPTPP禁止对以电子方式传输的数字产品的进出口征收关税或其他费用,但是不阻止对其征收国内税费;DEPA进一步承诺电子传输和以电子传输的内容免关税。

六是保护在线消费者及个人信息。CPTPP要求成员国应采取或维持消费者保护法,禁止对消费者造成伤害或潜在伤害的诈骗和商业欺诈行为;DEPA将个人信息定义为是"包括数据在内的有关已识别或可识别自然人的任何信息",制定了加强保护个人信息的框架与原则,包括透明度、目的规范、使用限制、收集限制、个人参与、数据质量和问责制等,DEPA成员国将建立促进各国保护个人信息法律之间的兼容性和互操作性机制,如对企业采取数据信任标记和认证框架,从而向消费者表明该企业已经制定了良好的数据管理规范并且值得信赖。

七是支持开放互联网。CPTPP要求成员国给予另一成员国的数字产品的待遇,不得低于其给予其他同类数字产品的待遇。当然,政府仍然可以向自己的制作者或开发者等提供补贴或赠款,包括政府支持的贷款、担保和保险。

(三) 与CPTPP相比,DEPA的纪律深化

一是数字身份。DEPA继承了CPTPP对电子认证和电子签名的规则,进一步要求以成员国互认数字身份为目标,以增强区域和全球的互联互通为导向,致力于有关数字身份的政策和法规、技术实施和安全标准方面的专业合作,从而为数字身份领域的跨境合作打下坚实基础。

二是电子发票。DEPA要求成员国在电子发票系统内进行合作,从而促进了DEPA协定地区跨

境使用电子发票,鼓励各国对其国内电子发票系统采用类似Peppol的国际标准。

三是电子支付和金融技术。DEPA要求各成员国及时公布电子支付的法规,考虑国际公认的电子支付标准,从而促进透明度和公平的竞争环境;DEPA同意促进金融技术公司间合作,促进开发商业领域的金融技术解决方案;DEPA同意通过提出非歧视、透明和促进性的规则(如开放的应用程序接口),为金融技术发展创造一个有利环境。

四是政府数据公开。DEPA规定成员国可探索扩大访问和使用公开政府数据的方式,从而为企业(尤其是中小企业)创造新的机会包括共同确定可使用开放数据集及基于开放数据集开发新产品和服务,鼓励以在线可用的标准化公共许可证形式使用和开发开放数据许可模型,并允许所有人出于法律允许的目的自由访问、使用修改和共享开放数据。

五是数据创新和监管沙盒。DEPA鼓励通过促进跨境数据驱动型创新以促进新产品和服务的开发,基于监管沙盒构建政府和行业合作机制,在数据沙盒中将根据各国国内法律在企业间分享包括个人信息在内的数据,从而支持私营部门数据创新并弥补政策差距,同时与技术和商业模式的新发展保持同步。

六是人工智能和网络安全。DEPA促进采用道德规范的"AI治理框架",以各成员国同意为原则,要求人工智能应该透明、公正和可解释,并具有以人为本的价值观。DEPA要求提高计算机安全事件的响应能力,识别和减轻电子网络的恶意入侵或传播恶意代码带来的影响,促进网络安全领域的劳动力发展。

七是争端解决。DEPA致力于为解决政府间的争端提供有效、公平和透明的程序,争端解决的程序细节包括协商、调解和仲裁程序三个层次,有效缓解了数字经济领域争端解决程序缺失的现状。

三、数字贸易:上海服务贸易高质发展的新空间

目前,世界各国及不同机构对数字贸易的理解并不一致,在全球范围内也无权威精确定义。随着数字技术为代表的新一代信息通信技术对经济贸易的影响加大,数字贸易所触及的边界还在不断发展。

(一) 数字贸易与贸易数字化

综合有关国家和国际组织对数字贸易内涵的界定,理论层面对数字贸易作如下包容性理解:数字贸易包括贸易数字化和数字化贸易两部分内容,它依托信息网络和数字技术,在跨境研发、生产、交易和消费活动中产生,以数字平台为重要载体,高度依赖数据跨境流动,广泛渗透到国际经贸各行业、各领域、各环节的新型贸易形态,是以数字订购和数字交付为主要实现方式的数字货物贸易、数字服务贸易和跨境数据要素贸易的总和。

贸易数字化主要包括以电子商务的形式实现的数字订购贸易;数字化贸易指以数字服务为主要形式的可网上传输的数字交付贸易。上述定义的核心:一是数字贸易的核心为跨境数据流动,凡是高度依赖跨境数据流的经贸活动,都可称之为数字贸易,从统计测度看数字贸易是所有跨境数据流动实现的商业价值。二是数字贸易也可作狭义和广义两个层面的区分。从狭义角度看,数字贸易即数字化贸易,指可数字化交付的数字服务和其他形式的跨境数据流;从广义角度看,数字贸易包括数字平台赋能服务,如线上交易、线下交付的跨境电子商务平台对货物贸易和服务贸易的赋能实现的数字化增值服务。三是数字贸易包括传统数字贸易和新型数字贸易两部分,传统数字贸易包括跨境电子商务以及可数字化交付的一般服务贸易,而大数据、云计算、人工智能、区块链和工业互联网及大数据营销、移动支付、社交媒体和搜索引擎等利用新型数字技术产生的或把数据作为关键生产要素的数字产品服务或数字平台服务,可称之为新型数字贸易。四是在无特殊说明的情况下,一般不包括需

要直接投资才能发生的商业存在模式的数字服务贸易。

由于数字贸易的扩展性和包容性,导致数字贸易涉及的领域和范围较为广泛,可根据不同场景对数字贸易采取更具针对性的理解和界定。一是国际谈判将更多地从数字贸易背后的数据跨境流动规则和数字平台治理协调,对数字贸易进行界定。在国际多边和区域谈判中,数字贸易的关注焦点在市场开放。尽管目前在多边和区域层面并未涉及完整的数字贸易谈判,但目前在多边贸易框架下已开启电子商务谈判。在部分发达国家签署的自由贸易协定中也涉及电子商务或数字贸易章节,如《美墨加贸易协定》(USMCA)中已经以数字贸易章替代电子商务章。美国对数字贸易的相关定义更能反映当前全球数字贸易领域谈判和规则走向的关注焦点。可以预见,国际谈判层面的数字贸易更加关注数据跨境流动规则以及数字平台国际治理协调等方面。二是国内制定政策促进发展将更关注由新型数字技术驱动、高度依赖数据跨境流动的新型数字贸易,从促进数字贸易发展的角度对数字贸易的理解主要服务于政策制定,旨在培育本国或本地区产业和贸易新优势和新增长点,使本国和本地区在产业和贸易竞争中处于领先地位,重点瞄准由新型数字技术推动的高度依赖跨境数据流动的新型数字贸易,如大数据、云计算、工业互联网、工业软件和高端应用软件、基础通信、搜索引擎和社交媒体、工业数字流程服务以及数字支付、数字货币、数字内容和远程医疗等数字赋能的跨境贸易。三是数字贸易统计测度的国际口径要与 OECD—WTO—IMF 推荐口径保持一致,考虑服务于国内贸易促进政策的考核。因此,统计窄口径应以数字服务为主的新型数字贸易,包括数字服务、数字平台提供的增值服务以及其他跨境数据流的商业价值;统计宽口径应以 OECD—WTO—IMF 数字贸易测度手册为准,覆盖所有以数字方式订购和以数字方式交付的国际交易。以数字方式订购的定义为通过计算机网络专门接收或下单的方式实现的货物或服务的国际交易,通俗地说就是在网络上进行下单的国际贸易。以数字方式交付的定义为使用专门的计算机网络以电子格式远程交付的国际交易,通俗地说就是商品是数字格式的国际贸易。

总体而言,从数字贸易业态类型看,不同分类体系均包括货物类跨境电子商务、服务类跨境电子商务、数字赋能的传统服务、计算机和信息通信技术服务、数字内容服务、可数字交付的其他服务和其他跨境数据要素贸易等类别,专家认为,数字贸易包括如下类别(表1):

表1 数字贸易类别

数字贸易					贸易数字化	
数字交付					数字订购	
跨境数据要素贸易	数字内容贸易	计算机和信息技术服务	其他数字交付服务	数字赋能传统服务	服务跨境电子商务	货物跨境电子商务
—网络社交平台 —搜索引擎 —新闻服务 —其他数据要素贸易 ……	—数字音乐 —数字影视 —数字游戏 —数字动漫 —电子出版 ……	—通信服务(5G通信、卫星通信等) —计算机服务 —互联网服务 —信息服务 —云计算服务 —区块链服务 ……	—知识产权使用费 —金融服务 —保险和养老金服务 —其他商务服务(包括专业服务和咨询服务等) ……	—远程制造服务平台(工业互联网平台) —数字医疗 —远程教育 ……	—服务类跨境电子商务(在线酒店和机票预订)	—货物类跨境电子商务
其他非货币化数据流	数字服务贸易					数字货物贸易
跨境数据流的商业价值总和						

来源:李俊、李西林、王拓:《数字贸易概念内涵、发展态势与应对建议》,《国际贸易》2021年第5期

（二）数字贸易与全球价值链

在新一代信息通信技术的驱动下，数字产业化规模迅猛扩张，产业数字化态势强劲，推动信息经济向数字经济转型，成为世界经济发展的新引擎；数字贸易是数字技术与经济、社会深度融合、共同演进的产物，正在构建各类经济活动的新业态；数字贸易的发展正在成为优化全球价值链的新动力。

一是数字贸易推动更多服务和产品嵌入全球价值链。全球价值链是以有形产品或无形服务为载体的一系列上下游经济活动组合而成的价值链条，这些经济活动包括研发、设计、加工、营销、售后等，它们通过贸易相互连接，也通过贸易实现价值增值。价值链上的各个企业在对生产成本和交易成本权衡的基础上实施跨区域分工与合作。数字技术的应用显著地降低了价值链不同工序环节间的交易成本，特别是大大降低了无形服务的交易成本，促使价值链上不同工序环节间分工更加细化并重新组合，包括原有企业基于对效率的追求分离或外包出更多服务和生产环节；以大数据、物联网、移动互联网、云计算、人工智能等为代表的新一代数字技术创造出更多的新服务和新产品，这些新服务和新产品又通过数字技术嵌入和改造原有的价值链，推进一些原来本地化特征明显的生产性服务业融入全球价值链。

二是数字贸易推动更多中小微企业甚至消费者个体融入全球价值链。不管是在加工制造环节，还是在生产性服务环节，传统全球价值链基本上是由跨国公司引领，中小微企业参与度较低。数字贸易则会推动更多中小微企业甚至是消费者个人融入全球价值链。数字技术的广泛应用使跨国贸易更加便利，中小微企业越来越能承受各类国际贸易成本，因此有能力承接来自世界各地的个性化小规模订单；数字技术使许多生产性服务环节可分性提高，原本只能一家企业提供的服务现在根据不同服务的特点可以分包给众多中小微企业；数字贸易推动传统的大规模同质化批量生产向柔性化、定制化与个性化制造发展，这种制成品具有种类多样化、数量小型化的特点，因此需要众多中小微企业甚至是消费者自身提供中间服务和加工制造。

三是数字贸易推动全球价值链同时向区域化和全球化方向发展。数字技术的应用使得定制化、个性化、小型化成为数字时代制造业的基本特征，产品快速及时地送达客户手中显得更加重要，由此对制造业交易成本提出了更高要求。数字贸易让制造业对与客户间的距离和产业链安全更加敏感，为了使消费者和有形产品少跑路，制造业往往更加考虑靠近消费者，从而倾向全球价值链趋向于区域化；数字技术的应用使得生产性服务业的交易成本显著下降，全球价值链中的生产性服务业大部分属于技术和知识密集型行业，这类行业中知识和技术的投入与生产往往需要长期积累、试验、探索、总结分析并承担风险，因此它们的初始投入较大。数字技术促使这些行业的边际服务成本趋近于零，生产性服务业的规模报酬递增特性更加显著。为了服务地处世界各地的用户，生产性服务业借助数字技术，通过数字贸易，让数字化服务基于互联网多跑路，更倾向于推动全球价值链重构。

四、敢为人先：上海服务贸易高质发展的新引擎

"十四五"期间，上海将直面国际经济、贸易、金融、航运和科创"五个中心"建设全面能级提升，作为全面深化服务贸易创新试点城市，上海要敢为人先，立足自贸试验区、长江三角洲区域一体化发展和浦东社会主义现代化建设引领区建设，对接高标准服务贸易规则，推进上海服务贸易通过数字化实现高质发展。

一要积极对接高标准服务贸易规则。立足上海自由贸易试验区，围绕跨境数据合规自由流动、数

据储存非本地化和保护源代码CPTPP三个核心纪律,通过最佳实践案例探索,为服务业制度型开放提供可复制、可推广的经验,并支持我国参与CPTPP、DEPA的谈判进程。

二要积极按对等互惠原则,探索服务业对外开放新机制,为上海服务贸易高质发展做贡献,培育好各类市场主体,挖掘服务进出口潜力创造良好的营商环境,吸引更多的国内外跨国公司在上海设立地区总部,促进总部经济发展。

三要积极依托上海国际金融、航运和科创中心建设,完善长三角地区基础设施,建立世界级港口群、世界级机场群,打造实现口岸管理信息一体化平台,为长三角地区服务贸易发展创造更多新的机遇,实现服务贸易区域联动发展。

四要积极构建服务贸易数字空间,通过搭建数字贸易公共服务平台、数据流通公共服务平台、数字化虚拟工作空间和虚拟人才雇聘佣体制机制,推动虚拟世界与现实经济交互,从而推进上海服务贸易高质发展。

执笔:姚为群(中国国际贸易促进委员会专家委员会委员,上海市国际贸易学会常务副会长兼秘书长,上海对外经贸大学上海国际贸易中心战略研究院执行院长、应用经济学特聘教授)

《数字经济伙伴关系协定》背景下上海推动数字贸易发展研究

一、研究背景

近年来,在人工智能、区块链、大数据等数字技术驱动下,全球数字贸易快速发展。与此同时,全球在跨境数据流动、电子传输关税等方面尚未达成共识,数字贸易发展面临诸多瓶颈。而现有世界贸易组织(WTO)规则制定仍以货物贸易为主,自1998年通过《全球电子商务宣言》以来,在数据贸易方面没有任何实质性进展,远远滞后于数字贸易发展的现实需求。但是,多边区域协定一直寻求在数字贸易区域规则层面进行突破。截至2017年5月,已向WTO通报的75个有效区域协定中,超过四分之一的包含或者涉及电子商务条款①。在2017—2020年间生效的30多个新区域协定中,CPTPP、USMCA、RCEP(《区域全面经济伙伴关系协定》《美墨加贸易协定》《区域全面经济伙伴关系协定》)等均包含独立的电子商务或数字贸易章节,尽管已在跨境数据流动、个人信息保护等层面形成区域共识,但尚未成为引领全球数字贸易发展的国际规则范式。

2019年5月,智利、新西兰和新加坡通过在线形式签署的《数字经济伙伴关系协定》(DEPA),已于2020年12月生效,DEPA旨在解决数据流动和电子交易所面临的跨境问题,促进人工智能和金融科技等新技术合作,是"世界上第一个关于数字贸易规则和数字经济合作的'纯数字'贸易协定"②和"代表数字时代经济参与和贸易新形式的协定"③,为将来全球数字贸易合作指明了方向。目前,韩国、澳大利亚等相继申请加入,英国已启动与新加坡间的数字经济协定谈判。2021年11月,习近平主席在参加亚太经合组织第二十八次领导人非正式会议上明确表示,我国已申请加入DEPA,这对上海既是挑战更是机遇。

为此,本文在全面系统梳理DEPA相关条款的基础上,将DEPA与CPTPP、USMCA等传统电子商务或数字贸易规则相比较,分析全球数字贸易规则的最新发展趋势,结合我国数字贸易发展的现状,找到短板与差距,提出上海需要先行先试的主要内容和进一步发展数字贸易的政策建议。

二、DEPA 文本框架的主要内容及新特征

DEPA文本总共包括16个模块,其中前14个模块为正文,后2个模块为附件(表1)。

---

① World Trade Organization, RTAs Currently in Force (by Year of Entry into Force (1948—2021), Regional Trade Agreements Database, https://rtais.wto.org/UI/charts.aspx.

② Ayman Falak Medina, Singapore's Digital Economy Partnership Agreement, ASEAN BUSINESS NEWS (Feb. 3, 2021), https://www.aseanbriefing.com/news/singapores-digital-economypartnership-agreement/.

③ Ministry of Industry and Trade of Singapore, Digital Economy Partnership Agreement (DEPA), INFOCOMM MEDIA DEVELOPMENT AUTHORITY, (Jun. 8, 2020), https://www.imda.gov.sg/-/media/Imda/Files/News-and-Events/Media-Room/Media-Releases/06/DEPA-Signing-Infographic.pdf?la=en.

表1 DEPA模块及主要内容

模 块	主 要 内 容
模块1	初始条款和一般定义
模块2	商业和贸易便利化(包括无纸化交易、国内电子交易框架、物流、电子发票、快递、电子支付)
模块3	数字产品及相关问题的处理(包括电子传输的关税、数字产品的非歧视性待遇以及对使用密码技术产品的承诺)
模块4	数据问题(包括个人信息保护、信息跨境传输和计算机设施位置)
模块5	更广泛的信任环境(包括网络安全合作和在线安全保障)
模块6	商业和消费者信任(包括垃圾邮件、在线消费者保护和互联网访问)
模块7	数字身份
模块8	新兴趋势和技术(包括金融科技、人工智能、政府采购、竞争政策合作)
模块9	创新与数字经济(包括公共领域、数据创新和开放政府数据)
模块10	中小企业合作
模块11	数字包容
模块12	联合委员会和联络点
模块13	透明度
模块14	争议解决
模块15	例外
模块16	最后条款(包括生效、修改、加入和退出机制)

资料来源:根据DEPA文本整理

相比CPTPP、USMCA等,DEPA文本框架具有如下新特征:

(一) 采取模块化的框架模式

DEPA很多条款不具有法律的可执行性,更多的是关于成员国间合作的承诺或声明。基于此考虑,DEPA文本采用模块化的设计模式,其中前11个模块致力于解决数字贸易中的核心问题,包括初始条款和一般定义(模块1)、商业和贸易便利化(模块2)、数字产品及相关问题的处理(模块3)、数据问题(模块4)、更广泛的信任环境(模块5)、商业和消费者信任(模块6)、数字身份(模块7)、新兴趋势和技术(模块8)、创新与数字经济(模块9)、中小企业合作(模块10)和数字包容(模块11)。其余5个模块涉及协定的实施和争端的解决机制,具体包括建立联合委员会和联络点(模块12)、透明度(模块13)、争议解决(模块14)等。

相比传统协定如CPTPP、USMCA等中的章节的框架模式,模块化设计具有更高的灵活性并能够覆盖更广泛的问题,能够适应数字贸易的动态演进趋势及DEPA的包容性特征。这主要是因为每个模块代表一组独立的条款,且不同模块间相互独立,彼此不相互影响。而传统章节设定模式,相互存在逻辑联系,需要将整个协议文本作为一个整体进行考虑。

（二）致力于数字贸易的单一协定

传统关于数字贸易的协定内含在跨境服务贸易章节或电子商务章节中，如 CPTPP（第 14 章）、RCEP（第 12 章）、USMCA（第 19 章）等，这样各国通常要讨论多个事项，涉及更多利益，最终各方所接受的协定会在一定程度上牺牲原本应该具有的覆盖面或深度。而 DEPA 是一项专门就数字贸易进行谈判的独立协定，通过专注于数字贸易的谈判，能够有效避免传统协定多事项谈判的弊端。如 DEPA 成员国不需要解决数字贸易以外的利益问题，如贸易救济等，而可以更加详细地探讨如何解决数字经济相关问题并促进数字贸易发展。

（三）开放包容的多边协定

基于数据流动性及数字经济的全球互联等特性，DEPA 是一个开放包容的协定，允许其他国家加入，也提供成员国退出机制。目前，除中国以外，韩国、澳大利亚等均表示有兴趣加入，并将 DEPA 与国内宏观经济政策、电子商务联合声明等进行对标，进行相关政策的调整。

三、DEPA 引领全球数字规则的最新趋势

DEPA 是在 CPTPP、USMCA 等签署生效后达成的，充分借鉴 CPTPP、USMCA 等协定的电子商务或数字贸易条款基础上，吸收了 APEC、OECD 等国际框架的数字经济实践，最终制定形成的。再加上 DEPA 成员国新加坡、智利和新西兰同是 CPTPP 的成员国，可以认为 DEPA 是 CPTPP 电子商务章节的深化版。但是相比传统数字贸易条款，DEPA 不再局限于跨境数据流动等边境合作，包括了人工智能、金融科技等新技术合作，及数据安全和政府采购等边境内条款。

（一）在数字贸易通用条款方面进一步形成共识

所谓通用条款是指数字传输关税、信息跨境传输、未经请求的商业电子信息（垃圾邮件）发送、在线消费者保护等，以及无纸化交易、个人信息保护和计算机设施位置等。这些通用条款，几乎存在于所有电子商务或数字贸易相关章节中。DEPA 重申了 CPTPP 中关于通用条款的规定，如禁止对电子传输征税、不得歧视来自不同市场的数字产品等。但在跨境数据流动方面也有"合法公共政策目标"的例外条款，为政府监管提供了政策空间。

（二）致力于构建跨境数据流动的互信环境

跨境数据流动是数字贸易的基础，是 DEPA 的首要和核心领域。而互信环境的建立需要成员国在未经请求的商业电子信息（垃圾邮件）等方面达成共识，还需要保护在线消费者和个人信息安全。USMCA 等只是以"尽力而为"的语气提出了类似的规定，而 DEPA 致力于解决数字贸易交易领域的信任问题，为用户建立一个受到充分保护的互信环境。在个人信息保护方面，DEPA 要求成员国建立健全个人信息保护法律框架，并秉承收集限制、数据质量、使用规范、安全保障、透明度和问责制等原则。在跨境数据流动方面，DEPA 鼓励企业采用"数据保护信任标记"，并鼓励成员国相互承认数据保

护信任标记,来促进跨境数据流。在线消费者保护方面,DEPA要求成员国对未经请求的商业电子信息采取措施,并列出禁止类商业行为的说明性清单,包括虚假申明、未交付已付款的产品等。

(三) 提升端到端的数字贸易的便利度

DEPA主要在电子文件、无纸交易、电子发票、电子支付和数字身份等方面明确了缔约双方的操作规定,来提升成员国间的数字系统的互操作性。一是构建一个管理电子交易的法律框架,需要遵循《贸易法委员会电子商务示范法》或《联合国国际合同使用电子通信公约》,并需要通过《贸易法委员会的电子可转让记录示范法》,来消除跨境差异。二是要求无纸化交易,需要公开所有管理文件(报关单、提单、植物检疫书、原产地证书等)的电子版,并承认电子版本为纸质文件的法律等效物,促使成员国的"单一窗口"可以无缝、可信、安全地互联。根据WTO估计,无纸化交易可最多降低运输成本五分之一。三是要求电子发票系统互操作,需要依据已存在的国际标准、指南或建议,完善底层基础设施建设,支持跨境互操作。四是要求电子支付系统互联,需要采用国际公认的支付标准,公布各自的电子支付规定(许可要求、技术标准等),并鼓励金融机构和支付服务提供商向第三方提供应用程序接口(API)。五是促使数字身份系统互操作,其中企业和个人的数字身份是数字贸易的基础要素。提升成员国间数字身份系统的互操作性,能够有效提高金融交易等的安全性和效率。目前,新加坡已拥有完善的数字身份中心化系统,新西兰也正在制定相关监管政策。

专栏1 新加坡的国家数字身份平台

新加坡政府开发了数字基础设施——国家数字身份平台(NDI),是SingPass身份验证系统的扩展,基于此来构建政府、企业、个人可以普遍接受的信任框架,助力数字经济发展。NDI平台允许公民通过使用一个单一的数字身份与公共、私营部门进行联系。

目前,新加坡人使用"SingPass"用户凭证来访问各种政府数字服务。2018年,新加坡政府还推出了SingPass Mobile,这是一款移动应用程序,通过指纹、面部识别或6位密码提供双重身份验证的方法,以便更轻松地访问政府数字服务,旨在减少对密码的依赖。SingPass Mobile还嵌入了安全功防护能,以保护用户个人数据安全。例如,如果SingPass Mobile检测到可能存在潜在的安全漏洞或者移动设备上可能存在恶意软件,则用户将无法在该设备上使用SingPass Mobile。

新加坡政府还打算改进MyInfo服务。MyInfo服务是一种数据保险库服务,SingPass用户只需向政府提供一次他们的个人数据,然后MyInfo服务将根据需要自动填充某些公共或私营部门数字服务所需的在线表格,使新加坡人能够访问多个在线交易而无需不断重新提交他们的个人信息。展望未来,新加坡政府希望在2023年之前为所有政府服务提供数字签名服务。

资料来源:https://unctad.org/system/files/official-document/dtlkdb2020d1_en.pdf

---

(四) 促进新兴技术创新、提升包容性

DEPA设立专门章节(新兴趋势与技术模块、创新与数字经济模块、中小企业合作模块、数字包容模块)来解决新兴趋势和技术问题,这是之前协定中很少涉及的内容。主要是为应对新兴商业模式和新技术,并为创新提供支撑,DEPA对成员国在人工智能、金融科技、政府数据开放等做出了新规定,来促进人工智能、金融科技和数字市场竞争政策间的合作以及采购流程的数字化。

一是鼓励建立人工智能的道德治理框架,要求采用国际公认的准则,包括可解释性、透明度、公平性和以人为本等原则,以支持成员国可信、安全和负责任地使用人工智能技术。二是鼓励金融科技合作,强调成员国在企业间开展创业或创业人才合作。三是鼓励竞争政策合作,具体包括交流数字市场竞争政策的信息和经验,如通过互派官员方式来提升数字市场的竞争执法能力,也包括就具体竞争执法问题进行合作。四是DEPA还肯定了政府采购市场公开、公平和透明的重要性,并要求政府向公众开放数据,来增加和创造商业机会,比如用来开发新产品和新服务等。五是强调对中小企业的支持,主要是加强各方合作,为中小企业提供更加透明的贸易投资环境,这是因为在数字经济时代,数字技术通过减少地理障碍和交易成本为其他参与全球市场提供机遇,但需要以足够政策支持为前提。

> **专栏2 OECD的人工智能的治理方案**
>
> 2019年5月,经济合作与发展组织(OECD)理事会在部长级会议上通过了《人工智能建议书》(以下简称《建议书》),这是全球第一个关于人工智能的政府间标准的文件,旨在通过促进对可信赖人工智能进行负责任的管理,并确保尊重人权和民主价值观,从而促进人工智能的创新发展。2019年6月,在大阪峰会上,G20领导人对源自经合组织建议书的G20人工智能原则表示欢迎。
>
> 首先,《建议书》确定了五项基于价值的互补原则,以负责任地管理人工智能,并呼吁人工智能参与者促进和实施这些原则:一是包容性增长、可持续发展和福祉原则;二是以人为本的价值观和公平原则;三是透明度和可解释性原则;四是稳健性和安全性原则;五是问责制原则。
>
> 其次,《建议书》还向决策者提供了五项关于人工智能国际合作相关的建议:一是投资人工智能研发;二是为人工智能培育数字生态系统;三是为人工智能塑造有利的政策环境;四是培养人才并为劳动力市场转型做准备;五是强化AI的国际合作。
>
> 此外,《建议书》还制定衡量人工智能研究、开发和部署的指标,以及评估其实施进展的详细规定。《建议书》还对非经合组织成员开放,强调了经合组织人工智能政策工作的全球性,并呼吁国际合作。
>
> 资料来源:https://legalinstruments.oecd.org/en/instruments/OECD-LEGAL-0449

(五)源代码、电子认证和数字能力建设尚未覆盖

尽管DEPA是目前关于数字贸易最全面的协定,涵盖了大多数区域协定中广泛存在的议题,但是尚未涉及源代码、电子认证和数字能力建设等方面。而CPTPP、USMCA等出于对部分成员国将强制性知识产权转让要求作为贸易壁垒,禁止将转让源代码作为市场准入条件的行为。DEPA也是目前唯一一个没有覆盖电子签名、电子认证的协定。而CPTPP、USMCA等均要求各成员国采用可互操作的电子认证等。此外,由于DEPA中三个成员国均为发达国家,具备良好的数字建设能力,因此目前DEPA未涉及数字能力建设问题,这可能将不利于其他发展中国家加入,因为成员国间的数字鸿沟,会使得数字能力较弱的成员国的利益受损。

四、上海对标DEPA进一步发展数字贸易的政策建议

目前,尽管上海依托自贸试验区及临港新片区在跨境数据流动、"单一窗口"建设、人工智能治理

和金融科技等方面取得了一定的成效,但是对标 DEPA 的核心内容,上海在跨境数据跨境流动、端对端的系统互操作、创新技术合作方面差距明显。这为上海自贸试验区及新片区的制度创新提出了新要求、新方向,也为上海与新加坡等城市在人工智能、金融科技等领域合作带来了新机遇。

第一,在数据流出方面大胆先行先试"白名单"+"数据分级"机制。目前临港在跨境数据安全方面采取逐案评估的方式,评估材料要求高、起算数据低、涉及行业广,给企业跨境数据管理带来了较大的负担。为此,具体建议如下:一是建立数据分级机制。建议出台商业数据、政府数据和消费者数据的分类细则,如将 B2B、B2C 等交易所产生的数据归为商业数据,将监管数据和涉及国家安全如地理、基因、金融、军队等归为政府数据,将消费者个人数据归为消费者数据。二是建立跨境数据流动的"白名单"机制。建议参照欧盟对数据流入国的"充分性"认定机制,会同商务部、国家网信办等中央部委,将满足我国跨境数据流动要求的国家列入白名单,签署跨境数据流动协议,允许今后数据可以自由传输到该国,可以在商业数据领域先行先试。三是配套事后监管机制。建议每间隔三年对"白名单"国家重新进行资格评估,对信誉良好的国家,可进一步放开数据流动范围,而对于出现重大数据泄露事件的国家,则收窄跨境数据流动范围,仅允许个人属性较低及非敏感的数据等进行传输。

> **专栏 3　欧盟对数据流入国的"充分性"机制**
>
> 依照《通用数据保护条例》(GDPR) 第 45 条第 1 款,欧盟外部的国家是否具有同等数据保护水平由欧盟委员会来认定。根据 GDPR 第 45 条第 2 款,欧盟委员会做出充分性认定时,需特别考虑以下因素:一是法治程度高低、是否尊重人权和基本自由、相关立法和立法实施情况;二是是否拥有有效、专业的独立监管机构;三是是否加入有关个人数据保护的国际条约或多边协定(例如欧洲委员会的《第 108 号公约》),承担着国际法上的义务。
>
> 认定流程:一是欧盟委员会发起提案;二是征求欧洲数据保护委员会意见;三是获得欧盟成员国代表组成的委员会同意;四是欧盟委员会最终通过。截至 2021 年 4 月,共有安道尔公国、阿根廷、加拿大(商业组织)、法罗群岛、根西岛、以色列、马恩岛、日本、泽西岛、新西兰、瑞士和乌拉圭等 12 个国家和地区获得了认定。
>
> 资料来源:GDPR 文本,https://gdpr-info.eu/

第二,提升端对端的数字贸易便利化水平。目前,除了在通关文件电子化和"单一窗口"建设等方面具备一定成效外,上海在数字系统的跨境互操作方面差距明显。为此,具体建议如下:一是率先建立国际化的数字身份中心。可借鉴新加坡的数字身份中心化系统(SingPass),联合公安部等中央部委,建立以企业和公民为主的数字身份中心,并与政府及企业服务捆绑在一起,弥合目前碎片化电子系统,让数据更加集成,且在数据主体控制下跨越系统、组织甚至国家的边界流动。二是进一步推进无纸化交易。主要是在联合国亚太经合组织倡导发起的《亚洲及太平洋跨境无纸贸易便利化框架协定》下,采用区块链等新技术,进一步提升无纸化交易占比,发展离岸贸易等新业态。三是探索建立电子交易管理制度。主要对标《贸易法委员会电子商务示范法》《联合国国际合同使用电子通信公约》《贸易法委员会的电子可转让记录示范法》等国际规则,建立地方版的电子交易管理制度,为国家立法先行先试。

第三,鼓励企业与国外机构在人工智能、金融科技等方面开展合作。DEPA 致力于解决人工智能、金融科技等新兴技术在跨境合作中的障碍,为上海提供机遇。为此,具体建议如下:一是强化在先进算法开发与人工智能治理方面的合作,重点鼓励上海重点高校、科研机构和大数据企业与新加坡等地的国外高校建立人工智能联合实验室,在算法开发与应用、大数据分析等方面加强合作。此外,还可通过官员交流学习等模式与国外机构一起探索建立全球性的人工智能治理框架。二是强化与国外机构在金融科技创新领域的合作,重点提升在跨境电子支付系统、贸易融资、网络安全、沙盒监管等方面的合作,为国家未来与 RCEP 成员国合作奠定基础。

此外,由于目前 DEPA 成员国数量较少、全球经济影响有限,针对 DEPA 未涉及的数字贸易内容,如源代码纰漏和算法监管规则等,上海可以先行先试,为未来进一步完善 DEPA 和国家谈判提供"上海方案"。

主要参考文献:

［1］Rudolf Adlung & Hamid Mamdouh, Plurilateral Trade Agreements: An Escape Route for the WTO?, 52 J. WORLD TRADE 85, 106 (2018).

［2］World Trade Organization, Joint Statement on Electronic Commerce, WT/L/1056 (Jan. 25, 2019).

［3］Ayman Falak Medina, Singapore's Digital Economy Partnership Agreement, ASEAN BUSINESS NEWS (Feb. 3, 2021), https://www.aseanbriefing.com/news/singapores-digital-economy-partnership-agreement/.

［4］Further information on the timelines of negotiation of the DEPA and the DEA is available at Digital Economy Agreements, MINISTRY OF TRADE AND INDUSTRY SINGAPORE, https://www.mti.gov.sg/Improving-Trade/Digital-Economy-Agreements.

［5］Burri & Polanco, supra note 5, at 194; Dana Smillie, Regional Trade Agreements, WORLD BANK (Apr. 5, 2018), https://www.worldbank.org/en/topic/regionalintegration/brief/regional-trade-agreements.

［6］World Trade Organization, RTAs Currently in Force (by Year of Entry into Force (1948—2021), Regional Trade Agreements Database, https://rtais.wto.org/UI/charts.aspx.

［7］WTO (2018), World Trade Report, The Future of World Trade: How digital technologies are transforming global commerce; OECD (2019c), "Trade in the Digital Era," OECD Going Digital Policy Note, OECD, Paris, www.oecd.org/going-digital/trade-in-the-digitalera.pdf

［8］UNCTAD (2019), Digital Economy Report 2019, page 4; on e-commerce, UNCTAD (2020) https://unctad.org/press-material/global-e-commerce-hits-256-trillion-latest-unctadestimates

［9］Mira Burri and Rodrigo Polanco, "Digital Trade Provisions in Preferential Trade Agreements: Introducing a New Dataset," Journal of International Economic Law, 2020, 00, 1-34; and Global Trade Alert, "Digital Policy Alert," www.globaltradealert.org/digital_policy.

［10］World Economic Forum (2020), Advancing Digital Trade in Asia, October 2020.

［11］Burri M and Rodrigo Polanco (2020), "Digital Trade Provisions in Preferential Trade Agreements: Introducing a New Dataset," Journal of International Economic Law, 00: 1-34.

［12］IBM research for Maersk-IBM TradeLens blockchain platform, https://www.ibm.com/blogs/blockchain/2018/01/digitizing-global-trade-maersk-ibm/.

［13］McKinsey Global Institute (2019), "Digital Identification: A key to inclusive growth," https://www.mckinsey.com/business-functions/mckinsey-digital/our-insights/digitalidentification-a-key-to-inclusive-growth.

执笔:张鹏飞　唐　涛

(上海社会科学院)

RCEP框架下我国数字贸易开放度分析及对上海服务外包的启示

近年来,新一代信息技术的迅猛发展推动全球经济向数字化方向发展,数字技术和国际贸易日益融合。尤其在新冠肺炎疫情冲击下,数字经济、数字贸易等迅速崛起,成为全球经济发展的重要组成部分,也成为服务外包的发展新方向。2020年11月,《区域全面经济伙伴关系协定》(RCEP)达成,不仅对传统货物贸易等做出了规定和承诺,更涉及不少新兴的数字贸易内容。因此,从数字贸易的角度对RCEP进行深入分析和研究,以便对我国数字贸易开放度作出中肯评价,对进一步推动我国数字贸易发展具有重要意义。

上海是我国服务外包示范城市、服务贸易创新发展试点城市、我国数据跨境传输安全管理试点之一,建有国家数字服务出口基地。为进一步打造"数字贸易国际枢纽港",上海市在全国率先出台了首个数字贸易领域的纲领文件《上海市数字贸易发展行动方案(2019—2021)》。2020年底,上海市委、市政府发布《关于全面推进上海城市数字化转型的意见》,进一步把数字贸易和数字化转型作为服务外包转型升级的重要内容。因此,RCEP的实施对上海数字贸易和服务外包发展也具有重要意义。

一、数字贸易概述

(一) 数字贸易的概念及范畴

1. 数字贸易的概念

近年来,不论是学术界还是各国政府、国际组织,都陆续展开了对数字贸易的相关研究。

2013年、2014年,美国国际贸易委员会(USITC)连续主持编写了《美国与全球经济中的数字贸易》,对数字贸易的概念进行了定义。2017年,USITC在《全球数字贸易:市场机会和主要贸易限制》中,将"数字贸易"再次定义为"通过互联网及智能手机、网络连接传感器等相关设备交付的产品和服务",将实体产品排除在外。但在美国贸易代表办公室(USTR)同年发布的《数字贸易的主要障碍》报告中则指出,"数字贸易"应当是一个广泛的概念,不仅包括个人消费品在互联网上的销售以及在线服务的提供,还包括实现全球价值链的数据流、实现智能制造的服务以及无数其他平台和应用。

除美国外,欧盟于2015年发布了《数字单一市场战略》,其中将"数字贸易"定义为"利用数字技术向个人和企业提供数字产品和服务的经济活动"。日本在2018年的《通商白皮书》中,将"数字贸易"定义为"基于互联网技术,向消费者提供商品、服务与信息的商务活动"。中国信息通信研究院经过研究认为,数字贸易是信息通信技术发挥重要作用的贸易形式,其特征包括贸易方式数字化和贸易对象数字化,因此数字贸易不仅包括基于信息通信技术开展的线上宣传、交易、结算等促成的实物商品贸易,还包括通过信息通信网络(语音和数据网络等)传输的数字服务贸易,如数据、数字产品、数字化服务等贸易。

在此基础上,数字贸易的概念界定也成为世界主要国际组织的重要议题,如联合国贸易与发展会议(UNCTAD)采用了可数字化交付服务的概念,将数字贸易定义为通过信息通信技术网络远程交付的服务。2020年3月,经济合作组织、世界贸易组织和国际货币基金组织联合发布了《数字贸易测度手册》,从测度的角度对数字交付、数字订购等数字贸易的几种形式进行了明确的定义,为数字贸易的定义提供了基础概念范式。

综上所述,目前国际上对数字贸易的定义还不统一。我国商务部副部长王炳南在2020年中国国际服务贸易交易会举行的数字贸易发展趋势和前沿高峰论坛上表示"更倾向于认为数字贸易不同于电子商务,是采用数字技术进行研发、设计、生产,并通过互联网和现代信息技术手段,为用户交付的产品和服务,是以数字服务为核心、数字交付为特征的贸易新形态"。因此,本文主要采用狭义的数字贸易概念,认为数字贸易是指以数字内容或技术为标的、并通过互联网等数字化手段交付的贸易活动。

2. 数字贸易的范畴

对应数字贸易的定义不同,国际上对于数字贸易的分类和范畴也存在从"窄"到"宽"的几种不同看法。姜贤在和斐正韩将数字贸易的范围确定为由软件、数字内容和数字服务组成的数字商品[1]。敬艳辉、李玮则认为可以把数字贸易分为数字技术贸易和数字内容贸易两大类[2]。数字技术贸易是指互联网、云计算、大数据、人工智能等数字技术的跨境贸易,狭义上包括云计算、软件技术、社交媒体、搜索引擎、卫星定位等数字服务贸易,广义上还可包括信息通信技术(ICT)产品的跨境贸易。数字内容贸易指利用数字技术或数字信息平台交付的产品或服务,狭义上包括金融、保险、知识产权、咨询服务、数字影视、数字音乐、数字传媒、在线学习、在线旅游等数字服务跨境贸易,广义上还包括基于跨境电商平台实现的B2B、B2C、C2B、C2C商品交易。相对于以广义数字贸易概念为基础的分类界定,郑伟等提出应该按照狭义的定义理解数字贸易,其将数字贸易限定为交付数字产品、数字服务、数据信息的国际贸易模式,明确将在线订购的货物排除出数字贸易范畴[3]。

综合上述研究,本文将数字贸易的范畴限定在数字交付的数字内容服务和数字技术服务。由于联合国、WTO、IMF等联合编制的《国际服务贸易统计手册》中将在线和网络下载提供的音像制品等归于服务贸易,我们界定的数字贸易显然属于服务贸易,因此也可以称为数字服务贸易。在联合国贸易与发展会议发布的《2019年数字经济报告》中,将数字服务贸易分为ICT赋能的服务和数字化交付的服务两类,并从便于统计的角度,将12类服务贸易中潜在可通过数字化交付的保险和养恤金服务、金融服务、知识产权使用费、电信计算机和信息服务、其他商业服务、音像相关服务纳入数字贸易统计范畴。

(二) 数字贸易发展现状

1. 数字贸易市场规模

联合国贸易与发展会议发布的《2019年数字经济报告》显示,代表数据流的全球互联网协议(IP)流量已经从1992年的每天约100千兆字节(GB)增长到了2017年的每秒45 000千兆字节,预计到2022年全球互联网协议流量将达到每秒150 700千兆字节。随着数字技术的迅速革新和应用,数字经济已经成为当今世界经济发展的重要形态和特征。据不完全统计,目前全球数字经济总规模已经超过30万亿美元,约占全球GDP的40%,涉及人口76亿人,占世界总人口数的56%,约有半数国家的数字经济规模超过1 000亿美元,多数国家的数字经济增速都明显高于同期GDP增速。

这一趋势反映在国际贸易中也非常明显。根据联合国贸发会议报告,2018年全球可数字化交付

---

[1] 姜贤在,斐正韩.An empirical study on export risks identification of exporting firms of digital goods[J]. International Commerce and Information Review,2007(3).
[2] 敬艳辉、李玮:《基于数字经济视角理解加快发展数字贸易》,《全球化》2020年第6期。
[3] 郑伟、钊阳:《数字贸易:国际趋势及我国发展路径研究》,《国际贸易》2020年第4期。

的服务出口已经达到2.93万亿美元,占全球服务出口的一半以上。2005—2018年,全球可数字化交付的服务出口年均增长率为7.5%,分别高出同期货物贸易和服务贸易1.7个百分点和1个百分点,在服务贸易出口中的占比从45.7%增长到50.2%。根据世界贸易组织的预测,到2030年前,基于互联网的技术和创新每年将提振全球贸易增长1.8～2个百分点。

根据中国信息通信研究院2020年10月发布的报告,中国数字交付服务出口规模和排名均低于货物贸易,但在主要国家中增速位居前列。从规模看,2018年中国数字交付服务出口规模达1 314.5亿美元,国际市场占有率达4.5%,在全球排名第八位(126个国家)。从增速看,2014—2018年中国数字交付服务出口年平均增长率为7.4%,排在全球第二十六位,但超过日本、德国、美国、印度、南非、巴西等主要发达国家和新兴经济体国家。

2. 数字贸易国际协定

随着数字贸易发展,许多国家开始在国际谈判和协定签署中关注有关数字贸易的问题。

在近来的区域贸易协定谈判中,以跨太平洋伙伴关系协定(TPP)、欧加经济与贸易协定(CETA)、美墨加贸易协定(USMCA)等协定为代表,数字贸易的规则建构表现出较为灵活的形态:一是在既有的货物贸易、服务贸易分类框架下,针对数字标的构建可兼容货物和服务的数字贸易开放规则;二是对数字贸易中的数据流通壁垒加以约束和限制;三是在缔约方之间达成抵制数字贸易风险的协议内容。美国退出TPP以后,CPTPP继续保留了数字产品非歧视待遇的规定。

近年来,在美国与一些国家签订的自由贸易协定(FTA)中,都不同程度地写入了跨境数据自由流动、数据存储非强制当地化、数字传输永久免关税待遇的内容。2019年9月,在日本与美国签署的贸易协定中提到,"确保各领域数据无障碍跨境传输"以及"禁止对金融业在内的机构提出数据本地化要求",希望制定旨在促进数据自由流动的规则,继续发挥两国在数字贸易领域世界规则制定方面的引领作用。2019年10月,美国和日本签署了《美日数字贸易协定》,就数字产品的非歧视性待遇、禁止限制数据本地化存储等内容达成协议,引起国际社会广泛关注。

随着新冠肺炎疫情的暴发,数字贸易发展迅猛,也促进了各国加快了数字贸易相关的国际协议谈判。2020年3月,澳大利亚信息专员办公室(OAIC)与新加坡个人数据保护委员会(PDPC)签订关于跨境数据流动的谅解备忘录,加强数据治理方面的合作,促进澳大利亚和新加坡之间的经济一体化。2020年6月,英国宣布脱欧后的未来科技贸易战略,允许英国和某些亚太国家间的数据自由流动,并希望与日本等国达成比其作为欧盟成员国时期更进一步的数据协议。同月,新加坡、新西兰和智利通过网络形式共同签署了《数字经济伙伴关系协定》(DEPA),继承了TPP协议的一些思路,承诺保障区域内数字产品的国民待遇和最惠国待遇,通过对电子发票、数字身份、金融科技、人工智能、数据流动和数据创新的标准调整解决数字贸易方面的新问题。

可见,国际贸易规则正在朝着数字贸易治理的方向发展,数字贸易规则对于构建新的国际经济版图、全球价值链将产生重要影响。以美国为首的发达国家,作为数字贸易的先行者和领军者,正在积极突破数字贸易壁垒,尝试优化数字贸易治理,以谋求未来经济发展的新动力。

二、RCEP下中日新数字贸易开放度评价

(一) 数字贸易开放度评价的研究现状

1. 现有数字贸易开放度评价的主要方法

近年来,随着数字贸易发展和各国的关注度日益提高,对数字贸易开放度评价的研究也逐渐出

现,目前关于数字贸易开放度的评价方法主要有三类。

第一类是竞争力评价法,即以一国数字贸易对外依存度或竞争力作为开放度的评价,主要以传统国际贸易的竞争力指数为评价指标,如国际市场占有率、出口贡献率、显性比较优势指数(RCA)、贸易竞争力指数(TC)等。此类指标实际上是以一国数字贸易的发展成效来衡量其数字贸易的开放度,存在以结果代替手段的弊病。

第二类是文本统计评价法,即通过对一国签署的数字贸易协定和相关法律法规中的文本加以比较与统计,作为对其数字贸易开放度的评价。此类方法的问题主要在于评价往往不够全面,而且主观性较强。

第三类是贸易限制评价法,则是通过对一国数字贸易壁垒和限制程度的度量,作为开放度的评价。此类方法具有评价体系科学全面、具有客观性和可量化的优点,是当前国际上比较公认的评价数字贸易开放度的可靠方法。目前国际上比较成熟的衡量数字贸易壁垒和限制的指标体系主要有两个:一个是欧洲国际政治经济中心(ECIPE)发布的"数字贸易限制指数"(DTRI),另一个是经济合作组织(OECD)的"数字服务贸易限制指数"(数字STRI)。

数字贸易限制指数(DTRI)是欧洲国际政治经济中心在其近年所实施的"数字贸易评价"(DTE)项目,即分门别类汇总、梳理和分析各国的数字贸易政策的基础上创立的,是全球第一个针对数字贸易限制的评价指数。它主要从财政限制和市场准入(关税和贸易保护、税收和补贴、公共采购)、机构成立限制(境外投资、知识产权、竞争政策、商业流动性)、数据限制(数据政策、中介责任、内容访问)、贸易限制(量化贸易限制、标准、在线销售与交易)四个方面对数字贸易壁垒进行评价。

经济合作组织(OECD)的"数字服务贸易限制指数"(数字STRI)将数字贸易限制措施主要划分为五大类,即基础设施和连通性、电子交易、支付系统、知识产权、影响数字服务贸易的其他壁垒。该评价体系以贸易限制的综合指数考察各国数字贸易开放程度,指数介于0和1之间,0表示数字贸易的开放环境,1表示完全封闭的环境。

2. 对现存主要数字贸易开放度评价指标的评价

针对以上两种目前国际上较为认可的数字贸易开放度评价指数进行分析:

第一,数字贸易限制指数(DTRI)中针对的是广义的数字贸易,将ICT产品也纳入其考察范畴,所提出的关税等数字产品评价指标,不符合数字服务贸易的性质。同时,该指数把数字贸易自身的安全性措施视为对贸易的限制,不符合客观实际。

第二,数字服务贸易限制指数(数字STRI)虽然针对的是狭义的数字贸易,与我们对数字贸易的范畴界定一致,但其中有不少是对实施所有国际贸易的监管手段数字化和非歧视待遇的考察,如"非居民的外国供应商可以提供在线税务登记和申报""歧视性地获取付款结算方式""国家支付安全标准偏离国际标准"等,并非完全针对数字贸易本身的考察。

总的来说,以上两种指标体系都是从一国服务贸易基础设施、环境、监管政策等方面综合进行测评的,并非针对国际协议承诺所进行的数字贸易开放度评价,不适用于国际协议承诺的评价。因此,我们在参考两者的基础上,根据所属数字贸易的贸易类目的开放程度构建RCEP框架下数字贸易开放度评价指标体系。

(二) RCEP下中日新数字贸易开放度评价

1. 数字贸易开放度评价指标体系构建

根据联合国贸发会议在《2019年数字经济报告》中从统计角度对数字服务贸易的范畴界定,将服务贸易12类中的保险和养恤金服务、金融服务、知识产权使用费、电信计算机和信息服务、其他商业服务以及音像相关服务小类作为属于数字贸易的类目内容。同时，分销服务应视为电子商务开放度的重要体现，因此单独作为一类。以市场准入、国民待遇对以上所属数字贸易所有小类的跨境交付、境外消费、商业存在、自然人移动四种模式的开放度构建指标体系进行评价，不存在限制则记为"1"分，完全不开放则记为"0"分，其他情况则视限制程度打分。

根据各种类别和各种贸易模式在市场规模、数字技术运用程度、对数字贸易重要性等方面的不同，对各指标进行赋权。首先，电信计算机和信息服务是一国数字贸易的基础支撑和核心内容，其权重应较高。第二，音像相关服务和分销服务分别是数字内容贸易和电子商务的主要部分，其权重应较高。第三，境外消费和自然人移动两种模式，对于数字贸易而言规模相对较小，因此其权重应较低。综合以上分析，为构建的数字贸易开放度评价指标体系赋权，并通过标准化运算将满分设定为100分。一国或地区所属数字贸易的贸易类目开放度的定量评价即为"（所得分数/满分）×100"的分值，得分越高表示此类开放度越高，得分越低则表示此类开放度越低。

2. 中日新数字贸易开放度评价

日本、新加坡是 RCEP 中经济发展水平和开放程度都比较高的国家。日本在20世纪60年代末期就成为世界第二大经济体，是当前世界主要的发达国家之一，特别是在电子信息产业具有领先的技术和竞争力。日本实行开放国策的时间也较早，早在1995年就成为加入WTO的第一批成员国。新加坡是亚洲重要的金融、服务和航运中心之一，其在20世纪80年代跻身世界发达国家行列，1995年成为加入WTO的第一批成员国。作为外贸驱动型的经济，服务贸易是新加坡重要的经济来源。因此选择这两个国家，比较分析 RCEP 下中日新三国的数字贸易开放水平。

根据所采用正面清单、负面清单形式的不同，RCEP 中关于服务贸易中所属数字贸易的开放度承诺，主要在《附件二 服务具体承诺表》《附件三 服务和投资保留及不符措施承诺表》中。同时，由于数字贸易也可能涉及自然人移动的贸易模式，因此也涉及《附件四 自然人临时移动具体承诺表》。对数字贸易可能涉及的相关内容进行梳理和分析，根据数字贸易开放度评价指标体系对中国、日本、新加坡三国的开放度得分进行计算，得到三国的开放度评分分别为：48、76和53。

总体上，根据数字贸易开放度评价指标体系，RCEP 下中国数字贸易的整体开放度明显低于日本，比新加坡略低。具体表现为：第一，日本、新加坡虽然在数字贸易开放领域的数量上总体多于中国，但其很多领域的限制条件要更加严格、细致；第二，日本、新加坡在自然人移动方面的开放度均高于中国；第三，中国在金融保险、分销服务等领域的开放度较高，在电信服务、信息服务、知识产权使用费、研发服务、专业和管理咨询服务等领域的开放度较低。

具体地对 RCEP 下中国与日本的数字贸易开放度进行比较。首先，日本完全采用负面清单的形式，未提及的领域即为开放（金融服务除外），因此在数字贸易开放领域的数量上总体多于中国，但其很多领域的限制条件要更加严格、细致。第二，日本在自然人移动方面，采取整体承诺的形式，基本不做具体领域的限制，其入境可停留时长大部分都在5年以上。第三，从领域上看，日本各大类的开放程度基本都高于中国，仅在养恤金服务这个细分领域的开放度得分低于中国。如果去除自然人移动的影响，则中国在证券、其他金融服务、直接保险（主要是寿险和健康险）、养恤金服务等细分领域方面开放度高于日本。

对 RCEP 下中国与新加坡的数字贸易开放度进行比较来看，首先，新加坡采用"负面清单＋正面清单"的形式，虽大部分未提及领域即为开放，但对金融服务、保险服务领域做了严格的正面承诺。虽然在数字贸易开放领域的数量上总体略多于中国，但其很多领域的限制条件要更加严格、细致。第二，新加坡在自然人移动方面，采取整体承诺的形式，入境可停留时间在5年以内。但基本只承诺了公司内部人员和跨境服务人员，对其他访问者未作明确承诺。第三，从领域上看，新加坡在金融服务、保险服务、音像服务、分销服务大类的整体开放度得分低于中国，在电信、计算机与信息服务、知识产权使用费、其他商业服务大类的整体开放度得分高于中国。从细分领域看，新加坡在电信服务、信息服务、研发服务、专业和管理咨询服务等细分领域的开放度得分明显高于中国；中国在证券服务、其他金融服务、再保险、附属保险、养恤金服务、音像服务、分销服务等细分领域的开放度得分明显高于新加坡。

三、对上海服务外包发展的启示

（一）对上海服务外包发展的影响

根据我国《服务外包统计调查制度》（2018版）的定义，服务外包是专业服务提供商根据企业、政府、社团等组织委托或授权，完成组织以契约方式定制的内部服务活动或服务流程，为组织创造价值、提升价值的一种生产性经济活动。其信息技术外包（ITO）、业务流程外包（BPO）、知识流程外包（KPO）的具体业务范畴，与信息技术、数据分析处理、互联网技术紧密相关，数字服务可以说是服务外包的核心内容。离岸服务外包主要是承接跨境交付的服务业务，是数字贸易的重要组成。因此，RCEP框架下我国数字贸易的扩大开放，无疑对服务外包的发展也具有重要影响。

1. 为服务外包相关领域创新发展带来机遇

RCEP协议中，我国承诺开放的服务部门数量在加入WTO承诺的基础上新增了研发、管理咨询、制造业相关服务等22个部门，显著提高了金融、法律等数字贸易相关部门的开放水平，并把数字贸易作为一个重要的考量。从而，为进一步吸引外商投资企业、支持企业"走出去"、推动上海服务外包相关领域高质量发展，提供了良好的渠道和机会。

第一，有利于金融、保险行业相关服务外包发展。

RCEP在服务贸易章节附件中，首次引入了新金融服务、自律组织、金融信息转移和处理等规则，就金融监管透明度做出高水平承诺，为金融数据采集、录入、处理、加工、分析的服务外包，以及征信、卡服务、网络支付等服务外包发展提供了支持。同时，我国在RCEP承诺中，显著扩大了金融和保险服务的开放程度，体现了我国金融领域开放的最高承诺水平。尤其是在提供和转让金融信息、金融数据处理以及与金融服务提供者有关软件等方面实施高水平开放，在跨境提供、境外消费和商业存在三种方式方面都不作限制。这为金融保险行业的软件研发服务、大数据服务等发展提供了机遇。

上海是我国金融保险行业的主要集聚地，并一直致力于国际金融中心的建设发展。RCEP中我国对数字贸易开放的承诺，将有助于上海推动金融和保险数据处理和分析、客户服务、信用卡服务、资信服务、保险审核、软件开发、金融产品开发等服务外包业务类型发展，以及互联网金融、消费金融、普惠金融等新金融服务业态的发展。有利于上海进一步引进外资金融机构和相关服务外包企业，并通过服务外包方式提供专业化配套服务，丰富国际金融服务种类，完善金融保险产业链配套。

第二，有利于信息技术服务外包和数字化转型发展。

我国在RCEP承诺中降低了电信增值服务业务准入，有利于推动管理平台整合、IT基础设施管理、数据中心等基础信息技术运维服务，信息系统集成、网络管理、桌面管理与维护服务、信息工程远程维护等信息系统管理服务，网络及信息安全服务，云计算、大数据、物联网等新一代信息技术开发应用服务以及语音、资讯、音频视频、文化创意等数字内容服务的发展。尤其在上海加快推动5G网络和通信技术发展的情况下，有利于通过服务外包发展促进电信、网络等服务质量的提升、服务品种的丰富、新技术开发应用，从而为各类网络用户提供更好的网络和通信服务，促进以通信网络为支撑的数字内容、数字技术、离岸服务外包等数字贸易发展，为上海数字化转型战略的整体实施提供支撑和保障。

我国在RCEP中对计算机相关服务的开放承诺,有利于推动软件开发、系统开发、软件测试、软件本地化和全球化、软件维护、软件咨询、软件培训、IT解决方案服务、人工智能等ITO服务发展,同时为BPO、KPO业务开展提供更好的基础网络和软件条件,促进工业互联网、金融后台服务、人力资源管理、财务管理服务、法律流程服务、检验检测服务、动漫网游开发、影视数字化制作等发展,加快推进上海制造业及各行业的数字化转型。

第三,有利于专业服务数字化转型发展。

上海在专业服务方面一直处于全国前列,拥有大量的专业服务企业和专业人才,专业服务是上海的服务业特色和强项之一。相较于各传统专业服务,服务外包更是运用数字化手段实现专业化服务的商业模式,因此我国在RCEP中对于各类专业服务的开放承诺,有利于推动上海在这些领域的数字化转型发展,如跨境的法律流程服务、财务服务、网上市场调查、网络会议、智能翻译、在线教育、在线医疗、数字化设计、网络广告等。尤其在新冠肺炎疫情的影响下,全球产业数字化、网络化发展程度和接纳力已经加速提升到了新的高度,许多专业化服务数字化的市场已经开始成熟,RCEP的签订无疑为这些领域提供了广阔的发展机遇。此外,对于建筑工程设计咨询、技术测试、维护和修理服务等领域的开放承诺,也为工程技术服务、检验检测服务、维修维护服务等服务外包业务的发展提供了机会。

第四,有利于跨境电子商务发展。

RCEP中我国对分销服务给予了较高水平的开放,尤其在零售邮购服务、无固定地点的批发或零售方面给予了开放,从而为跨境电子商务相关服务的发展提供了支持,有利于推动相关跨境电子商务平台开发、运维、技术支持、代运营、品牌营销等服务外包发展,从而促进"上海购物"国际品牌的建设发展。

2. 加剧上海服务外包面临的竞争压力

第一,加剧全球性竞争。

RCEP中我国对数字贸易的开放度承诺,进一步放宽了跨境提供服务、外资企业市场准入等限制,将有利于相关服务外包海外企业、跨国企业进一步进入我国市场。许多海外服务外包企业在技术水平、管理水平、营销能力等方面都具有自身的特色和优势,从而将对本土企业的市场竞争带来压力,加剧在岸市场竞争和份额争夺。上海是我国对外开放的首选城市之一,上海相关服务外包企业将更直接地面对来自海外企业的挑战。

第二,带来监管压力。

RCEP中我国对数字贸易的开放度承诺,进一步放宽了数据流动、数据处理、增值电信服务、在线信息服务等方面的限制,从而给相关网络安全、隐私保护、数据流动等方面带来新的监管压力。在当前国内相关监管制度和措施还不完善的情况下,上海作为改革开放的试验田、先行者,更是首当其冲地面临相关监管改革创新的压力。

第三,自贸区等政策红利减弱。

随着RCEP的签订实施,我国数字贸易对外开放的整体水平显著提升,为原先开放水平较低的内陆地区以及二三线城市带来新的对外开放和离岸服务外包发展机遇。这些城市往往具有低成本、劳动力丰富等有利条件。而上海作为先行先试地区的自贸区等一些特殊开放政策的优势将不再明显,上海和国内其他城市进行国际服务外包竞争的政策红利减少。

(二)相关建议

1. 进一步配套出台扩大开放的政策措施

利用好自贸区、服务外包示范城市、服务贸易创新发展试点、服务业扩大开放综合试点、数字服务出口基地等现有试点示范政策，重点围绕信息服务、知识产权服务、研发服务、专业和管理咨询服务等，加快研究出台有关服务外包的新改革创新举措，巩固上海作为我国对外开放政策高地的地位，为进一步推动我国高水平对外开放和高质量经济发展探路。具体措施包括：配套数字贸易国际枢纽港建设，在数字传输、数字资产交易、数据处理授权等方面完善监管制度，进一步营造有利于数字贸易和高质量发展的制度环境；利用服务外包模式积极促进数字技术与现代产业的融合发展，以智能制造、绿色制造、专业服务、技术服务为重点，加快提升产业链供应链现代化水平。

2. 加快提高数字贸易监管水平

利用好自贸区、服务贸易创新发展试点、服务业扩大开放综合试点等监管机制的改革先行区政策，加快对数字贸易数据流动、网络安全、信息安全、隐私保护、交易可靠性以及资金进出、纳税稽查、检验审核等方面监管机制的改革探索，积极完善监管措施、优化监管流程、促进制度协调，推动网络协同、大数据、物联网、人工智能、生物识别等新型数字技术在数字贸易监管中的运用，为RCEP实施后可能带来的风险做好准备。

3. 大力推动本地服务外包企业国际竞争力提升

用足用好当前中国（上海）自由贸易试验区在法律、建筑服务领域的特殊开放政策，加强相关领域的中外联营、国际合作、人才交流等，积极构建国际化平台和市场渠道，扩大国际影响力和行业话语权，加快推动相关领域发展和配套国际服务外包的发展。积极搭建本地服务外包企业与世界500强跨国公司、先进企业的交流对接平台，促进技术交流、业务合作、投资洽谈，通过国际会展、学术交流、境外活动等多种途径，带领本地服务外包企业"走出去"。通过资金、平台、政策等资源配套，支持本地服务外包企业加快开拓国际市场，扩大国际业务和市场份额，提高技术能力和国际服务水平，增强国际竞争力，以应对RCEP实施后带来的国际竞争挑战。

4. 积极吸引优质国际服务外包企业和人才

依托RCEP签订带来的数字贸易和服务外包开放发展契机，进一步完善投资、贸易、人员流动、交通、人才、教育、医疗、行政管理和政府服务等配套环境，积极吸引优质的国际服务外包企业来沪投资和开展合作。借助对跨国服务外包企业及人才的引进，带动本地金融、医疗、教育、购物等配套服务水平的不断提升，促进上海金融、旅游、文化、医疗、教育、法律等行业的国际化发展。

5. 推动数字贸易新技术和新业态发展

借助RCEP协议中对电信、金融、专业服务等领域数字贸易发展相关要素和基础的开放性承诺，积极推动5G、量子通信、区块链、数据中心、物联网、工业互联网、云服务、无人驾驶等新一代数字技术，以及互联网金融、消费金融、数字货币、跨境电商、IT解决方案、网络会议、在线教育、在线医疗、云检测和跨境法律服务、财务服务、人力资源服务等新业态的创新发展，促进数字出版、动漫网游开发、影视后期制作等跨境数字内容服务发展，打造技术领先、要素集聚、充满活力的数字贸易发展高地。

执笔：尚庆琛
（中国服务外包研究中心副研究员）

上海自贸试验区临港新片区发展跨境金融服务研究

一、上海自贸试验区临港新片区对跨境金融服务的需求

(一) 新片区四大重点产业对跨境金融服务有需求

1. 生物医药、集成电路等行业跨境并购的需求

生物医药产业是临港新片区重点发展的战略性新兴产业。目前,新片区已出台多项措施支持生物医药产业集聚发展,力争在新片区构建完善的生物医药科技产业链。但是,我国生物医药业起步晚、技术薄弱、综合竞争力不强,很多生物医药企业是通过并购来提升扩大企业的产品创新能力,或进入欧美等医药监管标准更严格的市场,从而建立新的利润增长模式。

上海是我国集成电路产业的重镇,拥有集成电路企业约 600 家,从业人员 17 万余人,占全国的 40%。目前,新片区正打造具有世界影响力的集成电路高地。从全球看,集成电路产业的兼并重组步伐不断提速,强强联合已成为新常态。究其原因,跨境并购具备快速弥补关键性的技术短缺、有助于并购方实现对产业链的优化与控制等各种优势。

无论是生物医药还是集成电路行业,在跨境并购时都面临一系列困难。事前,有安全审查;事中,有估值风险;事后,有文化差异管理风险等。对跨境金融服务而言,企业反映,ODI 的过程相对复杂,合规性审查较严。新片区如能对有 ODI 需求的生物制造、集成电路行业实施相对宽松的政策,将对该行业发展起到积极助推作用。除跨境并购需要宽松的政策环境外,区内企业在银行办理跨境付款时,需要提供合同、发票等背景材料,经过核对无误才可处理,手续繁琐且时效性无法保证,所以对跨境人民币收付及涉外资金的境内使用的便利化自由化需求十分旺盛,希望在办理跨境汇款、结算等业务时可享受一定的便利。

2. 人工智能等行业个人财富跨境管理的需求

对新片区 AI 发展而言,人才是第一要素,人才需求旺盛。新片区在不遗余力地吸引人才,如在临港从业的 AI 开发人员,享受居转户普遍由七年降为五年、骨干人员三年、核心人员直接落户、外籍人员个人的所得税税负差额有补贴等政策。与此相对应,新片区人才的个人资金流动和管理需求日益显现。调研发现,需求主要集中于配置个人财富方面。AI 行业积聚了高素质人才,其中不乏外籍人才,他们更希望得到多区域、多币种、多形式的跨境多元化配置方式以满足自己的个人财富配置需求。个人财产中,包括工资和薪金所得、稿酬所得、劳务报酬、股票变现、债券变现、财产租赁等所得,如何将其便利化跨境转移,以及境外员工的汇兑和资金跨境划转、境内员工的境外持股,希望政策能予以支持。

3. 航空航天等行业具有长期的、多层次的融资需求与跨境资金流动需求

目前,以上海航天局智能装备项目等为代表的智能制造项目已入驻临港科技城。航空业中,主要以中国商飞公司为代表,其从事民用飞机及相关产品的科研、生产、试验试飞,民用飞机销售和服务、租赁和运营等相关业务。中国商飞主要面向全球采购,尤其是发动机等核心部件,几乎全靠进口;销售除满足境内需求外,也将面向海外,这催生了其庞大的跨境融资需求和资金流动需求。

（二）新片区金融机构的需求

1. 放开资金池的限额管理

根据国家外汇管理局发布的《跨国公司跨境资金集中运营管理规定》（汇发〔2019〕7号），允许人民币入池，主要通过宏观审慎管理来控制资金流入和流出的额度，进行总额控制。这项政策是在原有外汇资金池政策基础上作了进一步优化升级，实现了跨国公司内部资金打通、境内与境外资金打通、经常与资本资金打通、人民币与外币资金打通，为跨国公司资金运营管理提供了便利，是外汇管理改革的一次重要突破创新。银行希望能够进一步放开本外币一体化资金池的限额管理，为集团企业的跨境资金操作提供更加便利的服务。

2. 放开VIE结构企业政策限制

对新片区的重点产业来说，大多数企业股权采用VIE协议控制结构，境外母公司将投资资本金注入外商独资企业之后，由于资本金用途受到较多限制，外商独资企业难以将资金转到境内协议控制的经营实体所用，自贸试验区版资金池、全功能型资金池等政策中明确VIE结构企业不得入池，所以这些企业较难享受到自贸试验区的政策红利。区内金融机构希望政策允许外商独资企业通过委托贷款或者其他合规形式将资金给与VIE企业。

（三）新片区内企业的其他诉求

1. 跨境资金的管理需求

目前，上海的跨国公司地区总部存在较大的集中管理全球资金的需求，为此有些地区总部成立了资金管理中心，这对资金自由流动、投融资汇兑便利化及税收政策等有着更高的要求。上海自贸试验区新片区总体方案明确提出，要"鼓励跨国公司设立全球或区域资金管理中心"。从微观角度看，区内企业参与全球竞争后，会产生很多的跨境财务风险，尤其是汇率风险、国别风险、法律风险等；金融机构也会产生信用风险、国别风险、汇率利率风险等。从宏观角度看，跨境资金流动更加自由后，存在很多"热钱"，管理不当，会影响金融市场稳定。区内企业普遍希望获得便利便捷的跨境资金管理服务。

2. 跨境金融服务的配套环境需求

无论是"总体方案"还是"1+4"产业政策，或者是"新片区50条特殊政策"，都为新片区重点产业发展制定了完整的政策框架和顶层设计。作为现代服务业的重要组成部分，金融专业服务业对现代服务业的发展和促进作用日益增强。传统金融业与金融专业服务业共同构成了完整的金融产业，金融产业的发展情况是一个国际金融中心建设进展的重要标志。新片区企业在提出政策需求的同时，也对配套的跨境金融服务环境提出了要求，提供公证鉴定的会计、审计、律师、评级等服务以及信息咨询、项目评估和顾问服务等。

二、上海自贸试验区跨境金融服务基本情况与发展瓶颈

（一）基本情况

1. 全面放开本外币跨境融资

2015年2月，根据《中国（上海）自贸试验区分账核算业务境外融资与跨境资金流动宏观审慎管理

实施细则(试行)》,上海自贸试验区率先开展以资本约束机制为基础、本外币一体化的宏观审慎的境外融资试点,实现了区内企业和金融机构不经行政审批,就可自主开展本外币跨境融资,取而代之用风险转换因子等新的管理方式优化境外融资结构。区内企业通过 FT 账户从境外融资享受到更多便利,如在核定规模内,借债主体自主决策以何种方式开展境外融资,融资多长期限,融何种币种的资金等。此举不仅有效降低了经济主体的融资及管理成本,扩宽了融资的规模和渠道,更积极推动了资本项目可兑换。

2. 扩大人民币跨境使用范围

一是推动跨境人民币结算业务发展。自 2009 年跨境贸易人民币结算试点项目启动以来,人民币在国际贸易中正式成为结算货币,开启了人民币国际化的进程。上海自贸试验区成立后,通过简化流程,大幅提升跨境人民币结算业务的便利性。

二是推动跨境人民币支付业务发展。2014 年 2 月,《关于上海市支付机构开展跨境人民币支付业务的实施意见》出台(以下简称《实施意见》),自此在上海自贸试验区开展跨境人民币支付业务。根据《实施意见》,监管部门对支付机构开展跨境人民币支付业务实行事后备案和负面清单管理;支付机构开展跨境人民币支付业务,不需要事前报监管机构审批,而是在开展业务后一段时间内进行备案即可;支付机构可依托互联网渠道,为境内外的结、售汇提供外汇服务,不得轧差进行支付。该项政策对互联网金融、电子商务行业的发展起到了促进作用,个体消费者可直接使用人民币来购买商品,彻底避免了原来汇率转换造成的额外支出。

三是推动境外人民币借款业务发展。根据自贸试验区新政的 22 号文,区内企业和非银行金融机构可通过商业银行从境外借入人民币资金。从用途上看,从境外借入资金可用于区内生产经营、区内项目建设、境外项目建设。从数额上看,借入资金总额不能超过实缴资本倍数乘以宏观审慎政策参数。从利率上看,目前,境外借款利率远低于境内利率水平,对借款企业和非银行金融机构来说,既拓宽了融资渠道,又降低了融资成本。此外,个人跨境贸易人民币结算业务、经常项下跨境人民币集中收付、个人其他经常项下人民币结算业务等跨境人民币创新金融业务得到了积极发展并成功推广至全国。

3. 银行资金池业务得到全方位发展

一是上海自贸试验区跨境双向人民币资金池。2014 年,跨境双向人民币资金池业务在上海自贸试验区先行先试,允许集团以区内企业为主体,连通集团境内外成员公司,构建跨境人民币双向资金池,通过这项业务,可为跨国集团在海内外的子公司提供资金,开辟了境内外资金双向流通的新渠道,切实提高了集团全球资金流动的效率。2018 年后,中国人民银行继续对自贸试验区跨境双向人民币资金池做出调整,对已备案业务的风险评估和业务准入,以及已办理跨境双向人民币资金池业务和准备办理该业务备案的跨国企业集团,均提出了新要求。

二是上海自贸试验区外币资金池。从自贸试验区建立时的外汇 26 号文开始,一直到 4.0 版,在前后出台的外汇管理实施细则中,都对跨国公司的资金集中运营管理做了制度安排,搭建了政策框架(表1)。

表1 上海自贸试验区外币资金池发展脉络

时间	政策文件	主要内容
2014 年 2 月 28 日	《关于印发支持中国(上海)自由贸易试验区建设外汇管理实施细则的通知》(上海汇发〔2014〕26 号)	整合跨国公司总部外汇资金集中运营管理、境内外币资金池和国际贸易结算中心外汇管理试点。区内企业已开立的境内外币资金池账户、国际贸易结算中心专用账户名称统一改为国内外汇资金主账户,功能并入国内外汇资金主账户

续表

时间	政策文件	主要内容
2015年12月17日	关于印发支持中国(上海)自贸试验区建设外汇管理实施细则的通知(上海汇发〔2015〕145号)	放宽跨国公司外汇资金集中运营管理准入条件。进一步简化资金池管理,允许银行审核真实、合法的电子单证办理经常项目集中收付汇、轧差净额结算业务
2018年1月2日	进一步推进中国(上海)自贸试验区外汇管理改革试点实施细则(上海汇发〔2018〕1号)	放宽跨国公司外汇资金集中运营管理准入条件。具备一定特征的区内金融租赁公司、资产管理公司符合上述条件的,可按规定备案开展外汇资金集中运营管理试点
2019年7月10日	关于印发《进一步推进中国(上海)自贸试验区外汇管理改革试点实施细则(4.0版)》的通知(上海汇发〔2019〕62号)	区内企业开展跨国公司跨境资金集中运营管理业务,其上年度本外币国际收支规模由超过1亿美元调整为超过5 000万美元

三是全国版跨境人民币资金池。2014年底,中国人民银行发布《关于跨国企业集团开展跨境人民币资金集中运营业务有关事宜的通知》(银发〔2014〕324号),决定将该项业务推广至全国。2015年9月,发布《中国人民银行关于进一步便利跨国企业集团开展跨境双向人民币资金池业务的通知》(银发〔2015〕279号),一般将其称为全国版跨境人民币资金池业务。该通知对跨国企业集团跨境双向人民币资金池业务进行上限管理:跨境人民币资金净流入额上限=资金池应计所有者权益×宏观审慎政策系数,系数值由0.1改为0.5。此外,境内成员企业上年度营业收入合计金额不低于10亿元,境外成员企业上年度营业收入合计金额不低于2亿元。而根据此前规定,境内成员企业和境外成员企业年度收入分别不能低于50亿元和10亿元。

四是全国版外币资金池。国家外汇管理局在2019年4月发布《跨国公司跨境资金集中运营管理规定》(汇发〔2019〕7号),该文件是对全国版外币资金池的最新要求,在此之前,还先后发布了汇发〔2014〕23号、汇发〔2015〕36号两个文件。这3个文件为全国版的外币资金池业务管理搭建起了政策框架。

4. 建立面向国际的金融资产交易平台,金融市场进一步扩大开放

一是黄金国际版建成。充分利用自由贸易账户管控风险的模式,上海建立首个面向国际的金融资产交易平台——"黄金国际版",为国际会员提供贵金属交易和开展保管库等服务。黄金国际版的建成,对引进境外投资者参与市场交易,引进离岸资金,形成人民币报价的上海金价格等产生了积极影响。

二是原油期货交易平台建成。2013年末,上海国际能源交易中心在上海期货交易所挂牌成立,完成了原油期货的平台搭建。2018年3月,原油期货在上海国际能源交易中心上市。原油期货是我国第一个国际化的期货品种,自贸试验区的成立为国际期货商和金融机构参与我国原油期货市场带来了新的机遇。

三是沪港通正式启动。2014年11月,沪港通正式上线,沪港两地股票市场交易实现互联互通,这是近年来我国资本市场改革开放过程中的标志性事件之一。沪港通的启动,既可方便内地投资者直接使用人民币投资香港市场,也可增加境外人民币资金的投资渠道,便利人民币在两地的有序流动。

四是沪伦通正式启动。为落实上海自贸试验区"金改40条",在"沪港通"的基础上,推出"沪伦通",即上海证交所和伦敦股票交易市场的互联互通。沪伦通的开启为两地投资者和发行人提供了参与对方市场投融资的便利机会,推动了国内证券机构开展跨境业务、提升国际竞争力,是我国进一步扩大资本市场双向开放的重要举措。

5. 外汇业务积极支持自贸试验区跨境金融服务的发展

除了自贸试验区外币资金池业务之外，其他外汇跨境金融业务在上海自贸试验区也得到很大推动。自2015年4月开始，FT账户开通了在经常项目和直接投资项下的外币服务功能，外汇的跨境金融业务如虎添翼。

（二）发展瓶颈

1. 企业跨境资金流动依然存在一定管制，影响企业跨境贸易投资便利性

目前，我国对跨境资本流动实行"宏观审慎+微观监管"的监管原则。宏观审慎主要防范跨境资金流动的系统性风险，内容包括建立和完善跨境资金流动宏观审慎管理的监测、预警和响应机制。微观监管主要防范个体经营过程中所面临的各类风险，以确保单个金融机构稳健运营为目标。在此框架下，自贸试验区跨境资金流动的风险得到有效遏制，但资金流动受到一定限制。例如，在经常项下，跨境支付需要进行相关单据真实性、合规性的审核；在资本项下，不少项目需要事前核准或者备案。有企业反映，当归还境外贷款时，无论企业使用什么账户支付，都需到外汇部门进行事前核准，只有当事项通过核准之后，才能办理相关跨境支付手续，耗时较长。此外，资本项目的资金也不能自由划转到经常项目的账户下，这对企业开展业务带来诸多不便。

2. 企业跨境融资便利度有待进一步提高

一是企业在海外上市还需证监会的事前审批。根据《证券法》相关规定，境内企业直接或者间接到境外发行证券或者将其证券在境外上市交易，须经证券监督管理机构依照国务院的规定批准，需要提交的材料多达近30项，企业负担较重。

二是监管单位对企业借用外债的政策未完全统一。《中国人民银行关于全口径跨境融资宏观审慎管理有关事宜的通知》（银发〔2017〕9号）明确，除了政府融资平台和房地产企业之外的其他企业被允许在其可用的外债额度内自行举借中长期外债。但根据国家发改委2015年9月发布的《关于推进企业发行外债备案登记制管理改革的通知》（发改外资〔2015〕2044号），即业内俗称的"2044号文"中，企业发行中长期外债的监管制度为备案登记制。

三是企业的境外贷款依然存在较大困难。我国企业获得海外贷款较难的主要原因在于受到信用制约、缺乏符合条件的抵押品、各国对抵押品的认可标准不一致等。我国尚未建立股票的"国际板"，境外企业不能在我国股票市场发行股票融资。金融机构对境外放款意愿不强，主要是对境外企业了解不够，海外资产抵押有一定障碍，我国"走出去"企业的对外投资主要集中在基建、制造业等领域，投资回报时间较长，银行贷款意愿不强。

3. 跨境资金集中营运管理体制不完善，企业面临管理政策过多的窘境

企业跨境资金集中管理政策存在过多版本：如银总部发〔2014〕22号上海自贸试验区版跨境人民币资金池、银总部发〔2016〕122号上海自贸试验区FT项下多功能双向资金池、上海汇发〔2019〕62号上海自贸试验区版外币资金池等。其中，依托自由贸易账户的全功能型资金池已实现同一资金池同时归集本外币资金，可覆盖临港新片区企业的实际需求。但在办理主体要求、上存下划标准、额度、政策系数、本外币之间操作流程等各方面在本外币其他资金池上存在很多差异，企业及金融机构都反映在那么多的政策框架之下，难以把握和操作。

4. 跨境金融产品较为单一

跨境金融服务的产品从不同角度可划分为不同的种类。相比发达国家，我国跨境金融服务品种和跨境金融服务的范围比较单一。从服务对象看，目前对居民提供的跨境金融服务较为丰富，但对非居民提供的跨境金融服务不足；对企业提供的跨境金融服务较为丰富，但对自然人提供的跨境金融服务较少。从行业看,跨境银行业务较发达,但跨境证券、跨境保险等服务还有很大发展空间。

5. 对非居民的金融服务存在不足

一是提供的跨境金融服务种类不够完备。我国为非居民开展跨境金融服务起步较晚,目前只限于个别银行提供的离岸金融业务和非居民产生的简单的金融投资需求,服务种类较单一。二是银行境外网点分布与非居民企业境外业务覆盖面尚未完全匹配。不少发达国家表面上金融开放度很高,但实际上我国金融机构要在当地设立网点或并购金融机构的难度非常大,在网点分布面上并不能完全匹配非居民需求。三是金融机构的跨境业务受原有客户群国际化程度的限制。据了解,为非居民提供跨境金融服务的主要对象源于原有的客户群体(即走出去的中国企业),相应在业务发展上也主要由这些客户国际化发展的状况所决定。因此,在近年面临国际经营风险的情况下,境外金融服务发展受到一定限制。

6. 个人境外跨境投资没有突破性进展

上海自贸试验区建立之初,在中国人民银行发布的"30条"意见中已明确指出,"在区内就业并符合条件的个人可以按照规定开展包括证券投资在内的各类境外投资"。在扩区后发布的"40条"意见中,同样有诸如"研究启动合格境内个人投资者境外投资试点,允许符合条件的个人开展境外实业投资、不动产投资和金融类投资"。但目前,除区内境外个人可以开立FT账户、区内个人的合法收入可以自由汇出之外,个人其他跨境投资还是没有突破性的进展。在新片区调研过程中,呼声较大的是要求监管单位稳步推进个人境外投资相关事宜。2015年12月,人民银行允许境内的合格机构投资者可以采用人民币的形式投资境外的人民币资本市场。RQDII机制推出后,呼声一直很高,但相关业务尚未得到落实。

7. 税收、法律和会计准则适用等方面尚须改进

一是税收方面。通过上海跨境金融行业与国际主要金融中心的对比可以发现,上海在跨境金融方面存在着企业税负、个人税负整体偏高的问题。主要是增值税安排在跨境金融服务上有执行难度,相关政策对出口金融服务项目、同业往来利息等方面明确允许免征税收,但优惠力度有限,实际操作也面临很多困难;企业所得税税负较高;大多数发达国家没有对跨境贷款合同征收印花税,但在上海,合同金额0.005%的印花税额对企业来说也构成一定的负担;金融从业人员税负较高,即使不考虑合理的成本抵扣因素,上海金融从业者的实际税负仍在全球居前列。

二是法律方面。上海涉外金融交易快速增长,但金融法治体系尚不健全。我国金融发展超前性与成文法稳定性、滞后性之间的矛盾日益突出,容易出现某类金融纠纷法律适用的空白。在涉外金融交易中,涉外金融合同纠纷法律适用的首要原则是当事人意思自治,由于存在与国际接轨的客观要求,金融纠纷中境外当事人不信任我国的金融审判,容易导致当事人排除适用中国法、约定境外管辖的局面。

三是会计方面。新片区的涉外企业众多,无论是"走出去"企业,还是"走进来"企业都会产生跨境金融业务。但其各子公司所在国家,都有当地的会计准则,因此外资企业的对外财务报表编制还需要符合本国的会计准则。不统一的会计准则与报表编制方式对跨国经营的企业来说是一大制约。

8. 跨境金融面临较大风险

我国不断扩大金融开放的同时,金融风险的传染性和复杂性也会随之加大,金融监管上也难以避免存在监管盲区。随着金融科技的发展,跨境金融服务的开放不断加速,资金大进大出和"热钱"流入等跨境金融风险不容忽视。目前国际金融形势复杂多变,日本央行、欧洲央行先后推出了大规模量化宽松政策,国际跨境资本大进大出风险剧增,影响我国金融市场的稳定性。

三、上海自贸试验区新片区大力发展跨境金融服务的思路与建议

（一）基本思路与原则

1. 对标国际公认的竞争力最强的自由贸易园区，率先实现资本项目可兑换

国际上，自由贸易园区资金能完全自由流动与兑换。新片区要建成国际公认的竞争力最强的自由贸易园区，就需要在跨境资金流动上打破各种障碍和壁垒，率先实现资本项目可兑换，实现资金跨境流动自由。

2. 立足新片区的功能定位与产业定位，便利经济主体充分利用国际国内两个市场两种资源，实现跨境金融服务便利化

新片区要打造更具国际市场影响力和竞争力的特殊经济功能区，建设具有国际市场竞争力的开放型产业体系，要保持与全球同等水平的国际竞争，就必然要求跨境金融服务上与全球其他参与者在一个水平线上，即在跨境金融服务获得的便利性、渠道、成本等方面与国际前沿水平相近，以满足新片区各经济主体的跨境金融服务需求。

3. 着眼全球配置金融资源，促进上海国际金融中心建设和在全球发挥辐射力与影响力

上海国际金融中心建设是国家战略。国际化程度、在全球有辐射力与影响力是一个城市由国内金融中心转变为国际金融中心的最显著标志，而这恰恰是目前上海国际金融中心建设的最大短板。新片区作为我国最新的金融改革开放试验田和窗口，可先行先试一些金融改革开放措施，以提升在全球聚集与配置金融资源的能力。

4. 着眼于中国经济改革和开放，服务于长三角区域一体化、"一带一路"倡议

新片区是中国经济改革和开放的前沿和有机组成部分，其跨境金融服务体系建设必须与长三角区域一体化、"一带一路"倡议之间形成协同效应与联动效应，形成一些可复制推广的经验与改革举措。

5. 牢牢守住防范金融风险的底线

跨境金融风险具有很强的外溢性和传染性，牵动汇率、利率等，防范不当会影响我国金融市场稳定性，甚至引发外债危机和金融危机。因此，新片区的跨境金融服务体系必须兼顾便利性与风险防范，做好风险防范的制度设计。

（二）具体对策建议

1. 提升本外币一体化账户的跨境金融服务便利性，率先实现资本项目可兑换

一是争取率先在新片区试点本外币一体化账户体系。监管层逐渐意识到，现行的本外币账户管理体系已不太适合新时代跨境资金流动的需要。2019年6月，在第十一届陆家嘴论坛上，中国人民银行行长提出，支持在上海自贸试验区新片区建立本外币一体化账户体系，实施更加便利的跨境资金管理制度，这是实现资本项目可兑换的重要步骤。目前，针对本外币账户繁多的问题，中国人民银行正在研究制定本外币一体化的账户体系，新片区要积极向中国人民银行争取率先试点、早日落地。

二是实施更加便利的跨境投融资的外汇管理措施。第一，取消非金融企业外债逐笔登记。《中国人民银行关于全口径跨境融资宏观审慎管理有关事宜的通知》（银发〔2017〕9号）为企业境外融资提供了诸多便利，但企业还是需要在外汇局逐笔进行登记。2019年10月，外汇局印发的《关于进一步促

进跨境贸易投资便利化的通知》,拟先行在粤港澳大湾区、海南试点取消非金融企业外债借入逐笔登记的要求,试点地区企业可以到所在地外管局一次性办理外债登记,并在净资产2倍以内自行借、用、还外债资金。新片区可积极争取试点;同时,将区内企业的外债和境外放款业务的登记、变更和注销下放银行办理。第二,放宽外债币种限制。企业借用外债涉及签约、借款、还债等业务步骤,建议新片区借用外债的企业可放开其币种限制,允许企业在这三个过程中可以币种不一致,但提款币种和偿还币种应保持一致。第三,推动资本市场双向开放,有序提高跨境资本和金融交易可兑换程度。对本外币一体化账户内资金,可按经济交易和金融交易需要自由兑换。对经常项目跨境支付,可在签署贸易真实性承诺函的情况下,免于提供任何交易单据和合同。对直接投资、金融交易等资本项目跨境支付,实行负面清单制管理,负面清单以外的凭交易用途承诺函由银行直接办理。第四,适当放宽外保内贷的受益人及担保标的要求。目前外保内贷的受益人限于金融机构,且标的限于金融机构授信或贷款,但非金融企业之间的债权债务存在境外担保的现实需求,如租赁公司的应收租金、企业间的应收账款、无银行授信的转开保函等。

三是改革跨境资金集中运营管理制度,实行统一的本外币跨境资金池政策。统一上海自贸试验区版、FT版、全国版、外币版等多个版本的跨境资金营运管理政策,构建全功能型本外币合一的跨境资金池,依托即将试点的本外币合一账户,保持本外币政策、展业要求、操作流程的基本一致,大幅放宽资金运营管理中的外债额度限制,便利跨国公司更好地在全球范围内管理营运资金。

2. 改革跨境融资管理模式,便利区内企业利用境外低成本资金

一是彻底改革企业外债的管理方式。建议新片区与相关监管单位进行协调,统一发改委、人民银行和外汇局关于企业外债的管理方式,取消发改委的中长期外债事前备案管理要求,真正实现全口径跨境融资的宏观审慎管理,区内企业在资本金的一定倍数内自主借入外债(包括境外贷款、发债和对外担保等)。争取扩大企业跨境融资额度,将区内企业跨境融资杠杆率提升至2倍,将金融租赁与财务公司等非银行金融机构的跨境融资杠杆率提升至3倍。

二是区内企业境外上市实施备案制管理。由于企业在境内上市要求严格,境外上市行政审批流程过长,许多企业通过从事境外上市的中介机构协助办理境外注册手续,注册地一般选择在英属的BVI岛、百慕大群岛、开曼群岛等地。因为在这些地方注册公司的手续比较简单,注册费、维护费等较低。央行曾在《中国金融稳定报告(2017)》中指出:"要拓宽境内企业境外上市融资渠道,推进境外上市行政审批备案制改革和H股'全流通'试点工作。"新片区要以此为切入点,积极为区内企业搭建桥梁,争取在区内进行试点,取消区内企业境外上市的行政审批,真正实行境外上市备案制管理,便利企业在境外上市融资。

3. 建立跨境投融资交易平台

一是建立相关金融市场的电子化"国际版"。支持上海的金融交易场所注册在新片区,或者在新片区注册附属公司,参照黄金"国际版"的模式,建立电子化的金融市场"国际版"交易平台,专门负责营销和管理国际板会员以及资金进出与交易。可考虑以目前的B股为基础,推动上海证券交易所在新片区建立外币股权交易所,中外资企业均可发行外币股票,中外投资者均可购买与交易。在电子化"国际版"的基础上,逐步形成人民币在岸市场为主体,纯外汇的离岸金融市场体系,为区内主体的境外资产和人民币计价的国际资产提供相应的跨境金融服务。

二是建立面向全球的外币债券市场。目前,我国企业对外币债券的需求较大,主要在我国香港等国际金融市场发行,费用较高。可由中国银行间债券市场或上海证券交易所建立外币债券的发行与交易平台,中外资企业均可自由在此发行外币债券,中外投资者均可购买与交易,中资企业在此平台发行债券不作为外债管理,发债企业可自主选择中国或国际会计准则,筹集资金可自由结汇并可在国内外使用。

4. 丰富跨境金融产品体系

一是积极发展离岸金融、非居民金融投资等非居民金融业务。吸引具有离岸银行资质的银行在新片区开设分支机构,逐步拓展离岸银行业务范围,实施更与国际接轨的监管规则,允许上海的法人银行开展离岸人民币业务,为"走出去"企业提供包括跨境结算、内保外贷、境外人民币贷款、贸易融资、债券发行等便利的人民币与外币跨境金融服务。依托外币股权、债券市场,发展离岸证券业务。积极发展海外保险、再保险等业务,支持保险机构开展跨境人民币再保险和全球保单分入业务,培育发展离岸保险市场。

二是大力发展财富管理业务。积极吸引全球知名的资产管理机构、投资银行、证券公司等在新片区设立资产管理机构,在区内外募集资金,在全球范围内投资。放宽限制,允许保险资产管理机构在自贸试验区内设立专业子公司,在目前15%的比例限制内受托保险资金开展包括香港在内的境外证券市场投资,以及受托管理境外资金投资境内资本市场。支持境外金融机构在新片区设立全球交易室或投资交易中心,其资金进出境不受限制,按规定参与境内金融市场的交易,并豁免境外交易产生的税收。着眼于新片区重点产业的金融人才、跨国集团高管等客户群,为其量身打造财富管理和财富规划目标。

三是支持自贸试验区内保险机构开展境外投资。目前上海保险机构开展境外融资仅在QDII额度范围内,按照新片区总体方案中"新片区内企业从境外募集的资金、符合条件的金融机构从境外募集的资金及其提供跨境服务取得的收入,可自主用于新片区内及境外的经营投资活动",建议相关监管部门下一步推动通过分账核算单元,对保险公司境外收取的保费的对外投资,可不占用QDII额度。

四是大力发展航运金融业务。当前趋势表明,世界航运的运输业务中心已经从欧洲转向亚洲,同时,包括航运金融在内的航运服务业发展重心也已经转移。航运金融的内涵丰富,包括船舶注册、管理、买卖、融资、保险、仲裁等,纵观亚洲范围,中国香港、新加坡、上海均具备发展航运服务业的条件。新片区独特的地理位置为发展航运金融业务提供了重大机遇。建议设立航运产业基金,支持航运产业发展;大力发展与飞机、船舶有关的融资租赁业务;鼓励航运贸易结算、租赁等业务以人民币收付和结算。

五是稳步发展金融衍生产品市场。我国金融市场现货强、衍生品弱的问题非常突出。从国际看,利率的期货期权、股指的期货期权、外汇的期货期权竞争力都不足。应以新片区建立为契机:第一,研究推出人民币利率期权。通过推出人民币利率期权,丰富外汇期权产品,便利企业在国际国内金融市场对冲风险,以满足多样化风险管理需求。第二,简化主体的参与流程。对企业参与远期NDF和只交割损益的衍生产品,银行无须审核贸易真实性背景,为企业提供更加便利的服务。第三,推动大宗商品发展。支持在海关特殊监管区域和保税监管场所设立大宗商品期货保税交割库,开展期货保税交割、仓单质押融资等业务,推动大宗商品市场发展。

5. 便利境内个人跨境金融服务

一是实施便利境外人才的金融政策。为非居民个人开立在岸账户提供便利,如仅凭护照、内地通行证等主证件以及凭完税证明、水电缴费单等辅助材料即可。提供经常项下购汇便利,持外国人永久居留身份证或在境内居住满180天的外籍自然人投资者或外籍高管,以合法收入购汇不设额度限制,在新片区内发生的劳务收入或取得来源于新片区内的利润、利息、租金、特许权使用费等所得,以及与资本项下的所得可以汇出并不受额度限制。

二是对区内非居民实施跨境缴税便利。目前跨境缴税流程较为繁琐,首先要从境外以外币形式汇入境内,然后由境内商业银行兑换成人民币后再进行纳税操作,由于境外汇款与境内结汇的时间差,容易产生补汇、退汇等流程上的不便利,对非居民来说,有时并不是一次就能办结,费时费力。新片区可考虑通过全面推广跨境人民币缴税业务,缩短报税时间,减少纳税人办税成本。

三是支持区内个人跨境投资。上海自贸试验区根据银总部发〔2016〕122号文相关规定,支持上海科创中心建设中的引进人才开立FTF账户,开展投资、财富管理等区内及境外资本项下的相关业务。新片区可考虑以此为基础,进一步扩大新片区个人的惠利面,支持区内个人可以进行跨境双向投资。

6. 优化跨境金融服务的配套环境

一是实施与国际接轨的跨境金融税收制度。对跨国企业开展跨境人民币资金管理时给予一定的税收减免,包括对境内企业的对外利息支出(付给境外企业)减免预提税,对境内企业从境外企业取得的利息收入减免增值税和企业所得税等。对通过自由贸易账户开展的存贷、汇兑、保险、保证、托管等金融业务实行所得税、增值税附加减免。对区内的境外高端金融人才、行业人才,减征个人所得税,使其所得税水平与中国香港等地基本持平。

二是试点建立法治试验区。在新片区试点建立与国际接轨的金融法治体系,构建高效的国际金融争议纠纷解决机制。可借鉴成文法国家的判例法经验,发挥司法判例的补充作用,探索运用判例法系审判规则审判跨境金融业务。在新片区设立适用境内外法律的国际金融审判机构,加大具有国际化视野的法官配置,聘请中外籍陪审员、调解员与专家顾问,提升涉外金融案件审判、调解的国际认可度。引进境外仲裁机构设立的法人机构,或与境外合作设立金融纠纷仲裁院,提高金融仲裁的专业性和国际认可度。

三是支持信用评级、会计审计、法律服务等金融关联服务业发展。为金融业提供辅助服务的行业包括金融服务外包行业、信用评级与征信行业、金融信息服务行业、会计审计行业、金融法律服务行业、资产评估行业、金融人力资源服务行业、管理咨询行业、金融认证与培训行业等。加快发展金融专业服务业,这不仅有利于细化金融产业分工、延伸完善金融产业链、拓展金融业的概念外延,更能为提升跨境金融业务能力提供各种层面的支持和帮助。允许新片区内企业自主选择使用国际会计准则和中国会计准则,但使用国际会计准则的,需要附加与中国会计准则差异说明。积极吸引上述领域的国际知名机构在新片区设立法人机构或分支机构,并给予相应办公租赁补贴、人才引进、税收优惠等政策支持。

7. 构建跨境金融风险监测体系

加强金融管理部门与海关、新片区管委会等的信息共享,建立跨境资金进出的监测体系,便利政府、金融管理部门对跨境资金流动相关的风险能够适时监测与管控。在本外币一体化账户体系试点之前,充分发挥自由贸易账户对金融改革和风险防控的支持作用,一些风险较大的改革可在自由贸易账户中试点,加强跨境金融活动的事中事后管理。加强外汇市场宏观审慎框架下的跨境金融风险监测,建立起外债以及国际资本流动体系监测体系,实施流入、流出双向预警监测手段。加强跨境金融业务数据的保护力度,保障数字的跨境安全性。

参考文献:

[1] 金成晓,李岩松,姜旭.跨境资本流动、宏观审慎管理与金融稳定[J].世界经济研究,2020(3).

[2] 赵峰,颜忠宝,张甜甜.金融衍生品监管能促进企业跨境投资水平提升吗——基于中国金融衍生品监管指数的实证分析[J].财会月刊,2020(4).

[3] 孔庆峰.我国自贸区建设如何对标国际先进经验[J].人民论坛·学术前沿,2020(2).

[4] 刘智勋.企业跨境融资分析[J].财会学习,2019(36).

[5] 李毓芳,蔡志成.民营企业开展跨境融资的困境与破解路径[J].福建金融,2019(11).

[6] 应习文,袁雅珵.上海自贸区为商业银行发展提供新机遇[J].金融博览,2019(10).

[7] 唐坚.上海自贸区金融业全方位对外开放创新研究[J].上海商业,2019(9).

[8] 自贸区临港新片区揭牌,赋予外国人才引进更大自由度和便利度[J].华东科技,2019(9).
[9] 查建国.探索上海自贸试验区建设的法治路径[N].中国社会科学报,2019-08-16(002).
[10] 唐建伟.新定位新突破新政策新机遇 上海自贸试验区新片区打造对外开放新高地[N].证券日报,2019-08-10(A03).
[11] 戚奇明.上海自贸试验区临港新片区的优势和挑战[N].上海金融报,2019-08-09(011).
[12] 郑国姣,杨来科,常冉.上海自贸试验区新片区金融创新推进人民币国际化的路径探析[J].金融理论与实践,2019(7).
[13] 中国人民银行上海总部课题组.上海国际金融中心建设框架下跨境金融业务税收政策研究[J].上海金融,2019(5).

执笔:曹啸(金融学博士,上海财经大学金融学院副教授)

上海文化贸易发展产业基础与产业链水平研究

随着全球经济结构的调整和各国政府对文化产业的重视,文化贸易在各国对外贸易中的地位不断上升。但受新冠肺炎疫情冲击,2020年全球文化贸易大幅萎缩,传统文化贸易、文化交流受到冲击尤甚,全球文化产品和服务供需显现颓势。2020年,我国文化贸易进出口总量呈下降态势,进出口业务大量停摆,一改持续多年的平稳发展、稳中上升局面。在此背景下,全面总结上海文化贸易过往经验,特别是总结2020年的工作业绩、特点及存在问题,对上海市政府有关职能部门优化、改进文化贸易的管理与服务工作,对上海有关文化贸易企业从标杆企业视角来审视过往工作、特别是在后疫情时代如何于挑战中审时度势,尤为重要。

2019年8月26日,中央财经委员会第五次会议指出,要充分发挥集中力量办大事的制度优势和超大规模的市场优势,打好产业基础高级化、产业链现代化的攻坚战。当下,经济一体化趋势进一步强化,企业间的相互关系更为密切和复杂,活动领域和范围进一步拓展。企业竞争优势的基础已经超出单个企业自身的能力和资源范围,更多地并且越来越多地来源于企业与产业链上、下各环节的系统协同中,即竞争的优势应该建立在更大范围的、更多种类的产业资源和核心能力的基础上。

因此,本报告针对百年未有之变局下后疫情时代行业重塑的大背景,聚焦在线文化贸易领域,并将其视为"十四五"期间上海文化贸易结构优化与能级提升的战略突破口。从历史演变、要素变化及逻辑演变等角度摸清上海文化贸易"家底"、归纳上海文化贸易特征、厘清上海文化贸易问题。在产业链竞争的思维框架下,研究上海文化贸易发展产业链水平提升这一基础性、战略性问题,从政府和企业的双重角度,提出产业链的建链、补链、延链、强链等多层次的工作举措,为规划、优化"十四五"期间的上海文化贸易提供决策参考。

一、"十三五"期间上海文化贸易发展状况

(一)"十三五"期间上海文化贸易发展的基本情况

"十三五"期间,上海市根据党中央、国务院的相关文件精神和任务部署,将文化贸易的发展摆在供给侧改革和对外开放中的显著位置,并积极推动《上海市"十三五"时期文化改革发展规划》《上海市人民政府关于加快发展本市对外文化贸易的实施意见》《关于加快本市文化创意产业创新发展的若干意见》等纲领性政策文件的具体实施,营造国际超一流营商环境,促进本市文化创意产业、文化贸易产业、文化服务产业持续稳步发展。

"十三五"期间上海文化贸易进出口情况基本平稳,整体上保持贸易顺差并稳步提升,2019年文化服务贸易进出口总额出现下滑,并出现贸易逆差(图1)。

图1 2016—2019年上海文化贸易进出口情况（单位：亿美元）

（二）"十三五"期间上海文化贸易发展的主要特点

1. 新型产业提供新动能，内容发展为文化产业主要着力点

以科技为支撑，用文化为科技赋能成为不少企业转型的必经之路，无论是以互联网为依托的游戏产业，还是传统出版、汇展企业，都在探索或已经实现了文化与科技的融合发展。同时，以用户个性化需求为导向的内容生产方式正在兴起，激发了传统文化业态的创新活力。

2. 文娱产业潜力不断释放，全面深化线上文化体系建设

文化消费已成为我国消费升级的重要体现，文化休闲娱乐市场潜力不断释放，新一代信息技术不断推动服务产品质量提升，随着"休闲时代"的逐步到来，文化休闲娱乐服务业呈现出强劲的发展势头和巨大的发展空间。

3. 文化品牌国际影响力扩大，以用户为核心传播效能提升

"十三五"期间，以进博会、第十五届中国国际动漫游戏博览会（CCG EXPO）等为契机，上海将国际活动的创办与文化产品的出海结合起来，共同为我国文化品牌增强效能。不少内容制作公司自打开海外市场起不断创作优质内容，海外受众市场从"打开"到"贴近"。

（三）成就、问题与突破：对"十三五"期间上海文化贸易工作的思考

1. 文化贸易整体增长趋势平稳，贸易结构发展逐渐优化

在对外服务贸易快速发展及服务贸易发展环境持续改善的大背景下，上海服务出口增速进一步提升，服务贸易逆差逐渐减小，特别是信息传输、软件和信息技术服务业，租赁和商务服务业及文化和娱乐服务业等领域服务质量也不断提升，在国际市场的竞争力与日俱增。此外，对外文化服务贸易结构持续优化，受到大数据、工业互联网及人工智能等先进技术的影响，知识密集型服务贸易表现突出，大大带动了数字文化服务贸易方式和内容的创新与发展。

2. 贸易结构存在不均衡，产业链完整度有待补足

对外出口的文化商品主要集中在工艺美术品及收藏品和文化用品这两大类上，商品附加值相对较低，仍处在全球文化价值链的底端，且与组装加工的贸易方式密切相关；进口主要集中在工艺美术品及收藏品和文化专用设备上，出版物和文化用品类商品进口占比相对较低，在进出口商品结构上体现出了一定的不均衡性。

3. 持续优化文化产业贸易结构，大力推动数字文化发展

上海积极推进对外文化贸易发展，努力构建国际贸易合作新机制，优势产业持续领跑，上海品牌不断走向国际，数字化创新助力重点文化产业转型，推动跨国文化交流，加快开拓对外文化贸易新空间，集聚培育文化贸易龙头企业，对外文化贸易总量持续增加，呈现文化贸易传统领域业态和新兴领域业态齐头并进的良好发展态势。

二、"十四五"期间上海文化贸易发展要求与难点

（一）"十四五"期间上海文化贸易发展的政策导向

"十四五"时期是我国在全面建成小康社会、实现第一个百年奋斗目标之后，乘势而上开启全面建设社会主义现代化国家新征程、向第二个百年奋斗目标进军的第一个五年，也是上海立足新发展阶段、贯彻新发展理念、服务构建新发展格局，加快建设具有世界影响力的社会主义现代化国际大都市的关键五年，更是开启深化国际贸易中心建设新征程、实现上海国际贸易中心能级提升的关键时期。

要想谋划"十四五"期间上海文化贸易的高质量发展，文化行业需要在夯实文化贸易产业发展基础、培育数字文化产业新型业态、构建数字文化产业生态、完善文化贸易保障措施等方面具有更大的创新尝试。

（二）"十四五"期间上海文化贸易的难点分析

1. 疫情重击文化贸易，文化市场严重停摆

受新冠肺炎疫情影响，上海文化贸易环境急转直下，2020年上海市文化产品和服务进出口总量为105.05亿美元，同比下降10.31%[1]。"走不出去、进不进来"的封闭态势将长期制约上海文化贸易产业的发展。

2. 文化产业链不够完善，亟须全产业链创新

上海乃至全国的文化产业链仍以低技术低附加值的生产方式为主，呈现出产业链短小、结构单一的状态。同时，上海文化产业发展模式同质化严重，创新力、竞争力不足，亟须全产业链创新。

3. 文化要素配置结构失衡，要素市场发育不健全

要素资源配置严重失衡，不仅存在于企业之间资源配置结构失衡，还存在于区域之间要素配置失衡，即东西部要素配置失衡和城市与农村的要素配置失衡。此外，知识产权、技术、数据等文化产业的核心要素，尚未建立市场化的价格形成机制，缺少统一的市场评价标准，无法准确反映要素的实际价值。

4. 产业发展渠道狭隘，平台型模式未成熟

由于不熟悉海外环境，文化贸易企业更倾向于将自己的文化产品依托于专业的海外发行运营平台进行发行，但上海各领域距离"以小养大、以小撑多"的平台型模式仍有较大差距。

5. 文化产品优质内容稀缺，内容创新产出不足

在文化贸易的重点领域，如音乐、视频产品等大众文化消费领域，文化贸易产业发展不足，主要体现在文化产品创新不够、优质内容数量较少等方面，常出现重复风盛行、题材撞车和手法雷同的现象。

---

[1] 《2020年上海对外文化贸易发展报告》，2021年3月。

6. 文化差异显著，海外业务难以拓展

上海的文化与服务产品多有强烈的地域特征，尤以海派文化为主。此文化虽是20世纪中西结合的产物，但仍有着鲜明的民族特色，在内外语境中并不能畅通无阻。在文化出海时，难免会产生语境差异、文化折扣①。

7. 技术创新驱动不足，金融创新模式单一

技术创新是长期以来制约我国产业发展的短板，提高市场竞争力必须依赖现代科技与文化创意的结合。而在金融层面，政府支持政策零散，贷款结构不均衡，文化贸易领域的贷款和政府资金支持，大多流向大型企业和垄断行业，而中小文化企业由于贷款担保和保险体系的缺失，融资难问题没有得到根本解决，严重制约着外向型中小文化企业海外市场的开拓。

三、上海文化贸易产业基础元素及其变化趋势

文化贸易产业基础元素内涵广泛、构成多元，包括文化贸易产业内的规则环境、产业主体、产品品类、贸易对象、知识产权、人力资源等多个元素（图2）。基于对文化贸易产业基础元素的分析与研究，结合上海文化贸易产业实践，对上海文化贸易产业基础元素及其变化态势作简要归纳。

图2　文化贸易产业基础元素

（一）规则环境

从规则环境看，全球贸易规则和贸易体制发生变化，以美国为代表的国家推行逆全球化、贸易保护主义政策，而以中国为代表的国家则始终坚持贸易多边主义、贸易自由思想。近年来，在如何处理贸易摩擦这一问题上，美国重拾以"301条款"为代表的单边主义措施，退出跨太平洋伙伴关系协定，干涉世界贸易组织、北美自由贸易区等多边体制或区域体制，给世界经济发展带来严重阻碍。此外，随着新冠肺炎疫情在全球蔓延，全球范围内，多个国家及地区贸易保护性措施显著增加。疫情冲击叠加贸易保护主义，引发逆全球化、民粹主义思潮蔓延，进一步诱发或加剧经贸摩擦，威胁贸易自由化进程，危及全球产业链、供应链的稳定性，加剧世界贸易萎缩。在这一背景下，中国积极参与自由贸易区建设，积极推进区域全面经济伙伴关系协定（RCEP）谈判，为世界经济发展和经济进步做出卓越贡献。迄今为止，RCEP已成为覆盖面最广、包含人口最多的区域合作组织，同时也成为中国文化产品海外出口的重要目标市场。

（二）产业主体

从产业主体看，上海文化贸易产业主体越发多元、文化领域全面开花、新兴在线文化贸易企业日渐崛起。一是越来越多的市场主体加入到对外文化贸易行列。不同规模、不同所有制文化企业，包括大中型、中小微文化企业在市场竞争中找到合适的位置，大型企业掌握龙头地位，中小微企业填补市

---

① 文化折扣是指囿于语言、习俗及价值观等背景的差异，本国（地区）的文化产品输入其他国家（地区）后不被或不完全被该国家（地区）用户认同、理解而导致其价值减损的现象。

场空白,共同促进文化贸易市场的繁荣发展。二是上海对外文化贸易领域全面开花。新闻服务、出版发行和版权服务、展览、文化艺术服务等传统文化产业,网络游戏、网络文学、影视制作等新兴文化产业齐头并进。三是技术加持下,一批新兴文化贸易企业日渐崛起。从国家文化出口重点企业名单可以看出,以网络游戏、动漫、网络文学和影视为代表的新兴优秀企业数量逐年递增,总体稳定。在网络游戏领域,以米哈游、莉莉丝为代表的大型游戏企业迅速崛起;在动漫领域,以哔哩哔哩为代表的网络科技公司持续布局ACG(动画、漫画和游戏)内容,深耕内容生态产业链;在网络文学领域,以阅文集团、七猫为代表的企业,占据网文市场绝对份额;在影视领域,以柠萌影业、克顿传媒为代表的影视公司,深耕国内影视市场,并推动《三十而已》《小欢喜》等优质国产影视剧出海。

(三)产品品类与结构

从产品品类看,文化贸易产品品类越发多元,其中,文化服务贸易、在线文化产品、特色工艺品成为重要增长点。一是上海拥有大量国内顶尖、世界一流的在线文化服务企业。动漫企业约250家,其中,经文化和旅游部、财政部、国家税务总局认定的动漫企业30家;全市持证游戏企业2 123家,其中,不乏盛大、游族、巨人、恺英、心动等多家知名游戏企业。二是中国特色手工艺术品获得越来越多的国际消费者青睐。特别是各种工艺美术品及收藏品,成为中国最重要的文化出口商品。随着中国科技水平和文化创新能力的不断提高,中国玩具、游艺器材及娱乐用品类商品的技术含量也随之提高,在国际市场多样化文化需求的影响之下,这几类产品的出口额持续增长。

(四)贸易对象

从贸易对象看,贸易对象逐渐稳定,集聚度逐渐增强,上海与重点贸易对象之间的贸易顺差仍在延续。2020年,与上海开展文化产品进出口业务较多的排名前12的国家和地区依次为美国、中国香港特别行政区、日本、法国、意大利、澳大利亚、新加坡、德国、韩国、中国台湾地区、英国、加拿大等,占进出口总额的65.61%。而在2019年排名中,这12个国家和地区所占比例为60.59%。此外,从近几年发展趋势看,上海与美国、澳大利亚、中国香港特别行政区等国家和地区的贸易顺差仍在延续,显示出上海文化产品和服务的强大优势。尽管2020年上海文化贸易总额较之前有所减少,上海与主要贸易对象之间的贸易产品数量和贸易频率有所下降,但总体贸易对象仍保持稳定,与贸易对象之间的文化产品进出口贸易顺差仍在延续,在文化和娱乐服务领域,文化交流仍未曾停歇,并在持续增长。

(五)知识产权

从知识产权保护与运营看,近年来,上海搭建良好的政策法制环境,推动知识产权保护的平稳落实和知识产权运营的繁盛发展。2012年,上海颁布了《上海知识产权战略纲要(2011—2020年)》,提出建设亚太地区知识产权中心城市的战略目标。2021年3月,上海颁布并实施首部知识产权保护综合性地方法规《上海市知识产权保护条例》,完善了知识产权保护工作法规体系,加大保护力度。在知识产权运营方面,上海也取得了丰硕成果并呈现出以下趋势:一是IP管理精细化、专业化趋势;二是IP运营由传统竞技类产品向经营类、养成类过渡;三是IP跨国运营呈现出"全球化发行,本地化运营"的态势。

（六）人力资源

从人力资源看，上海文化贸易从业员工呈现总体产业层面增长、局部行业层面下降的态势。具体到在线文化贸易领域，则呈现以下态势：一是传统行业与新兴行业此消彼长，以游戏公司为代表的新生企业人才队伍迅速扩张，老牌企业员工规模略微缩减。如自2020年初起，上海沐瞳科技有限公司的员工数量从300人增加到700人，短短一年时间员工增长数量超130%。二是在线文化贸易从业人员结构趋于年轻化、专业化、高学历。调研发现，大多数在线文化贸易企业的员工平均年龄在30岁以下，年轻员工是目前行业中的主力军。三是企业学院成为人才培养新常态。如上海恺英网络科技有限公司设置"恺英学院"的学习平台，邀请优秀员工在平台上分享经验，聘请外部专家进行视频授课。值得关注的是，在上海文化贸易从业员工呈现新常态的同时，也出现了一些实践性问题，亟须解决，如文化贸易产业由于人才落户困难造成的人才流失问题、海外出口企业由于优质翻译人才紧缺造成的本地化发展问题、大学人才培养难以适应行业需求的产教脱节问题等。

综上所述，近些年来，在科技驱动、国际政治经济格局剧变的大背景下，上海国际文化贸易的规则环境、产业主体、产品品类、产品结构、贸易对象、知识产权运营及从业员工状况等产业基础要素都发生了巨大而深刻的变化。在十四五开局之年，亟须深刻把握这一变化，聚焦贸易结构优化升级和能级提升两大问题，将其落实到产业链竞争层面，从深层次解决上海国际文化贸易发展面临的问题。

四、优化上海文化贸易工作的对策建议：基于政府职能部门推动产业链水平提升视角

从世界进入百年未有之大变局看，进行产业链竞争，提升产业基础能力和产业链水平，是形成以国内经济循环为主、国内国际经济循环互相促进的新发展格局的应有之义。当前，上海虽积极参与全球产业链竞争，并在一系列高新技术层面取得突破性成果，但在文化贸易领域，在全球价值链中的影响力还有待增强。这一背景下，如何更好地参与全球产业链竞争，破除目前发展存在的难题，还需政府职能部门从顶层设计、政策扶持角度出发，做好上海文化贸易产业链的建链、补链、延链以及强链工作。

（一）建链：对上海文化贸易产业链新布局视角的对策建议

1. 强化顶层设计，制定文化贸易一体化发展战略规划，加强产业链集聚

为了更有效地整合政府、资本、产业、学界、研发机构及用户等多方资源，强化沟通与协同，有关部门需要聚焦各类资源，以"大文化"视野来统领全局，制定相应的上海市"文化国际贸易＋文化国际营销＋文化对外直接投资"一体化发展的战略规划。以规划制定来强化、固化顶层设计，以对标全球最高标准的顶层设计来引领、指导我市文化贸易及文化"走出去"工作。

2. 在国家对外文化贸易基地基础上，积极创建新型对外文化贸易基地，放大示范带动效应

国家对外文化贸易基地（上海）坐落于中国（上海）自由贸易试验区内，是我国第一个国家对外文化贸易基地。有关文化企业可以享受一系列鼓励政策以及叠加保税区、自贸区的开放创新政策。进出口业务繁多的文化企业和国际机构，越来越倚重中国的自贸区创新机制。响应国家加大产业集聚的倡导，上海市政府可积极促成新型对外文化贸易基地的创建，以政策扶持促进文化外贸总量提升，

推动中华优秀文化走出去。

(二) 补链：增强上海文化贸易产业链完整性视角的对策建议

1. 加快实施文化装备产业链布局，提升文化装备技术创新能力，全力打响"上海文化"品牌

以策划和落实"上海在线文化产业软硬结合发展模式年度高峰论坛"为抓手，最大限度地整合在线文化产业的软硬件资源，鼓励研发具有自主知识产权、引领新型文化消费的可穿戴设备、智能硬件、沉浸式体验平台等先进技术成果服务应用于文化创意内容生产，注重不同领域之间的软硬结合、跨界融合与技术互通。

2. 构建数字文化产业生态，推动产业链创新与应用

对于产业链来说，数字化不仅从技术上支撑产业的生产与制作，而且为企业提供更高效率的沟通交易平台，补充链条在时间与空间上的消耗和亏损。推动文化产业链与互联网、物联网深度融合，打造大数据支撑、网络化共享、智能化协作的智慧产业链体系。加快传统文化企业数字化转型的同时，加大对新兴数字文化创意企业的扶持力度，培育数字文化企业集聚化生长。此外，也可鼓励各地因地制宜建立数字文化产业链链长工作制，提升产业集成和协同发展。

3. 打通文化贸易产业链，为文化内容产品提供畅通的输出渠道

优质平台的缺失在文化出海领域是一大难题，在文化贸易层面，不论是上海各级政府作为服务平台，抑或是上海文化企业中已有很多在海外搭建平台，其效率、效用、效度与成熟的一体化服务平台相比仍有一定距离，这已经成为制约我市文化贸易进一步做大做强的短板，在这方面，政府职能部门需要精准施策，多管齐下，补齐短板，为优质文化内容、产品提供畅通的海外输出渠道。

(三) 延链：推动上海文化贸易产业链上下游延伸视角的对策建议

1. 政府指引，为文化贸易产业链延伸赋能

以知识产权转化为核心，当前文化贸易产业链延伸面临两个主要问题：一是产业链延伸受阻，主要表现为精品IP的竖向发展受资本、宣发等多方限制，无法进入市场；二是大热IP被过度稀释，主要表现为技术上的懈怠，以及IP内涵的置换。在国内文化贸易企业缺乏内部"IP质检"的情况下，政府有必要引导企业明确IP开发在不同场域间的内在联系性，不要盲目进行市场竞争，从而为文化贸易产业链的延伸营造良好健康的市场生态。

2. 政府牵线，搭建文化贸易多维交流平台

信息互通、业务互通，是文化贸易企业拓展业务的重要前提，也是文化贸易产业链延伸的基本条件。在实际调研中，以第一财经为代表的媒体企业、以心动网络为代表的游戏企业、以文策翻译为代表的翻译企业纷纷表示，亟须搭建跨行业交流平台，互通有无，拓展业务，以应对变幻莫测的市场考验。

(四) 强链：做大上海文化贸易产业链关键环节视角的对策建议

1. 完善知识产权保护体系，营造良好营商环境

政府要创新完善对外文化贸易知识产权保护和服务体系，建立健全知识产权信用保证机制，及时为对外文化贸易提供海外知识产权维权援助和法律咨询。积极发挥上海文化产权交易所等机构的作用，加强对文化产品和服务的版权保护及边境保护，支持现代著作权保护技术的开发和应用，促进版权授权体系发展。加大知识产权宣传力度,开展新《商标法》等法律法规的培训教育,提升文化贸易企业知识产权创造、运用、管理和保护能力,营造有利于文化贸易知识产权保护的舆论环境。

2. <u>推进产业融合发展,打造更具海派特色的文化贸易</u>

政府不仅要向文化贸易企业"输血",更要"输智"。在与企业的交流中,强化文化贸易与上海"四个中心"、自贸试验区、全球科创中心建设的有机结合,加快发展极具海派特色亮点的文化产品和文化服务,延伸文化产业链,提升上海产品、上海服务的文化含量和附加值。

3. <u>由政府职能部门牵线,搭建提供法律援助和法律指导的第三方专业服务平台,指导企业在文化产品海外市场拓展中规避法律风险</u>

中国文化贸易企业在"走出去"时,不可避免地会与国外公司产生一些法律纠纷。而在国际仲裁中,国内公司往往并不占据优势。此外,国内外游戏发行程序也有所区别,国内采取"先审查后发行"的发行机制,而国外往往采用"自由发行+事后处罚"的发行机制,游戏发行之后一旦被发现有不当内容,企业就要面临巨额罚金及其他损失,而这更加剧了企业在海外市场经营的风险。专业的法律援助和法律指导,能帮助中国文化贸易企业进一步认知海外市场,规避其中可能存在的风险和误区。

4. <u>抓住人才引育关键环节,持续优化人才环境,让人才进得来、留得住</u>

人才稳定性差、流动性强,是制约上海文化贸易产业发展的重要因素。希望政府职能部门联合其他主管部门合议、协商,专题研究涉文化贸易人才来沪、留沪、入沪问题,扩充人才留存空间。必要时,可参照北京、深圳的做法,推进户籍制度改革,对部分优质人才推出针对性落户政策,提供留沪途径,减少人才流失。

5. <u>优化外汇服务政策,在资金融通方面助力企业出海贸易</u>

外汇结算是困扰大部分文化贸易企业的难题,不少受访企业纷纷表示,希望政府可以优化外汇服务政策,改善外汇管制情况,加强各部门之间的协调,立足具体情况针对个别企业设立个性化、一事一议的解决方案,以便于文化贸易公司的外汇进出。

6. <u>针对中小企业的出海困难,构建海外贸易培训体系</u>

推出政策宣讲、法律法规服务、跨文化资源产品化开发、融文化市场背景研究、海外市场营销、海外社交媒体矩阵运营、翻译服务优化等七大类课程,以针对中小企业的培训工作为抓手与切入,改进政府职能部门工作,优化营商环境。

五、优化上海文化贸易工作的对策建议:基于文化贸易企业的策略改进视角

从发达国家的成功经验来看,文化贸易的繁荣离不开完整且强大的产业链。上海的文化贸易企业也必须构建这种文化内容开发模式,通过挖掘开发文化内容的影响力、价值力来实现产业升级,在宏、中、微三个层次产生互动效应和规模效应,促进全产业的高效能、多维度发展。

(一)宏观:产业链整合,夯实上海文化贸易持续发展的产业基础

1. <u>加快文化贸易产业链集聚化步伐,积极打造上海文化贸易产业战略联盟</u>

文化贸易产业的链条化、集聚化、联盟化,是当下促进上海文化贸易取得新发展的必然趋势。从企业看,需加强产业链集聚程度,确保节点明晰,利润分配明确,以创意为基础,形成多层次、多角度的利润增值点。从行业看,应打造产业战略联盟,以我中有你、你中有我的动态开放形式进行合作;通过

资源的共享与互补,形成优势叠加效应;通过"协同效应",组织学习与知识的创造,增强上海文化企业创新能力以及风险分担能力。

2. 以IP及其价值经营为统领,拓宽上海文化贸易产业链环节,提升其个性化、多元化与跨界化

IP一体化运营已经成为当前在线文化贸易头部企业的业务主导模式,企业不仅可以通过跨平台生产和销售多品类的产品延长IP的经济收益路径,而且可以通过跨平台集中推出多样化、个性化、关联化的产品打造产品群共生环境,提升IP运营中各种类产品的价值和销售数量,更能够通过产销一体化运营提升IP本身的版权价值。值得注意的是,IP开发的背后并没有某个固定模式,而实际上遵循着网状价值链的逻辑。企业应明确自身IP的定位,挖掘IP背后的延伸逻辑与文化基础,通过网状价值链的逻辑去适应新型的IP生态趋势。

(二)中观:多环节发力,提升上海文化贸易产业链的竞争水平

1. 文化贸易内容要融入更多中国元素,挖掘中华文化深厚底蕴,创新文化贸易内容

在文化产品内容环节,通过对文化企业的观察以及对多家企业的调研访谈发现,大多数文化企业都有意识地在产品中融入中国元素。一方面,优秀的中华文化助力文化企业在海外市场形成鲜明的文化标识;另一方面,在线文化贸易产品也成为推动中华文化走出去的优秀载体。

2. 转换产品发行思路,将"先洋后中"作为企业经营的策略选择

相较于国内游戏市场稀缺的版号资源和明显的马太效应,国外游戏市场开放程度更高,对游戏的内容和形式没有太多限制,由市场规律来决定,而且部分国家本土用户游戏偏好与中国类似。因此,选择适合全球化的产品在海外市场发行,获得多元化市场的验证,以增强国内发行的竞争力成为游戏厂商的新选择。

3. 注重文化贸易产品的平台化建设,搭建海外发行平台

文化贸易产品的海外发行,由于各地的文化风俗、市场规则的不同面临诸多挑战。在游戏领域,不少发行平台应运而生。Steam平台目前是全球最大的综合性数字发行平台之一,玩家可以在该平台购买、下载、讨论、上传和分享游戏和软件。国内最大的游戏平台及社区是TapTap,执行平台化与社群化战略搭建海外发行平台,为国产游戏提供专业化的运作。不仅在游戏领域,文化贸易的文学、影视、动画等领域均需要成熟的海外发行运营平台来对产品进行托管运营。

4. 加快文化贸易技术赋能,助力文化贸易行业技术创新

近年来,科学技术极速渗透,技术创新成为文化产业与文化贸易新型动能。比如,米哈游专设AI部门"逆熵人工智能研究院",主研AI声音合成和AI动作合成;分众游戏通过自研游戏引擎技术升级,将游戏人物建模面精细度增加10倍,以适合5G高带宽特点。文化+科技的发展模式已是大势所趋,通过加强关键技术、装备、系统研发,不断提高文化内容的科技含量,将极大地拓展企业发展的有效空间,进一步提高企业的核心竞争力,带来切实的利润增长。

(三)微观:精细化布局,深挖上海文化贸易产业链发展潜力

1. 加强海外市场预调研,实现产品出海精准落地

文化贸易企业在进行文化出海时,应当对目标市场进行分析,重视产品预调研工作。通过市场潜力预调研、政策法律预调研、文化习惯预调研等关键要素调研,加强对目标市场的了解,明确产品市场预期。

2. 正视文化差异现实，深耕贸易对象国，多环节加强本地化布局

在文化贸易出海的过程中，文化折扣出现是常态，如何缩小文化差异，是企业应该考虑的首要问题。调研发现部分游戏企业有一定经验可供借鉴，如莉莉丝强调产品本地化特色，会邀请当地人员对游戏内容进行再创作，加入动物信仰或人文背景，使得游戏本身更加符合当地场景与文化民俗；沐瞳采用发行多语言版本、成立本地化公司、设计本地化英雄等方式获得游戏用户的共鸣，从而提升游戏体验感和用户忠诚度。文化贸易企业应针对目标市场选择性地采取合适的内容引导与修改策略，明确产品定位，规范内容的传播形式，以本土化的商业模式深耕市场，并依托上海市及我国文化的全产业链力量进行精准开发。

3. 更新漫画、网络文学等内容创造形式，融通相似文化属性

近年来，中国网文在海外大热，深究其原因，发现爆火的网文本质仍依托于中国传统文化，在整体基调上表达的还是中国思维、中国文化，只不过是借用了外国文学的逻辑形式和写作手段，让外国读者更易接受。譬如比较常见的玄幻、仙侠题材，吸收了很多西方原有的魔幻概念，但在底层的主题设定上依旧是儒、释、道等中国传统文化。因此，国内文化在海外传播时应立足于不同文化间的相似性与共通性，进行恰当改编演绎，才能更融入当地文化，提升用户的理解度。

4. 企业、政府、高校齐发力，增强产教融合，打造"游戏出海继续教育联盟"，弥补市场人才缺口

一方面，为满足细分化市场带来的人才差异化需求，企业应积极连接高校，改进教学模式，实现精准就业；另一方面，为解决技术迭代过快而导致的企业需求与市场人才脱节的问题，企业应强化员工的在职教育，通过内部培训不断提升员工的业务能力。在国际市场环境急剧变化的情况下，文化贸易企业不应单打独斗，而需抱团取暖，树立行业发展大局观，加强沟通，实现共赢。

执笔：任健、喻烁漪

（上海理工大学）

上海软件贸易企业"数字出海"路径

随着新冠肺炎疫情导致全球化遭遇逆流,产业链回流,供应链本土化、区域化趋势上升,软件贸易面临严重的挑战。与此同时,疫情也加快了数字化进程,大幅提升了服务的可贸易性,并为数字出海提供了广阔的空间。在此背景下,探讨中国企业数字出海的实践和成功路径,分享企业的出海经验和行业洞察,具有重要的现实意义。

2021年11月9日,由上海市人民政府主办,上海市商务委员会、上海市经济和信息化委员会和上海市闵行区人民政府共同承办的第十九届上海软件贸易发展论坛在虹桥进口商品展示中心开幕。在以"创新发展窗口,数字出海路径"为主题的数字出海平行论坛上,上海软件对外贸易联盟、数字出海企业、出海产业链服务商代表以及行业专家齐聚一堂,共同探讨中国企业数字出海的成功路径。

本专题报告根据数字出海平行论坛中各嘉宾的观点编写而成,共分为两部分:一是案例分析,二是观点荟萃(包括中国软件出海机遇、挑战、发展阶段等内容)。

一、案例分析

(一)微软:平台是数字出海的基石

为进一步推动虹桥国际开放枢纽全球数字贸易港建设,构筑服务贸易创新发展高地,由上海市商务委员会指导、闵行区政府和微软中国联合打造的"虹桥数字贸易产业创新赋能中心"在第十九届上海软件贸易发展论坛开幕论坛上正式揭牌。

"虹桥数字贸易产业创新赋能中心"位于虹桥国际中央商务区核心区域,依托虹桥大交通、大会展、大商务深度融合的独特优势,以及微软在品牌、技术、平台等方面的资源优势,加速科技、服务、贸易融合,激发虹桥数字贸易创新活力。中心将依托智能、可信、安全、高效的全球基础网络结构,深入应用云计算、人工智能、物联网和大数据等技术,提供企业出海、技术赋能、创新孵化、人才培养等服务,通过共享实践经验和市场资源,孵化集聚一批有国际竞争力的数字贸易企业,助力将虹桥打造成为服务长三角,对接全世界的全球数字贸易港。

微软全渠道事业部渠道总监李浩明先生围绕"赋能数字化产业出海"主题,向企业分享了微软如何从技术、营销、渠道拓展等层面,为国内合作伙伴赋能开发、宣传和销售等业务,助力国内数字化产业出海。

"虹桥数字贸易产业创新赋能中心"当下的愿景是"予力众生,成就不凡"。无论是传统制造业、金融行业或是生命科学行业,都需要计算资源和分析能力,微软想要做的便是提供一个平台,让软件同行自行在上面搭建属于自己的应用,比如以下两个案例:

案例一是汉朔科技。该企业是数字化零售的电子软件开发商,主营的是电子价签。这项技术能够利用电子墨水技术把商场里所有的价签用无线网络连接,甚至可以在总部就可以把几百家门店的价签统一刷新。这在中国来看并不稀奇,但当这项技术出海后,海外很多超市没有听说过这项技术。当国内数字化零售的独立电子软件开发商(ISV)走向海外的时候,这部分厂商会受制于海外知名度,进而在推广上会面临一系列问题。

微软作为一家平台公司,有义务帮助使用微软平台的 ISV 走向海外。微软会基于成熟的企业销售团队,把汉朔在微软平台上的软件和新零售方案推荐给海外零售客户。此类零售技术在海外绝对是一个蓝海,海外企业市场的客户付费意愿是很强烈的,微软要做的就是帮助自身的客户出海并进一步获取海外零售客户。从电子支付到信用卡自动付费结算商品,微软和汉朔团队把这些相对成熟的技术逐步推销给海外零售客户。

案例二是远景。该企业最早做新能源发电,在这个过程中,远景有了自己的能源管理系统,后来企业把该能源管理系统孵化出来,提供给更多的用户。当远景在国内形成一定规模后开始出海,最早是进入新加坡与当地的科技局合作,构建新加坡智慧城市。不仅如此,远景逐步开拓了我国香港地区和欧洲等地的市场。但在与海外企业合作时,远景总会被问到同一个问题:谁是远景?

微软团队要做的便是帮助远景与海外企业搭建联系。更为重要的是,远景作为一家能源企业,会面临各国不同的规章制度和数据的监管,微软则会指导远景企业,使企业行为遵守各国的法律规章。微软在帮助国内企业走出去后,会进一步确保国内企业的技术、架构、流程符合所在国的各种法律,并通过自有的平台、公有云、数据系统,保证企业数据在流转和处理的过程中符合所在国的法律法规。

微软帮助数字化产业伙伴出海的流程是:各类合作伙伴进入微软生态后,共通之处便是共同的开发,微软会帮助合作伙伴把各自的平台搭建在微软的技术站上,帮助合作伙伴使用微软各种各样的技术,符合所在国的各项要求。渠道部和市场部的同事们会在很多场合和客户、同行进行交流,确保把合作伙伴的技术和产品应用进市场活动过程中,让微软的合作伙伴有足够的曝光机会,一定程度上来说微软也是一个流量入口。

在宣传、发展和招募之后进入共同销售环节。微软会确保有一支销售团队负责销售合作伙伴的产品,并把渠道部搭建好的解决方案推荐给企业客户。

(二)华钦科技:IT 服务企业的纵横扩展

华钦科技集团董事长杨晓峰先生从成功出海的软件服务商视角出发,分享公司是如何突破海外市场获客和用人等痛点,为全球化部署的企业提供专注银行、保险和金融领域的 IT 服务。

2019 年,华钦科技集团开始进入新加坡开拓海外业务。当前在海外的分支机构有八个,海外客户行业分布主要有:银行、保险、信托、商业软件、互联网电商等。传统 IT 行业的难点在于该行业是 TO B 行业,面对的客户全是海外大型企业,想要与对方合作不能局限于广告的投放,需要长年建立信任才具有合作的可能。华钦科技集团的拓展方案分为纵向拓展、横向拓展。

所谓纵向拓展是跨国企业在国内市场中使用了华钦科技集团提供的服务,并认可了交付质量。那么,这类跨国企业在国外市场中可能会主动要求使用华钦科技集团的服务,即国内企业随着在中国交付的供应商进入海外市场。例如,新冠肺炎疫情来临后,eBay 的需求大幅提升,海外发达国家市场的消费者线上消费猛增,这需要 IT 技术的支持,因此 eBay 要求华钦科技集团迅速组建完成团队,到美国进行交付。在此过程中,企业将客户群体自然而然地扩展到海外市场,在海外直接进行接单、交付和发包。

所谓横向拓展是华钦科技集团直接跟随体量较大的国内企业出海,在海外为此类国内企业提供服务。拿 eBay 举例,其研发中心在中国设立,海外接单的项目均放到中国来进行交付。2017 年后,eBay 作为一个跨境电商平台将类似于京东这样的中国电商平台嵌入自身平台中,以此面向 eBay 在海外的客户。换言之,eBay 作为全球平台,在其发展过程中会引入某些国家,比如说韩国、日本、中国、南美各国的电商平台进入。具体的IT开发是由华钦科技集团负责，帮助eBay做数据对接、接口整合工作。又如华钦科技集团会跟随互娱集团负责腾讯海外游戏业务，帮助互娱在大洋洲的一些国家进行外包，并负责招募当地员工。

IT服务企业海外业务发展的挑战及应对挑战主要有三点：一是海外市场的客户获取难度极大，并且缺乏专业的人才；二是疫情突发造成的市场开拓困难；三是当前国际和政治环境不确定性程度增加。应对之策可以归纳为三点：一是针对客户获取和人才的挑战，应选择合适的行业与自身能力匹配，如通过海外的并购投资，招募海外专业人才，进行海外业务的管理；二是虽然新冠肺炎疫情的突发造成市场开拓受阻，但同时也带来了额外的商机，如原本在美国或印度的IT项目转移到国内；三是针对国际政治经济不确定性风险的增加，可以通过提升抗风险意识、密切关注当地政策来化解危机。

（三）飞书深诺：以数字连接国内企业和全球消费者

飞书深诺创始人兼CEO沈晨岗发表了主题为"出海数字营销助推数字贸易新增长"的演讲。他指出，数字贸易蓬勃发展的背后，亦离不开优质庞大的"数字服务商"。

过去10年间中国出口跨境电商增长10倍。中国软件，特别是游戏软件的海外销售收入在快速、高速增长，这些数据表明，中国企业正在借助移动数字平台向全世界渗透。这些软件应用类企业如何实现与全球消费者的连接，飞书深诺在其中扮演一个重要的角色，通过数字连接中国的企业和全球消费者，并进一步连接更多海外企业以及全球的消费者。

飞书深诺在海外营销平台服务的过程中，组织结构变为两个事业部：电商、产品、品牌、游戏应用，一个对应实物产品，一个对应虚拟产品。虚拟产品全球化和实物产品全球化在应用的媒体、设计的生态、合作链路，以及如何进行解读、分析方面存在很大差别。在这两个行业架构下，飞书深诺提供的服务包括媒介采购，可以进入全球各个地方，媒介之上还可以提供优化的运营，现在营销制作的广告创意更新速度很快，营销沟通中创意价值、创意影响力超过50%。如果一个好的产品没有一个有创意的包装和推广，可能最终的成果会比预计的降低一半。

在营销沟通过程中，大致分为三个步骤：

第一个步骤是数字化。从媒介到运营、到创意都需要大量数字化，在此过程中，整个数字科技、数字产品在其中起很大的作用，所产生的数据量是几何级数的。例如一个创意的产品可能在历史上或传统环境上是一个单一的广告，但是在营销时可以根据制作形式分解成多类别、根据创意要素分解成多层面、根据表达内容差异分解成多维度，这些维度可以归集到创意上进行数据标签。大量数据处理以后，就可以有机器学习和人工智能的环节介入，帮助整个过程更加高效、自动化和规模化。

第二个步骤是策略服务。国内企业进入海外市场的不同阶段，面对不同的市场情况、不同竞争挑战，单独的企业难以存续并进一步拓展。众多国内企业在出海过程中会遇到各种问题，所以飞书深诺设有一个策略中心，来帮助客户在每一步之前做好规划，提前做出有效的预测和预计，进行快速的反馈方便以后进行调整，这是为企业获得商业成功进行保驾护航。

第三个步骤是营销学院。飞书深诺在过去八年当中积累了很多企业在出海过程中遇到的各种问题和应对方案，以及各个产业链上的知识。希望不仅通过策略顾问的方式帮助企业完成转变或者是解决问题，也希望通过飞书深诺营销学院赋能给更多的企业。这部分企业可以通过内部的建设、专员的建设、知识上的建设更好的做好数字贸易的准备，也为将来的挑战打下更好的基础。

二、观点荟萃

（一）中国软件出海的优势和潜在机会有哪些？

中国软件技术出海的优势在于中国软件技术的迭代速度非常快，并且互联网发展速度也高于其他国家。因此，国内软件企业在互联网技术和软件更新等内容上，积累了很多实际经验，这有利于中国软件走出国门。从行业层面来讲，娱乐、游戏、跨境电商在内的行业更容易让中国产品走向世界。原因在于这部分行业不涉及政治因素。实际上，政治因素对很多有出海意愿的企业影响很大，政治因素导致国内企业面临很多壁垒。而对于游戏、娱乐等To C行业来说，能够避免受政治因素的影响，此类行业作为中国软件出海来说是相对容易的。（上海新致软件股份有限公司高级副总裁 张喆宾）

中国软件企业出口有优势也有劣势。劣势在于当前的软件出口仍然以传统型为主，在操作系统、软件外包、应用层软件的问题上并没有取得明显的突破。优势在于国内衍生出了一些工业嵌入式软件和应用，并通过一些服务方式来实现软件出口。事实上，国内企业在硬件出口上占有优势，包括大疆无人机、新能源、智能网联汽车，所依赖的就是大量嵌入式网站。目前，国内一流的互联网公司、从事集成电路方面的企业和研发一些小型应用的企业都进驻了临港新片区。从这些企业的发展情况和国内现实来看，中国存在巨大的应用基础，在国内有大量市场应用的环境、试错条件以及相对较低的成本。国内软件企业可以在高端的地方引领市场、抢占市场，同时也能在某些领域内填补空白。（上海临港软件园有限公司总经理 陈嘉麟）

中国软件行业的优势包括团队、产品以及服务。从团队层面来讲，国内的程序员或工程师相比于欧美的工程师来说，效率更高且执行力更强，同时也懂得变通，因此国内团队的效能是非常高的；从产品层面来讲，国内大市场的存在，使国内企业提供的软件产品经过大量验证，加之诸多专家对软件产品不间断的创新迭代，保障了我们的产品不仅功能完备好用，同时系统扩展能力、稳定性、效率也足够高；从服务层面来讲，国外的服务部门相对刻板，当生产线存在问题或产品发生有需求变更的时候，他们的响应不够灵活。与之相反，国内服务部门则足够灵活，是有温度、即时的。结合优势和当下疫情的大背景，国内企业很多业务都出海了，任何业务在线上进行时最后要解决的问题一定是支付环节。因此，从支付环节的角度来看，我们要服务好要求多、变化快、要求即时的中国客户，并且在此基础上要尝试服务全球客户。不仅仅是支付环节，扩展到整个软件行业来说也是类似的。中国制造有中国的标签，国内的团队、服务、产品均有一个普适性，在普适性的前提下，中国整个服务的质量非常有机会在全球打出中国品牌。（ONERWAY首席技术官 陈俊杰）

以To C的工具领域为例，目前中国出海工具领域的应用主要竞争对手有两个派系：一个是美国派系，一个是白俄罗斯派系。美国派系工具产品追求大道至简，只做一个功能，交互做的非常精细。白俄罗斯公司会在这个基础上专注于变现的暴利，简单粗暴，但是会导致很多用户体验不佳。根据行业的数据反馈，美式的产品评价最好，用户体验最佳，白俄罗斯的产品营收数据比较好看，而中国公司在行业中的数据情况则是两者之间徘徊。但中国产品的优势在于国内软件擅长把场景上游、下游结合起来，做成一个大而全的产品，特别是复杂产品的逻辑衔接非常恰当。一般而言，倾向于使用此类产品的用户主要集中在东南亚和印度。从数据排名来看，中国软件产品在西方国家的排位难以进入第一梯队，但是很多产品在东南亚和印度的排位往往在头部。（九日论道主理人 丁旭晨）

（二）中国软件出海行业目前处在何种阶段？软件企业出海的特点、趋势有哪些？

当前软件企业出海的阶段处于探索阶段的尾声，部分企业进入发展阶段。从本公司的发展历程来看，六年前本公司主要做单纯的外包，这类产品的产权均不属于本公司所有，也难以有自己的知识产权。近年来本公司在中国国内业务飞速发展，特别是金融领域有所拓宽，逐步形成了公司自有的产品。在这一阶段，我们意识到公司最大的竞争力是拥有自主产权的核心产品。在产品发展的过程中，除国内业务外，也会考虑该产品是否能在日本市场推广。以区块链为例，在区块链技术上中国要领先于日本，然而日本政府对以区块链为技术的虚拟货币并未进行打压，日本的虚拟货币市场中需要数据库的管理。鉴于此，公司将以区块链技术为核心的数据库管理技术等推广至日本。总之，软件企业想要出海，公司需要找到国家之间的差异，包括文化以及商业环境上的差异，利用中国技术以及独特的产品，包括在中国巨大互联网市场中被验证过的成功案例，通过两国间的差异，加之利用自己的技术弯道超车，这样才比较有利于中国软件实现出海的目的。（上海新致软件股份有限公司高级副总裁 张喆宾）

不同类型的软件企业出海情况处在不同阶段。举个例子，在20世纪80年代，中国的制造工业较为薄弱，唯一能做的就是引进世界500强企业，不论是来国内做制造、做服务还是做营销，我们都欢迎。从现在发展阶段来看，我们拥有强大的工业制造能力，但两化融合、工业4.0、中国智能制造2.0中所提到的发展重点——即智能制造或信息化为基础的软件系统却成为较为薄弱的地方。通过这个例子，说明很多产业结构是不断调整的，这种调整没有一个明显的标志，但实质产业的内在正发生变化。当前软件企业的出海方式有两种：一是借船出海，即将软件产品卖给华为，公司的软件自然就随着华为的海外贸易出海；二是直接出海，现在的很多平台包括当地政府会帮助软件企业从事海外贸易。如2000年我们提出建设国外的孵化器，在波士顿、洛杉矶、欧洲建设线上和线下平台。这些平台帮助软件企业走出国门，共同打造海外市场。此外，可以利用好现有的条件优化软环境，通过人才成本的降低、人才的引进、政策的引导，包括第三方专业机构的导流和知识产权的保护，规划打造跨境离岸数字应用场景。（上海临港软件园有限公司总经理 陈嘉麟）

中国软件出海的阶段属于探索尾期，同时也在扩展阶段。中国软件的特点在于中国人非常善于发现用户诉求或者是痛点，能够基于一些已经验证过的产品快速复制到另外一个市场上进行扩展。以线上支付行业为例，疫情是一件坏事但也是行业的发展契机。由于疫情，消费者很难出门，很多用户的消费习惯被迫从线下转到线上。实际上，疫情只是加快了这个趋势，让消费者更快速的接受了线上支付。即便不存在疫情，在互联网盛行的趋势下，电子支付也将成为一种广泛使用的支付方式。公司正是预测到了这种趋势，在疫情开始前便坚定地做线上支付产品。疫情背景下线上支付需求膨胀，公司便抓住了这个机会，把线上支付的业务扩展到海外。所以，对于中国企业来说，我们抓痛点的能力，再加上快速复制的能力，将会很快帮助我们占领全球市场。（ONERWAY首席技术官 陈俊杰）

现在生存下来的企业都转型成为订阅模式，通过增长服务维系生存。对于一部分企业来说，它们已经到达了探索阶段尾部的节点，接下来是寻求更大发展的阶段。除这部分企业外，目前创业型、小型企业并未进步，甚至在倒退。一方面受疫情影响，另一方面整个国内资本对出海企业的扶持力度较小，迫使企业想办法先找到让自己生存下来的手段。此类企业聚焦点在P2P金融、视频社交等，造成中国出海产品普遍以暴利变现为主，而不是研发长久、具有匠心精神的产品。至于未来小型企业如何发展，还要看整个出海生态。（九日论道主理人 丁旭晨）

（三）中国软件出海过程中，最大的挑战在哪里？如何解决？

目前，中国软件出海面临的问题有二：一是政治层面的问题。例如，从中日两国保险公司的IT能力来看，中国保险公司在IT产品领域处于起步阶段，因而可以直接使用新技术、架构和平台，并且在此过程中随着IT产品的不断迭代，逐步淘汰美国的产品转而换为国内产品。因此中国保险公司上线IT产品的能力、速度远超过日本保险公司。日本保险公司代表在参观国内保险公司时，同样想使用此类IT产品。然而日方代表会将政治因素纳入考虑范畴，若出现政治问题后此类产品将如何使用。此外，日方代表对中国IT产品存在固有的偏见，认为中国IT产品的数据保护能力要弱于美国。二是文化差异。日本企业相对保守，认为自身的产品足够成熟，能够满足市场需求，并使用自身产品来开拓海外市场。而中国的互联网模式和思想更新迭代的速度很快，很多产品通过市场的不断验证进行改善，日方很多企业思维模式跟不上中国市场需求的快速变化。除此之外，日本企业对产品的设计比较精细，产品功能繁多，而国内需求的产品功能往往较为单一，因此国内企业不愿支付日本产品的功能溢价。总之，中日市场由于文化差异存在一定的背离，所以需要双方企业相互理解和不断磨合，才能使中国软件更好更快出海。（上海新致软件股份有限公司高级副总裁　张喆宾）

软件既可以定义世界，也可以毁灭世界。在软件的使用过程中，首要关注的问题便是安全，这里的安全有两点：一是政治安全；二是知识产权层面的安全。安全问题同样是中国软件出海所面临的最大挑战，一部分安全问题在改进当中，但仍有部分安全问题尚未见底。对于如何解决上述问题，可以换一个角度来看待软件贸易。实质上，软件贸易接近于货物贸易，我们可以借鉴货物贸易的特点来考虑软件贸易的问题。比如当年中国的货物贸易是如何走出去，是怎样打响并占领国际市场，又是如何垄断国际市场甚至消灭对手企业的。鉴于此，软件贸易从某些程度上可以借鉴货物贸易的经验，国内软件企业在出海过程中需要政府、专业机构以及当地企业的帮助并与之进行合作，共同打开国外市场。（上海临港软件园有限公司总经理　陈嘉麟）

简单归纳中国软件企业出海面临的两大问题是站得稳和跑得远。下面以支付行业为例，探讨如何站得稳、跑得远。从站得稳的角度来看，支付业务在很多国家十分敏感，并且有部分国家对支付业务实行严格的管制。那么，如何站得稳就是要确保公司的业务符合各地的要求，如牌照、当地法律法规等内容。在出海的过程中，我们需要理解当地的政策要求并且严格执行，同时需要把各种政策要求纳入我们的系统中进行操作。这个过程需要花费巨额成本，以此获取在当地运营的资质。那么，资质、牌照、政策风险便是整个支付行业出海的挑战。从跑得远的角度来看，任何一个软件、系统、产品要出海，都需要大量用户支撑。由于文化层面的差异，各国企业和人民对软件的需求和操作习惯截然不同。在软件出海后，往往涉及软件的本土化，此时企业需要理解当地用户的习惯与偏好，甚至要培育海外用户的使用心智。这一点也需要花费大量时间和精力，同时也是软件出海的另一大挑战。（ONERWAY首席技术官　陈俊杰）

从业务角度来看，软件出海的挑战在于企业对市场信息差的认知，如海外企业开拓中国市场时，会选择头条、抖音、百度做投放；中国企业开拓海外市场时，选择Facebook和Google做投放。很多企业的变现能力较差，付费获流并不现实，更多的考虑自然流量。在企业使用自然流量时，牵扯的情况较为复杂。以中国市场为例，做自然流量多考虑小红书、知乎、B站。在找小红书关键意见领袖（KOC）时，使用何种方式让KOC帮助公司做推广，很多公司并不了解；知乎同样存在巨大的流量，但是很多国内资深的知乎用户也难以获取这部分流量；在B站的推广过程中，公司同样需要在了解二次元和中国对话的前提下，才可以运行或者找KOC帮助做推广。因此，自然流量的获取取决于对整个市场、新媒体的了解程度，只有当公司深度了解社交媒体平台并获取挖掘流量的窍门后，才能真正转化成价值。在这一层面上,许多当地人也只能说使用过社交媒体平台,却难以具备在社交媒体平台上做自然流量的资质。中国企业出海本就面临较高的壁垒,加之中国公司缺乏对海外社交媒体平台的了解,因此中国公司难以去海外投资并建立分公司。因此,如何帮助中国公司找到精准掌握当地市场信息的人才,是当前迫在眉睫的事情。(九日论道主理人　丁旭晨)

全面深化服务贸易创新发展试点最佳实践案例
搭建链接全球的公共服务平台

为推动服务贸易各领域高质量发展,加大对服务贸易企业的支持力度,上海市持续推动服务贸易创新发展试点公共服务平台建设,围绕海外促进、重点行业领域、贸易生态等方面,积极搭建多种类型的公共服务平台,为企业提供多层次、专业化的公共服务。

一、主要做法

(一)打造海外促进服务平台

积极拓展服务贸易海外市场,设立全国首个服务贸易领域国际化公共服务平台——上海服务贸易全球促进联盟,吸纳日本、巴西等10余个国家的30多家机构会员,通过搭建海外推广平台、举办服务推介洽谈会、编制重点领域"海外行"报告与重点国别市场拓展指南等方式,打造服务贸易海外促进体系,助力上海服务贸易高质量"引进来"和高水平"走出去"。

(二)建设重点行业领域服务平台

生物医药服务平台覆盖医药研发领域全流程,提供药物制剂研发、临床前研究与注册申报一体化以及药物代谢服务;建设生物医药数据库,为医药企业研发药物提供技术支持和信息共享服务。数字贸易服务平台聚焦数字内容服务,通过前沿计算机图形技术,融合超高清影像、CG制作、全息投影等多种数字科技,为数字贸易企业提供数字新媒体展示内容开发解决方案,同时通过"1+2+X"对接标准体系,为业内企业国际合作提供多元化的对接平台。临港服务贸易平台整合信息、产学研、供应链等优质资源,通过平台推介,为企业提供供需对接,建立可共享的服务贸易大数据库,实现信息归集和数据共享。

(三)完善贸易生态服务平台

国际化商事争议解决服务平台在全球范围内设立涉外法律服务站点,举办"一带一路"投融资系列法律研讨会,为服务贸易企业"走出去"提供专业法律咨询、商事争议解决服务。语言培训服务平台精准定位行业需求,提供基础性语言培训服务,开展翻译专业学生实习实践培训,为企业提供针对性强、专业化程度高的岗前、在岗培训,满足行业需求,开展培训会、研讨会及讲座等活动。国际物流服务平台通过云SaaS服务模式,为跨境运输企业提供物流追踪、船期查询、运价查询等多种功能,确保企业获取准确可靠的物流信息。

(四)设立在线直播服务平台

受新冠肺炎疫情影响,服务贸易企业开展线下培训对人数、场地、防疫要求较高,为满足企业培训需求,培训公共服务平台创新服务模式,推出在线直播、录播培训服务,举办疫情防控、复工复产等在线研讨会,在提供专业培训服务的同时,为服务贸易企业防控疫情及复工复产提供了有针对性的指导。

二、实践效果

(一)海外促进服务平台推动企业"走出去"

平台拓展了国际交流合作渠道,大量国内优秀企业借助平台前往国外参加中东电影动漫展、芬兰赫尔辛基Slush创投大会等业内知名展会。2020年,通过搭建在线交流平台,成功举办西班牙生物医药产业对接会、北爱尔兰创投对接会等交流活动,助力企业开展线上国际经贸合作。

(二)重点行业领域服务平台提高企业核心竞争力

平台为企业提供多元化运营配套服务,帮助企业降低运营成本,提高核心竞争力。如"新型药物制剂的研发和中试服务平台"成功为85家医药企业的42个口服固体制剂、3个长效注射剂、5个外用制剂、300多个药物分析项目提供了优质技术服务;"上海临港服务贸易公共服务平台"为临港新片区近300多家企业提供生产资源推介活动,为50多家企业促成工程设计、智能产品设计、科技成果转化转移等业务,为港区内企业培训中高端专业人才300名。

(三)贸易生态服务平台提升企业综合实力

平台助力服务贸易生态圈建设,在法律、语言培训、物流、金融等方面,为服务贸易企业提供商事争议解决、商务谈判、物流资讯、海外投融资等配套服务,为企业开展国际经贸合作提供有力支撑。如"面向'一带一路'赴海外投融资法务信息培训综合平台"已在全球设立60多个涉外法律服务站点,服务企业总数达千余家,培养了一批海外投融资法律服务人才。

(四)在线直播服务平台助力企业人才培养

平台主动创新培训模式,通过在线直播服务,在较短时间内为业内企业举办80场在线直播培训课程和30多场录播课程,企业受众超过3000人,提升了服务贸易企业中高端人才的专业素质。

三、下一步工作思路

一是进一步完善服务贸易公共服务平台功能,从技术支撑、海外维权、市场开拓、"走出去"服务等多角度为服务贸易企业提供全方位的优质公共服务。

二是拓展服务贸易公共服务平台类型,加大对数字贸易、跨境金融等知识密集型服务贸易公共服务平台的培育和认定,构建完整的服务贸易公共服务生态圈。

三是加强对本市公共服务平台的指导,总结优质公共服务平台运营经验,提升服务贸易公共服务平台服务效能。

第三部分

政策文件

商务部、中央宣传部等17部门关于支持国家文化出口基地高质量发展若干措施的通知

商服贸函〔2021〕519号

各省、自治区、直辖市、计划单列市及新疆生产建设兵团商务主管部门、党委宣传部门,外事、教育、科技、财政、人力资源社会保障、文化和旅游、广播电视、移民管理、文物、外汇、知识产权主管部门,各直属海关,国家税务总局各省、自治区、直辖市和计划单列市税务局,国家税务总局驻各地特派员办事处,银保监局、贸促会:

建设国家文化出口基地(以下简称基地)是激发文化产业发展活力、健全现代文化产业体系、推动对外文化贸易高质量发展的重要途径,也是推进社会主义文化强国建设的重要举措。2018年商务部、中央宣传部、文化和旅游部、广电总局认定首批基地以来,在有关部门支持下,各基地积极创新支持政策、培育市场主体、开拓海外市场,发展动能不断增强,集聚效应逐步显现,但也存在政策体系不够完善、发展合力有待凝聚等问题。为贯彻落实习近平总书记关于加强国际传播能力建设的重要指示精神,进一步发挥基地在引领对外文化贸易创新发展、推动中华文化走出去等方面的重要作用,提出以下工作措施。

一、健全共建机制

(一)建立基地建设定期协商机制,加强对基地工作的指导和支持,引导资本、技术、人才等向基地集聚。发挥对外文化贸易工作联系机制作用,指导基地加强体制机制、平台载体、公共服务、贸易方式、监管举措创新,加快培育市场主体、完善促进体系、健全统计制度,营造有利于对外文化贸易发展的政策环境。

(二)引导相关基地发挥与自贸试验片区重叠的优势,加大文化领域改革创新力度,发挥好改革开放试验田和排头兵作用。支持有条件的基地探索制度型开放路径,有序放宽相关限制措施,创新事中事后监管举措,支持将部分省级管理权限下放符合条件的基地,开展优化审批流程等方面改革试点。

(三)引导和支持基地积极参与中华优秀传统文化传承发展工程、文艺作品质量提升工程、文化产业数字化战略实施。指导基地加强非物质文化遗产保护传承弘扬,推动中华优秀传统文化的创造性转化、创新性发展。加快发展新型文化企业、文化业态、文化消费模式,壮大数字创意、网络视听、数字出版、数字娱乐、线上演播等产业,鼓励优秀传统文化产品、文化创意产品和影视剧、游戏等数字文化产品"走出去"。

(四)引导基地间加强交流合作,支持建立国家文化出口基地联席机制,定期举办文化出口基地论坛,分享基地建设创新成果和典型经验,条件成熟的及时面向全国推广。

(五)支持基地建立文化出口重点企业名录和重点项目库,建立重点企业联系制度,畅通基地所在省(区、市)相关部门与企业联系渠道,及时协调解决企业发展中遇到的问题和困难。积极支持、指导基地企业申报国家文化出口重点企业和重点项目。

二、完善财政支持政策

（六）统筹利用相关财政资金政策，支持基地完善公共服务体系，提升公共服务水平。

（七）鼓励基地与现有政府投资基金建立常态化联系机制，利用市场化方式为符合条件的文化贸易企业提供融资支持。

（八）积极支持基地内企业参加技术先进型服务企业认定，对经认定的技术先进型服务企业，减按15%税率缴纳企业所得税。

三、优化金融服务

（九）支持基地与所在省（区、市）银行等金融机构建立联系机制，共享基地文化出口重点企业和重点项目名录，在风险可控、商业可持续的前提下为文化企业"走出去"做好金融服务。

（十）鼓励金融机构积极发展符合文化贸易企业需求特点的信贷创新产品，开发应收账款质押贷款、订单贷款等基于产业链的融资创新产品，开展包括专利、商标、版权在内的无形资产质押贷款。鼓励金融机构通过出口买方信贷等方式支持符合条件的文化出口重点企业扩大出口。

（十一）更好发挥出口信用保险作用，创新合作模式，提高承保效率，提升理赔质量，为重点企业和重点项目提供个性化保险服务。支持有条件的基地复制"信保＋担保"融资模式，以多种方式为文化企业融资提供增信支持，扩大对中小微文化贸易企业出口信贷投放。

（十二）支持企业开展跨境人民币结算业务。提升外汇管理便利化水平，逐步简化外汇收支手续，提高资金结算效率。

四、提升服务水平

（十三）数字化引领基地创新发展。基于5G、云计算服务平台和远程跨域合作等数字化手段，鼓励有条件的基地创建覆盖文化产品和服务全链条、全流程的云生产和服务体系，以数字技术推动基地文化产业和贸易升级。

（十四）支持基地建设广播影视线上交易平台、外向型版权交易中心等平台载体，建设各类公共服务平台，为企业提供国别政策、市场信息、法律服务、技术支撑、人才招聘、交易撮合等公共服务。

（十五）支持有条件的基地内海关特殊监管区域开展文物、文化艺术品保税仓储、展示、交易以及文物鉴定业务，实施进出境登记审核，在保税货物监管、仓储物流等方面给予通关便利，推动降低企业交易成本。

（十六）支持在具备条件的基地内海关特殊监管区域开展"两头在外"的数字内容加工业务，研究完善监管模式，鼓励企业为境外生产的影视、动漫、游戏等提供洗印、译制、配音、编辑、后期制作等服务。

（十七）加强基地人才培育体系建设。利用文化名家暨"四个一批"人才等重点工程，为基地培养文化贸易领域领军人物和专业人才。支持基地与高校深化合作，开展对外文化贸易人才培养培训。支持基地多渠道引进海外文化创意、国际营销等方面优秀人才。为在基地工作的外国人才及家属提供办理签证和居留许可便利。

（十八）支持基地充分利用各类语言服务平台载体，为对外文化贸易业务开展提供高质量语言服务，降低文化折扣，提升文化传播效果。

（十九）优化知识产权服务，为企业知识产权创造、运用、管理、保护等提供全链条服务，支持基地文化企业开展知识产权证券化试点，探索开展文化领域知识产权价值评估，支持企业加强涉外知识产权维权工作。

五、深化国际合作

（二十）将基地建设纳入文化领域多双边交流合作机制和服务贸易国际合作机制，充分利用自由贸易协定、政府间合作备忘录等，拓展对外文化贸易发展空间，为企业间务实合作搭建平台。

（二十一）鼓励基地设立海外文化贸易促进平台。支持企业在境外开展文化投资合作，建设国际营销网络和分支机构，扩大境外优质文化资产规模。

（二十二）支持基地利用中国国际服务贸易交易会、中国（深圳）国际文化产业博览交易会、中国国际版权博览会等展会，开展形式多样的文化贸易促进活动。组织企业参加重要国际性文化节展，扩大参展范围，提升参展水平，发挥"中国联合展台"、"中国展区"计划等平台作用，提升文化贸易品牌和企业形象。

（二十三）支持基地加强与海外新媒体平台合作，积极拓展企业出海新通道，鼓励开办专属频道、专属栏目，利用点播分成、保底分成等方式拓展销售渠道。鼓励有条件的企业建设覆盖全球的新媒体平台，助推优质文化内容"走出去"。

商务部、中央宣传部会同文化和旅游部、广电总局负责统筹基地布局规划、认定管理、政策协调等工作，定期开展基地综合评价，并根据评价结果对基地进行动态调整。各相关部门要依照职责分工，加强对基地建设的支持，推动政策落实落地。基地所在地各级人民政府要进一步发挥自主性和积极性，在财政、金融、人才等方面加大政策创新和支持力度。各基地要主动担当作为，积极开展先行先试，加快形成示范效应。基地发展中存在的新问题新情况，及时向商务部、中央宣传部、文化和旅游部、广电总局报告。

商务部等 24 部门关于印发
《"十四五"服务贸易发展规划》的通知

各省、自治区、直辖市、计划单列市及新疆生产建设兵团商务、党委宣传、网信、发展改革、教育、科技、工业和信息化、财政、人力资源社会保障、自然资源、住房城乡建设、交通运输、农业农村、文化和旅游、国资、广电、统计、移民管理、中医药、外汇、知识产权部门,中国人民银行上海总部、各分行、营业管理部、省会(首府)城市中心支行、副省级城市中心支行,海关总署广东分署、各直属海关,国家税务总局各省、自治区、直辖市和计划单列市税务局、国家税务总局驻各地特派员办事处:

  为贯彻落实《中共中央关于制定国民经济和社会发展第十四个五年规划和二〇三五年远景目标的建议》和《中华人民共和国国民经济和社会发展第十四个五年规划和2035年远景目标纲要》,推动服务贸易高质量发展,商务部等部门制定了《"十四五"服务贸易发展规划》,现印发给你们,请结合实际,认真组织实施。

商务部　中央宣传部　中央网信办
发展改革委　教育部　科技部　工业和信息化部
财政部　人力资源社会保障部　自然资源部
住房城乡建设部　交通运输部　农业农村部
文化和旅游部　人民银行　国资委　海关总署
税务总局　广电总局　统计局　移民局
中医药局　外汇局　知识产权局
2021年10月13日

"十四五"服务贸易发展规划

  服务贸易是国际贸易的重要组成部分和国际经贸合作的重要领域,在构建新发展格局中具有重要作用。根据《中共中央关于制定国民经济和社会发展第十四个五年规划和二〇三五年远景目标的建议》《中华人民共和国国民经济和社会发展第十四个五年规划和2035年远景目标纲要》和《"十四五"商务发展规划》编制本规划,主要阐明服务贸易发展方向和任务,明确政府工作重点,引导市场主体行为。

一、发展背景

(一)发展基础

  "十三五"时期,在党中央、国务院坚强领导下,我国加快构建开放型经济新体制,深入推进服务贸易创新发展,服务贸易日益成为对外贸易发展的新引擎、对外开放深化的新动力,在国民经济中的作用进一步提升,为"十四五"时期服务贸易高质量发展奠定了坚实基础。

总量规模稳步增长。"十三五"时期,我国服务进出口额累计达 3.6 万亿美元,比"十二五"时期增长 29.7%(据商务部统计,下同)。2020 年,克服新冠肺炎疫情影响,我国服务进出口 6 617.2 亿美元。规模保持世界第二位,全球占比提升至 6.9%。其中,服务出口 2 806.3 亿美元,比 2015 年增长 28.4%,年均增速 5.1%,高于全球 5.3 个百分点;服务进口 3 810.9 亿美元,比 2015 年下降 12.5%;服务贸易逆差 1 004.6 亿美元,比 2015 年下降 53.7%。

行业结构显著优化。运输、建筑等传统服务贸易平稳增长,金融、个人文化娱乐、电信计算机和信息服务、知识产权使用费、其他商业服务等知识密集型服务贸易快速增长,成为服务贸易增长的主要推动力。2020 年,知识密集型服务进出口 2 947.6 亿美元,占服务贸易总额比重达 44.5%,比 2015 年提升 17.1 个百分点;服务外包离岸执行额 1 057.8 亿美元,比 2015 年增长 63.7%,成为稳外贸的重要力量。

改革创新深入推进。经国务院批准,先后启动实施三轮服务贸易创新发展试点,试点地区拓展至 28 个,先后有 4 批经验案例推广到全国,试点工作取得积极成效。服务外包示范城市增加到 31 个,辐射带动作用明显加强,转型升级取得积极进展。文化、数字服务、中医药服务等首批 42 个特色服务出口基地建设步伐加快,成为扩大服务出口的有力支点。总体看,全国服务贸易"一试点、一示范、多基地"的改革开放创新平台网络基本建立,多领域、多区域协同发展势头强劲。东部地区服务贸易发展居主导地位。中西部服务贸易快速发展,成为打造内陆开放型经济新高地的重要突破口。

开放合作持续深化。与巴西、日本、乌拉圭、俄罗斯、阿根廷、巴拿马、葡萄牙等 7 个国家新签双边服务贸易合作协议,总数达 14 个。达成并实施《金砖国家服务贸易合作路线图》《中国-中东欧国家服务贸易合作倡议》。2020 年,我国与金砖国家服务贸易额合计达 116.4 亿美元;与"一带一路"沿线国家和地区服务贸易额合计达 844.7 亿美元,占我国服务贸易总额的比重从 2015 年的 12.3% 提升至 12.8%。

发展贡献不断增强。2020 年,我国服务出口占出口总额比重为 9.8%,比 2015 年提高 1 个百分点。服务业实际利用外资 1 172.6 亿美元,占全国外资总额的 78.5%,比 2015 年提高 8.7 个百分点。服务外包从业人员 1 290.9 万人,比 2015 年增长 73.3%。服务贸易对经济高质量发展的支撑作用不断增强。

(二)发展环境

当今世界正经历百年未有之大变局,新一轮科技革命和产业变革深入发展,国际力量对比深刻调整。我国已转入高质量发展阶段,服务贸易日益成为构建新发展格局、培育国际合作与竞争新优势的重要力量。

我国服务贸易发展面临前所未有的新机遇。从国际看,全球服务业发展推动服务贸易快速增长。全球价值链加速重构,以研发、金融、物流、营销、品牌为代表的服务环节在全球价值链中的地位愈加凸显。服务领域跨国投资方兴未艾,带动服务贸易蓬勃发展,在世界贸易中的份额不断提高。**服务数字化激发服务贸易发展潜力。**数字技术广泛渗入生产、流通、消费环节,推动服务供给端数字化创新和需求端数字化消费,大幅提高服务的可贸易性。产业深度融合加速,制造服务化、服务数字化外包化进程加快,新业态新模式不断涌现,为服务贸易加快发展提供强大动力。**服务贸易自由化便利化扩大国际合作空间。**多边、区域和双边层面服务贸易规则协调加速推进,服务领域开放合作日益成为推动服务贸易发展的重要力量。**从国内看,进入新发展阶段,服务贸易发展基础日益牢固。**服务业增加值占国内生产总值的比重超过 50%,人均国内生产总值突破 1 万美元,人民群众对优质服务的需求日益增长,推动服务贸易规模扩大与质量提升。**贯彻新发展理念,服务贸易发展动能显著增强。**以高质量发展为主题,产业基础高级化、产业链现代化加快推进,新一代信息技术快速突破和广泛应用,服务业提质增效态势明显,服务贸易创新发展活力持续释放。**加速构建新发展格局,服务贸易发展潜力巨大。**超大规模市场优势得到进一步强化,内外贸一体化推动国内国际市场联动发展。服务领域对外开放持续深化,外商投资准入前国民待遇加负面清单管理制度日趋完善,跨境服务贸易限制措施逐步放宽,我国服务领域开放合作前景广阔。

与此同时,我国服务贸易发展面临复杂严峻的新挑战。从国际看,发展环境日趋复杂,经济全球化遭遇逆流,供应链本地化、区域化倾向上升,限制措施由"边境上"向"边境后"转移,服务贸易显性和隐性壁垒增多。新冠肺炎疫情影响广泛深远,服务贸易复苏具有不稳定性不确定性。**从国内看,**部分服务领域开放不够,国际竞争力不足,服务供给无法充分满足消费升级和产业转型需要。服务贸易发展不平衡不充分问题仍然突出,改革深度、创新能力、发展动力仍显不足。

综合判断,我国服务贸易仍处于大有可为的重要战略机遇期,但机遇和挑战都有新的发展变化。要牢牢抓住机遇,积极应对挑战,推动服务贸易高质量发展。

二、总体要求

"十四五"时期服务贸易发展要把握以下指导思想、基本原则和主要目标。

(一) 指导思想

坚持以习近平新时代中国特色社会主义思想为指导,深入贯彻党的十九大和十九届二中、三中、四中、五中全会精神,立足新发展阶段,贯彻创新、协调、绿色、开放、共享的新发展理念,服务构建新发展格局,坚持稳中求进工作总基调,以推动高质量发展为主题,以深化供给侧结构性改革为主线,以改革创新为根本动力,以满足人民日益增长的美好生活需要为根本目的,统筹发展和安全,持续推进服务贸易深层次改革、高水平开放、全方位创新,推动服务贸易总量增长、结构优化、效益提升,为推动更高水平开放型经济新体制和现代化经济体系建设发挥重要作用。

(二) 基本原则

坚持深化改革与扩大开放协同互促。以改革推动开放,以开放促进改革,破除制约服务贸易高质量发展的体制机制障碍,统筹利用全球资源要素,持续增强服务贸易发展动力和活力。

坚持技术创新与模式创新共同驱动。深入实施创新驱动发展战略,推进服务贸易体制机制创新、模式创新、技术创新。拓展服务贸易发展领域,助推服务贸易数字化进程,培育服务贸易发展新动能。

坚持目标导向与问题导向有机结合。围绕构建新发展格局,找准影响服务贸易发展的堵点和痛点,破解关键领域和薄弱环节的发展难题,着力补短板、强弱项,推动服务贸易发展提质增效。

坚持系统谋划与重点突破相互统一。坚持系统观念,促进服务贸易与服务产业、服务贸易与货物贸易、服务出口与服务进口协调发展。发挥比较优势,促进服务贸易特色优势领域突破发展。坚持底线思维,防范化解重大风险,推动服务贸易协同发展。

坚持以人为本与绿色发展统筹协调。充分发挥服务贸易对稳增长、扩就业、惠民生的促进作用,推动服务贸易更好满足人民群众日益增长的美好生活需要。落实碳达峰、碳中和重大战略决策,坚持服务贸易绿色低碳发展。

（三）主要目标

"十四五"时期,服务贸易发展的主要目标是:

贸易规模进一步扩大。 服务贸易规模稳中有增,占我国对外贸易总额的比重进一步提升。服务出口增速高于全球平均增速。服务贸易在贸易高质量发展中的作用更加突出。

贸易结构进一步优化。 新模式新业态加快发展,国际服务外包增速快于服务出口增速,知识密集型服务贸易年均增长8%左右。服务进出口更加均衡。国内布局更加优化,国际市场空间布局进一步拓展。

竞争实力进一步增强。 服务出口竞争力明显增强,向价值链高端持续攀升。拥有自主知识产权、自主品牌的市场主体不断壮大。参与服务贸易国际规则制定的能力不断提升。

制度环境进一步改善。 服务贸易法律法规、政策体系、促进机制、监管模式更加完善,服务贸易市场化法治化国际化营商环境更加优化,自由化便利化水平进一步提升,制度型开放迈出重要步伐。

展望2035年,服务贸易高质量发展格局全面确立。 服务贸易发展内生动力更加强劲,发展环境更加优化,管理制度更加健全,服务贸易在构建新发展格局和建设社会主义现代化强国中的贡献更加凸显。服务贸易国际竞争力位居全球前列,参与国际经济合作和竞争的新优势明显增强,"中国服务"在全球价值链中的地位显著提升。

三、深化服务贸易改革开放

统筹推进服务贸易深化改革与扩大开放,促进要素流动型开放与制度型开放相结合、"边境上"准入与"边境后"监管相衔接,努力形成全球资源要素强大引力场,推动构建更高水平开放型经济新体制。

（一）放宽服务领域市场准入

扩大外资准入领域。 健全准入前国民待遇加负面清单管理制度,进一步缩减外资准入负面清单。持续推进服务业扩大开放,支持商业存在模式服务贸易加快发展。有序推进电信、互联网、教育、文化、医疗等领域相关业务开放。

推进服务领域改革。 深化简政放权、放管结合、优化服务改革,进一步放宽服务业市场准入限制,破除负面清单之外隐性准入壁垒。精简行政许可事项,优化审批流程,减少归并资质资格许可,规范涉企检查。创新监管模式,设立自我承诺等便捷通道,减少服务进出口企业合规成本。

（二）提高跨境服务贸易开放水平

建立健全跨境服务贸易负面清单管理制度。 在全国推进实施跨境服务贸易负面清单,提升自主开放水平,有序减少跨境交付、境外消费、自然人移动模式下服务贸易限制措施。制定与负面清单相配套的监管措施和监管制度。完善开放风险防控体系,强化服务贸易监测预警和开放安全审查。

促进服务要素跨境流动便利化。 加强知识产权保护和运用,推进实施技术进出口管理便利化措施。适应服务贸易企业发展需求,进一步优化外汇收支管理措施。完善与现代服务贸易相适应的灵活就业政策,畅通外籍高层次人才来华创新创业渠道。在有条件的地区探索跨境数据流动分级分类监管,开展数据跨境传输安全管理试点。

(三)打造高水平改革开放平台

推进服务贸易创新发展试点开放平台建设。 深入推进服务贸易改革、开放、创新,打造服务贸易发展高地。根据国家战略定位和产业发展需求,对服务贸易重点领域进行开放压力测试,在放宽准入限制、接轨国际规则、推动数据自由流动、职业资格互认等方面先行先试。推动成效明显的试点地区升级为国家服务贸易创新发展示范区。

专栏1　全面深化服务贸易创新发展试点

探索服务贸易创新发展体制机制,在改革管理体制、扩大对外开放、完善政策体系、健全促进机制、创新发展模式、优化监管制度等方面先行先试,推动122项改革、开放和创新举措落地见效。加强对试点工作的协调指导和政策支持,及时总结推广试点经验。根据发展需要,调整实施相关行政法规、国务院文件和经国务院批准的部门规章的部分规定,为服务贸易发展创造良好的制度环境。

专栏2　国家服务贸易创新发展示范区

遴选若干服务贸易创新发展试点成效显著的地区,升级建设国家服务贸易创新发展示范区,进一步完善服务贸易管理体制,创新服务贸易监管模式,深化服务领域对外开放,完善适应服务贸易发展需要的财政、金融、投资、人才等政策体系,壮大服务贸易市场主体,培育服务贸易新业态新模式,发挥全方位集成创新作用,打造服务贸易高质量发展高地,为我国构建更高水平开放型经济新体制探索路径。

发挥对外开放平台引领作用。 稳步推进海南自由贸易港建设,实行以"既准入又准营"为基本特征的服务贸易自由化便利化政策。出台实施海南自由贸易港跨境服务贸易负面清单,制定出台自贸试验区跨境服务贸易负面清单,大幅放宽服务领域市场准入。发挥自贸试验区先行先试作用,加大在要素自由流动方面的制度创新力度,在服务领域标准、规则等方面探索加大与国际高标准经贸规则对接力度。推进服务业扩大开放综合试点示范,在加快发展现代服务产业体系、建设更高水平开放型经济新体制方面开展差异化探索。

建设服务贸易重要展会平台。 做大做强中国国际进口博览会、中国国际服务贸易交易会等国家级综合展会,面向东盟、东北亚、南亚、中东欧、西亚、非洲、拉美和加勒比等区域,打造一批区域性展会平台。办好中国(上海)国际技术进出口交易会、中国国际数字贸易博览会、中国国际数字和软件交易会、中国国际服务外包交易博览会等服务贸易领域重要展会,推动服务贸易国际合作。

专栏3　中国国际服务贸易交易会(服贸会)

提高服贸会发展质量,强化服贸会在引领行业全球前沿理念、先进技术、创新成果、行业标准等方面的功能,提升市场吸引力、国际关注度和全球竞争力。优化服贸会开放合作平台功能,建立适应服务贸易发展特点和需要的办会体制机制,不断提升服贸会专业化、市场化和国际化水平,推动形成更多务实合作成果,将服贸会打造成具有全球影响力的国际一流展会。

四、加快服务贸易数字化进程

顺应经济社会数字化发展新趋势,抢抓数字经济和数字贸易发展机遇,发挥新型服务外包创新引领作用,加快推进服务贸易数字化进程。

(一) 大力发展数字贸易

完善数字贸易促进政策,加强制度供给和法律保障。积极支持数字产品贸易,为数字产品走出去营造良好环境。持续优化数字服务贸易,进一步促进专业服务、社交媒体、搜索引擎等数字服务贸易业态创新发展。稳步推进数字技术贸易,提升云计算服务、通信技术服务等数字技术贸易业态关键核心技术自主权和创新能力。积极探索数据贸易,建立数据资源产权、交易流通等基础制度和标准规范,逐步形成较为成熟的数据贸易模式。提升数字贸易公共服务能力。建立数字贸易统计监测体系。加强国家数字服务出口基地建设。布局数字贸易示范区。加强数字领域多双边合作。

> **专栏4 数字贸易示范区**
>
> 依托国家数字服务出口基地,打造数字贸易示范区。在数字服务市场准入、国际规制对接、跨境数据流动、数据规范化采集和分级分类监管等方面先行先试,开展压力测试,培育科技、制度双创新的数字贸易集聚区。开展数字营商环境评价,复制推广先进经验和做法,充分发挥示范区的辐射带动作用,引领我国数字贸易蓬勃发展。

(二) 推进服务外包数字化高端化

实施服务外包转型升级行动,培育龙头企业,加强对外发包,助力构建稳定的国际产业链供应链。加大技术创新力度,推动云外包企业积极拓展国际市场,提升国际市场份额,为我国走出去企业提供云服务。扶持众包众创、平台分包等服务外包新模式做大做强,推动零工经济发展,扩大就业空间。积极发展研发、设计、检测、维修、租赁等生产性服务外包。大力发展生物医药研发外包。加快服务外包与制造业融合发展,加速制造业服务化进程,推动制造业数字化转型,利用5G、物联网等新兴技术发展数字制造外包。

> **专栏5 服务外包转型升级行动**
>
> 培育一批信息技术外包和制造业融合发展示范企业,提升服务外包数字化发展水平。建设一批国家级服务设计中心,大力发展设计、会计、法律等重点服务外包业务领域。加强服务外包人才培养。鼓励对外发包,支持中国技术和标准走出去。高标准建设服务外包示范城市,开展服务外包示范城市综合评价和动态调整,有序开展扩围工作,鼓励更多中西部地区城市创建示范城市。发挥示范城市先行先试和制度创新的平台作用,推广一批示范城市经验和最佳实践案例。

（三）促进传统服务贸易数字化转型

推动数字技术与服务贸易深度融合，运用数字化手段，创新服务供给方式，打破传统服务贸易限制，降低交易成本，提升交易效率和服务可贸易性。大力发展智慧物流、线上支付、在线教育、线上办展、远程医疗、数字金融与保险、智能体育等领域，积极支持旅游、运输、建筑等行业开展数字化改造，支持签发区块链电子提单。

> **专栏6　服务贸易企业数字赋能行动**
>
> 支持信息服务企业开发稳定、便捷、安全、先进的数字化转型解决方案，鼓励构建服务贸易数字化转型生态系统，为企业"数字赋能"提供强有力支撑。架好"赋能-使用"桥梁，利用服务贸易公共平台，整合数字化转型资源，为中小企业提供低价高质、获取便捷的战略咨询、人才培训、技术支持等数字化转型服务。

（四）建立健全数字贸易治理体系

加强数字贸易治理，在数字贸易主体监管、个人信息保护、数据跨境流动、重要数据出境、数据产权保护利用等领域，及时出台符合我国数字贸易发展特点的政策法规。加强各部门协调联动，推出系统性综合举措。充分利用区块链、云计算等技术手段，加强风险防范，提升数字贸易治理能力和水平。

五、优化服务贸易行业结构

提升传统服务贸易综合竞争力，培育服务贸易新模式新业态，拓展特色优势领域服务出口，扩大优质服务进口，同世界共享中国技术发展成果，推动服务贸易均衡协调发展。

（一）推动传统服务贸易转型升级

提升旅游国际竞争力。建立健全国家旅游对外推广体系，实施促进入境旅游行动。优化旅游产品结构，丰富优质旅游产品供给，打造一批入境游品牌和精品线路，提升中国旅游产品的国际竞争力和吸引力。进一步提升境外游客购物离境退税服务水平，增加退税商店。大力推进康养旅游发展，建设一批国家康养旅游示范基地。实施亚洲旅游促进计划，推动亚洲旅游品牌建设与营销推广。

> **专栏7　促进入境旅游行动**
>
> 健全入境旅游宣传推广体系，建立行业联动推广机制，实施全球推广计划，丰富旅游宣传品种类，扩大品牌传播。丰富入境旅游适销产品供给，加强优质旅游产品建设，培育主题特色鲜明、文化内涵丰富、服务质量一流的世界级旅游景区、度假区品牌。创新入境旅游新业态，满足入境游客个性化和体验化需求。提升入境旅游服务质量，加强双边旅游市场秩序监管方面的合作。进一步优化签证政策、通关措施，为外国人来华旅游提供更多便利。提升境外游客在行前预订、金融结算、移动支付、网络服务、证件使用、语言交流等方面的便利化水平。

增强国际运输服务能力。 支持国内航运企业开辟新航线,完善国际海运服务网络,推进基于区块链的全球航运服务网络建设,推广进口集装箱区块链电子放货平台应用。更好发挥中欧班列和西部陆海新通道作用,完善国际铁路运输服务网络。完善国际空运布局,扩大国际航线网络覆盖度,提升国际航空货运网络对产业链供应链的支撑作用。完善国际道路运输服务网络,畅通中欧国际道路运输走廊,加快推动双边国际道路运输协定商签实施。推进邮政快递业国际化发展,提升跨境寄递服务水平和国际供应链一体化服务能力。推进现代国际物流供应链发展,加快构建开放共享、覆盖全球、安全可靠、保障有力的现代国际物流供应链体系。

做优建筑服务贸易。 鼓励建筑企业对标国际先进企业,加快转型升级,发展智能建造,提高建筑工业化、数字化、智能化水平,发挥建筑师的主导作用,在民用建筑工程中推进建筑师负责制,增强工程总承包和全过程工程咨询服务能力,促进投建营综合发展。鼓励企业投身"一带一路"建设,通过国际合作、并购、属地化经营,积极开拓国际市场。加强企业海外市场风险管理,支持行业商会协会积极探索区域合作机制,加强互通互补,提升整体抗风险能力。

(二)加快发展新兴服务贸易

完善技术贸易管理促进体系。 压缩禁止进口限制进口技术目录,为技术要素跨境自由流动创造良好环境。优化调整禁止出口限制出口技术目录,构筑技术安全屏障。完善技术贸易促进体系,鼓励引进先进技术,推动技术进口来源多元化,支持成熟的产业化技术出口,带动标准与合格评定、产品和设备出口。积极打造创新资源对接平台,拓展国际技术合作网络。充分发挥技术进出口在推动科技创新、促进生产要素流动、补齐产业链供应链短板和锻造长板等方面的作用,引导技术进出口均衡发展。

稳步发展金融服务贸易。 支持国内金融机构建立健全境外分支机构和服务网络,加大对企业开拓国际市场的支持力度。鼓励金融机构创新适合服务贸易发展特点的金融产品和服务,拓宽轻资产的服务贸易企业贷款抵质押物范围。推动人民币跨境支付系统(CIPS)功能升级完善,促进跨境支付便利化。在依法合规、风险可控的前提下,利用新型信息技术提升金融服务水平,提升我国金融服务国际市场竞争力。

支持专业服务贸易发展。 支持通信、研发、设计、认证认可、检验检测等知识密集型服务贸易发展,促进制造业转型升级。支持外资企业在华设立研发中心。推动知识产权、人力资源、语言服务、地理信息、法律、会计、咨询等专业服务走出去,拓展专业服务国际市场,保持创新链、产业链、供应链稳定。

(三)培育特色服务贸易竞争新优势

推进文化贸易高质量发展。 创新文化贸易发展体制机制和政策措施,推进国家文化出口基地和对外文化贸易基地建设,培育一批具有较强国际竞争力的外向型文化贸易企业,形成一批具有核心竞争力的文化品牌。大力发展数字文化贸易,积极推动数字出版、数字影视、数字演艺、数字艺术展览、动漫游戏、网络综艺、网络音乐、创意设计等新型文化服务出口。搭建版权出口公共服务平台,加强数字文化版权保护。扩大重点领域文化服务出口,加大中国影视节目、出版物海外推广力度,拓宽国际营销渠道。鼓励数字文化平台国际化发展,建设网络营销、播出、译制、社交平台,大力推进跨境新媒体传播。

> **专栏8　创新中华文化对外传播方式**
>
> 　　实施视听中国播映工程,强化广播电视和网络视听国际传播内容、渠道、工程、品牌建设和走出去主体培育,把广电视听领域的内容、渠道、技术、人才、资金等资源要素禀赋转化为国际传播优势,打造"视听中国"国际传播旗舰品牌,形成全方位、多主体、多层次的广电视听对外传播格局。做强中国联合展台,组织国内影视机构集中参加国际知名影视节展,开展推介交流活动,树立中国影视整体品牌,促进中国影视对外销售与传播。实施亚洲经典著作互译计划,与亚洲国家商签经典著作互译计划备忘录,确定互译输出引进书目,开展书目互换、互译、出版发行、搭建交流、合作、互鉴平台。推广中国书架项目,推动中国书架落户世界主要国家主流城市的重要书店、大学图书馆和国家图书馆,重点推动中国书架落户央企海外分支机构,展销外文版中国出版物,开拓对外传播新渠道;推动中国书架落地国内机场、涉外景点、旅游景区,吸引更多国外游客阅读中国图书。

加快发展教育服务贸易。 积极引进境外优质教育资源。做强"留学中国"品牌,打造更具国际竞争力的留学教育。扩大与全球知名高校及机构合作,优化出国留学全球布局。构建国际中文教育标准体系,加强标准应用和推广。配合支持各国开展国际中文教育和"中文＋职业教育",加强教师、教材、教学、考试资源和品牌建设。积极培养小语种人才,提升语言服务贸易水平。

促进中医药服务贸易健康发展。 加强传统医学领域的政策法规、人员资质、产品注册、市场准入、质量监管等方面的国际交流合作,为中医药走向世界搭建平台。吸引境外消费者来华接受中医药医疗保健、教育培训、文化体验。大力发展"互联网＋中医药贸易"。鼓励中药产品开展海外注册。

扩大特色优势服务出口。 支持中华老字号等知名餐饮企业走出去,培育一批具有国际竞争力的品牌企业,加强餐饮劳务合作交流,引导国际餐饮服务评价机构规范发展。加快推动中国园林和以中国武术、围棋为代表的传统体育等特色服务出口,提升中华传统文化的国际影响力。积极参与全球农业科技合作,建设农业特色服务出口基地,打造农资农机、农业信息、农产品仓储流通等服务"走出去"的平台载体,加快发展农业服务贸易。

> **专栏9　特色服务出口基地**
>
> 　　壮大、创新、拓展特色服务出口基地,充实基地支持政策,做大做强文化、数字服务、中医药服务出口基地,总结推广基地建设经验。在知识产权服务、语言服务、演艺服务、地理信息服务、人力资源服务、农业服务等领域,研究新设一批突出专业特色的服务出口基地,引领带动新模式新业态加快发展,把基地建设成为提升我国服务出口竞争力的重要载体。

(四) 扩大优质服务进口

服务产业转型升级需要,扩大研发设计、工业设计、咨询、专业服务等生产性服务进口,促进制造业高质量发展。聚焦居民消费升级需求,积极推动医疗等优质生活性服务进口,丰富市场供给,推动生活性服务业品质化发展。

(五) 发挥绿色转型促进作用

围绕经济社会发展全面绿色转型,鼓励国内急需的节能降碳、环境保护、生态治理等技术和服务进口,鼓励企业开展技术创新,助力实现碳达峰、碳中和战略目标。扩大绿色节能技术出口。加强绿色技术国际合作,畅通政府间合作渠道,为企业合作搭建平台。

六、完善服务贸易区域布局

落实国家区域重大战略和区域协调发展战略,着力优化服务贸易国内市场布局,形成东部引领带动、中西部与东北地区加快发展的服务贸易新格局,促进服务贸易区域协调联动发展。

(一)拓展和提升东部地区服务贸易

充分发挥东部地区高端要素集聚优势,打造服务贸易发展引擎,推动东部地区率先实现服务贸易高质量发展。

打造京津冀服务贸易集聚区。抓住疏解北京非首都功能"牛鼻子",推进数字贸易、金融服务、教育服务、专业服务等领域深化改革开放,增强北京对京津冀服务贸易发展的引领带动作用,促进京津冀服务贸易协同发展。全面深化北京、天津、雄安新区和石家庄服务贸易创新发展试点,提升京津冀服务贸易整体发展水平。

打造长三角服务贸易集聚区。以长江三角洲区域一体化发展战略为依托,进一步发挥上海龙头带动作用,引领长三角服务贸易联动发展。发挥苏浙皖比较优势,加强长三角地区服务贸易体制机制、市场体系跨区域协调发展,完善数字贸易、技术贸易、文化贸易、金融服务、专业服务、教育服务、中医药服务等优势领域布局,合力打造面向全球的服务贸易发展高地。

打造粤港澳大湾区服务贸易集聚区。落实粤港澳大湾区发展规划纲要和支持粤港澳大湾区建设的政策措施,促进粤港澳资金、信息和人员等要素的便捷流动。深化通关模式改革,扩大与港澳职业资格互认范围,深入推进重点领域规则衔接、机制对接,提升粤港澳大湾区服务贸易自由化便利化水平。

(二)培育和创新中西部与东北地区服务贸易

支持中西部地区与东北地区立足各自产业特点和区位优势,构建内陆多层次开放平台,推动优势特色服务贸易创新发展,培育服务贸易新的增长极。

挖掘中部地区服务贸易发展潜力。支持中部地区以科技创新引领产业发展,在数字贸易、运输、旅游、文化、中医药等服务领域培育竞争新优势,大力发展服务外包,更好发挥中部地区承东启西、连接南北的枢纽作用,带动内陆地区整体服务贸易发展水平提升。

提升西部地区服务贸易发展能级。积极融入共建"一带一路",强化西部开放大通道、西部陆海新通道建设,推动运输、文化、旅游、建筑、专业服务、大数据、中医药等服务贸易发展。大力发展研发设计、检测维修、服务外包等生产性服务贸易,打造西部服务贸易发展高地。发挥西部沿边城市内外联通作用,加快边境服务贸易创新发展。

推动东北地区服务贸易加速发展。创新东北亚服务贸易合作机制,推动与东北亚各国在跨境运输、文化、旅游、科技研发、中医药等领域开展服务贸易合作。大力发展研发设计、工业互联网、认证试验、生物医药研发、工程技术服务等制造业服务外包。打造具有国际影响力的冰雪旅游带,大力发展寒地冰雪、生态旅游、冬季体育赛事等特色服务贸易。深化东北沿边开放口岸与毗邻国家地区服务贸易交流合作。

七、壮大服务贸易市场主体

培育具有国际竞争力的服务企业,引导服务企业在新兴领域布局全球产业生态体系,积极融入全球产业分工合作。

(一)培育服务贸易领军企业

支持企业通过跨国并购等方式做大做强,培育具有较强创新能力和国际竞争力的领军企业。支持领军企业提高国际化经营水平,加快融入全球供应链、产业链、价值链,提升在全球范围内配置要素资源、布局市场网络的能力。

(二)增强中小服务贸易企业国际竞争力

在新兴服务贸易行业和细分领域,积极培育外向度高、具有独特竞争优势的中小型服务贸易企业。重点扶持全球价值链中的"隐形冠军""小巨人"企业、具有成为"独角兽"潜力的创新型企业,支持企业走"专精特新"发展道路。

(三)发挥行业商协会作用

充分发挥行业商会协会在规范行业秩序、开拓国际市场等方面的积极作用。培育国际性服务贸易中介组织,支持组建全球服务贸易联盟,促进国际服务贸易专业机构及企业间的交流合作。鼓励行业中介组织加强国别市场研究,为企业开拓国际市场提供公共服务。

> **专栏10　全球服务贸易联盟**
>
> 搭建服务贸易领域交流合作平台,推动行业协会、市场主体、专业机构开展政策对话、经验交流与务实合作,培育多样化合作伙伴关系,提供更多公共服务产品,促进各方共同营造开放包容的合作环境、共同激活创新引领的合作动能、共同开创互利共赢的合作局面,为全球服务业和服务贸易开放合作贡献力量。

八、深化服务贸易对外合作

积极拓展合作伙伴,优化国际布局,深化合作领域,创新合作机制,加大对共建"一带一路"国家服务业发展的支持。推动多双边服务规则协调,促进全球服务业和服务贸易开放合作。

(一)拓展与共建"一带一路"国家合作

加大服务贸易重点领域合作。 推动与俄罗斯、蒙古在运输、旅游、科技创新、中医药、减灾救灾等重点领域合作。拓展与南亚、中亚、西亚国家在能源治理与服务、建筑工程、运输服务等领域合作。深化与东盟国家在科技创新、数字经济、文化、旅游、农业服务、专业服务等领域合作。推进与拉美国家在中医药、健康服务、技术贸易、金融、信息通信、农业服务等重点领域合作。加强与非洲国家在数字经济、网络通信、文化旅游、金融服务、绿色环保等领域合作。促进与阿拉伯国家在能源、基础设施、物流服务、金融、贸易和投资便利化等重点领域及核能、航天、卫星和新能源等高新技术领域合作。拓展与葡语国家在金融、医疗卫生和文化、旅游等领域的合作。

加强服务贸易政策对接。推动与共建"一带一路"国家在贸易投资便利化、知识产权等领域共同研究制定标准、规则和制度。推动国际陆运贸易规则制定,提升中欧班列开行质量,依托亚太港口服务组织(APSN)、东北亚物流信息平台等加强港航数字化相关标准国际合作,以区块链港航应用为重点开展港航信息化标准研究制定。

专栏 11 服务贸易丝路行动

支持我国港航企业参与境外港口建设和运营,扩大"丝路海运"品牌影响。推进"一带一路"空间信息走廊建设。建设"空中丝绸之路"。推进实施共建"一带一路"科技创新行动计划,建设"数字丝绸之路""创新丝绸之路"。不断深化"丝绸之路视听工程""丝路书香工程"。着力推动"健康丝绸之路"建设,加强在中医药、疫苗研发、传染病防控等领域合作。

(二)强化与主要服务贸易伙伴合作

深化与港澳台服务贸易合作。落实内地与香港、澳门《关于建立更紧密经贸关系的安排》(CEPA),扩大内地服务贸易领域对港澳开放。加强海峡两岸在金融、电子商务、文化创意、医疗照护、建筑、旅游、设计等领域合作。

拓展与发达国家服务贸易合作。进一步加强与美国、欧盟及成员国、英国等在研发设计、节能环保、环境服务、旅游文化、技术贸易等领域合作。深化与日本、韩国、新加坡在工业设计、技术服务、节能环保、医疗康养、运输、旅游、文化等领域合作。加强与发达国家在医疗卫生、疫苗研制、传染病防治等领域合作。推动与重点国家在工程建筑等领域不断深化在第三方市场的合作。

(三)完善服务贸易国际合作与促进机制

创新服务贸易合作机制。与经合组织、世界银行等加强服务贸易领域合作,深化与金砖国家、上合组织成员国、中东欧国家服务贸易多边合作机制。依托中国—拉美和加勒比共同体论坛、中非合作论坛、中阿合作论坛、中国—葡语国家经贸合作论坛(澳门)和世界旅游经济论坛等平台,开展服务贸易机制化合作,拓宽服务贸易国际合作网络。创新合作方式,推动建设服务贸易国际合作示范区。

优化服务贸易促进机制。推进服务贸易境外推广、数据共享、技术转让、融资担保、知识产权运营与交易等公共服务平台发展。鼓励依托境外各类经贸平台载体建设境外服务贸易促进中心,提升服务贸易国际交流和合作水平。

> **专栏12　服务贸易国际合作示范区**
>
> 选择具有较好服务贸易发展优势、具备国际合作基础的地区建设服务贸易国际合作示范区,重点加强政府间服务贸易发展对接,推动合作领域深化拓展,创新探索服务贸易国际合作新领域、新模式、新路径。重点支持示范区立足资源禀赋和产业优势,凝聚开放合作动能,聚焦重点发展领域,优化营商环境,强化政策支撑,不断扩大优势服务出口和优质服务进口。

(四) 积极参与国际服务贸易规则治理

推动完善服务贸易全球治理。 维护以世贸组织为核心、以规则为基础的多边贸易体制。加强与世贸组织其他成员沟通合作,支持世贸组织就服务贸易市场准入和规则制定等开展进一步谈判,推动全球服务贸易自由化便利化。积极参与中小微企业、贸易与健康、贸易与环境等议题磋商讨论。

增强区域服务贸易规则制定能力。 充分利用区域全面经济伙伴关系协定、中欧投资协定等,推动与主要国家地区进一步深化服务贸易重点领域合作。开展国际高水平自由贸易协定规则对接先行先试,做好积极推进加入全面与进步跨太平洋伙伴关系协定(CPTPP)进程服务贸易领域工作。充分挖掘合作潜力,推动商签更多高标准自由贸易区协定和区域贸易协定。

积极参与重点领域国际规则制定。 深化与海关、铁路、民航、邮联等国际组织的沟通交流,在运输、邮政快递等领域加大与国际规则对接。参与金融领域国际标准和规则制订,围绕数字货币、分布式账本技术金融应用、个人金融信息保护等领域,加强国际交流。在推动跨境数据流动、完善数字知识产权保护和个人隐私保护、建立争端解决机制、加强网络数据安全保护、应对数字贸易壁垒等方面加强探索与合作,主动参与数字治理、数据安全、数字货币等国际规则和标准制定。积极参加相关知识产权多边规则磋商与制定,提升知识产权保护能力。

九、强化服务贸易保障支撑

加强党对服务贸易工作的全面领导,坚决贯彻落实党中央、国务院关于服务贸易发展的决策部署,不断完善服务贸易发展体制机制,为服务贸易高质量发展提供强有力政治保障和制度保障。

(一) 强化统筹协调机制

充分发挥国务院服务贸易发展部际联席会议机制作用,加大对技术贸易管理、数字贸易发展、文化贸易促进、建立健全跨境服务贸易负面清单管理制度等重大事项的协调推进力度。加强对服务贸易改革、开放、创新、发展重大事项的统筹协调。完善和强化地方服务贸易发展统筹协调决策机制。

(二) 完善法规政策体系

建立健全服务贸易、技术贸易等法律法规体系。鼓励有条件的地方出台服务贸易地方性法规。完善适应服务贸易发展需要的财政、金融、外汇、投资、人才和监管便利化等政策,推动建立系统性、机制化、可持续的政策体系。完善服务贸易相关标准体系,充分发挥标准对服务贸易的支撑作用。

（三）健全统计监测体系

借鉴国际经验，积极探索服务贸易全口径统计方法。加强部门间的数据交换和信息共享，完善服务贸易统计监测体系和重点企业联系制度，逐步提高统计的准确性、时效性与全面性。支持有条件的省市开展服务贸易统计监测试点，创新服务贸易统计监测方式方法，为完善服务贸易统计监测体系探索有效路径。

（四）加强风险评估防控

坚持总体国家安全观，统筹好服务贸易开放与安全，把握好开放节奏和力度，加强对重大开放举措的评估工作。加强服务贸易领域安全生产管理，提高安全生产水平。构建符合新时期服务贸易发展特点的监管体系，稳步推进监管权责规范、监管系统优化、监管效能提升，不断提升服务贸易领域的风险防控水平。

（五）夯实人才智力支撑

全面贯彻新时代党的组织路线，建设忠诚、干净、担当的服务贸易干部队伍，不断提高服务构建新发展格局的能力和水平。创新服务贸易人才培养模式，加大人才引进和国际交流力度，鼓励高校服务贸易相关学科建设，支持企业加强专业人才培训，开展服务贸易战略研究和智库建设，为服务贸易发展提供有力智力支撑。

（六）推进规划组织实施

加强对规划实施的组织、协调和督导，强化任务分解，推进责任落实。完善规划实施监测评估机制，开展规划实施情况的中期评估和总结评估。加强与各部门各地方的政策协调和工作协同，进一步完善地方政府服务贸易发展绩效评价机制，形成规划实施合力。

商务部、国家中医药管理局等7部门关于支持国家中医药服务出口基地高质量发展若干措施的通知

商服贸规发〔2021〕73号

各省、自治区、直辖市、计划单列市及新疆生产建设兵团商务、中医药、外事、财政、人力资源社会保障、移民管理主管部门：

中医药服务出口基地是以中医药相关医疗保健、教育培训、科研、产业和文化等领域服务出口为特色的中医药企事业机构，是实现中医药服务出口的重要力量。为贯彻习近平总书记在2020年中国国际服务贸易交易会致辞中关于拓展特色服务出口基地的重要讲话精神，落实好党中央、国务院关于建设中医药服务出口基地的决策部署，积极扩大中医药服务出口，现就支持中医药服务出口基地（以下简称基地）高质量发展制定以下措施。

一、完善体制机制

（一）鼓励具备条件的公立机构基地先行先试设立国际医疗部，向境外人士提供中医医疗服务按特需医疗服务管理。

（二）鼓励公立机构基地通过特许经营等方式，以品牌、技术、人才、管理等优势资源与社会资本等开展合作，新建、托管、协作举办医养结合机构，为境外消费者提供多层次多元化的中医药康养服务。

（三）支持成立区域性中医药服务贸易医联体或联盟，鼓励公立机构基地和民营机构基地加强合作。

二、创新支持政策

（四）充分利用外经贸发展专项资金、服务贸易创新发展引导基金等现有渠道引导加大支持中医药服务贸易发展力度。

（五）支持金融机构通过出口买方信贷等信贷产品，按照市场化原则支持共建"一带一路"国家的境外医院（包含我援建医院）以购买中医药服务的方式开展中医药服务贸易合作。在受援国政府同意的前提下，积极研究通过对外援助推动中医药服务贸易的可行性。

（六）支持基地承担建设国家级和境外中医药服务贸易公共服务平台，加强国外中医药服务贸易管理政策、市场需求等信息收集、分析和共享，开展中医药文化宣介与推广，为境外人员提供中医药服务及文化普及性培训。

三、提升便利化水平

（七）支持基地利用境内外各类互联网平台建立面向海外患者的推广门户，拓展国际营销渠道。

（八）在确保安全可控的前提下，允许基地作为邀请人，为境外患者及其具有亲属关系的陪同人员出具相关证明或邀请信，驻外使领馆按规定为境外患者及其陪同人员办理签证提供便利。因人道原因需紧急入境就医的外籍患者及其陪护人员，可凭上述证明材料向口岸签证机关申请办理签证。

（九）建立并完善中药及其制剂国际寄递标准和指引，鼓励跨境寄递企业承接中药及其制剂国际寄递服务，支持基地为中医药服务国际患者提供便捷的诊断后服务。

（十）为公立机构基地执行国际市场宣传、推介及参展任务出国团组提供便利。公立机构基地企业人员出访批次数、团组人数根据实际需要安排。

（十一）完善基地内部制度建设，对符合条件的中医药服务出口基地办理外汇收支提供支持，服务贸易业务取得的收入专账核算。

四、拓展国际合作空间

（十二）鼓励基地与国际医疗保险机构加强合作，推动基地根据服务购买方（国际医疗保险公司、旅游公司、健康管理公司等）的要求，以合约形式自主设计、确定医疗服务范围、内容、流程等。

（十三）将基地纳入国际经贸合作框架和服务贸易国际合作机制，利用双边自贸协定、经贸合作备忘录等，拓展中医药服务贸易国际市场空间，推动中医执业资格国际认证和中医执业人员跨境自由流动，加强中医药服务品牌保护。

（十四）支持基地开展对外投资和技术合作，通过自建、合资、并购等方式，注重发挥境外经贸合作区等平台作用，扩展中医药境外商业存在。

（十五）支持基地发展中医药服务贸易新模式新业态，鼓励有条件的地方依托国家中医药服务出口基地打造融合中医药康养理疗养生等服务和旅游服务的中医药服务贸易集聚区。

（十六）鼓励中医药服务出口基地加强与在华外资企业和机构人力资源服务组织合作，吸引更多在华外籍人员使用中医药服务。

五、加强人才培养和激励

（十七）支持基地加强中医药服务贸易人才培训，培养更多既懂中医药又懂外语及国际营销的复合型人才。

（十八）充分调动中医药人员参与发展中医药服务贸易的积极性，为从事中医药服务贸易的人员在绩效考核、教育培训等方面制定激励制度。

商务部、国家中医药管理局牵头负责中医药服务出口基地建设工作，加强统筹指导，协调解决各项措施实施中面临的突出问题，加大对基地的海外宣传力度，做好基地建设督导。商务部、国家中医药管理局每两年组织一次基地评审复审，复审不合格将取消资格，被取消资格的基地不再享受相关政策支持，新认定基地自动享受相应政策。各相关部门要按照职责分工，加强对基地建设的政策支持，推动政策加快落实。基地所在地各级人民政府要进一步发挥自主性和积极性,加大对中医药服务出口基地在财政、金融、土地、人才等方面的政策创新和支持力度。各基地要发挥主观能动性,先行先试,加快形成示范作用。基地发展中存在的新问题新情况,及时向商务部(服贸司)、国家中医药管理局(国合司)报告。

商务部　国家中医药管理局　外交部
财政部　人力资源和社会保障部　国际发展合作署
国家移民管理局

国务院关于同意在全面深化服务贸易创新发展试点地区暂时调整实施有关行政法规和国务院文件规定的批复

国函〔2021〕94号

北京市、天津市、河北省、辽宁省、吉林省、黑龙江省、上海市、江苏省、浙江省、安徽省、福建省、山东省、湖北省、广东省、海南省、重庆市、四川省、贵州省、云南省、陕西省、新疆维吾尔自治区人民政府，商务部、司法部：

商务部、司法部关于在全面深化服务贸易创新发展试点地区暂时调整实施有关行政法规和国务院文件规定的请示收悉。现批复如下：

一、按照《国务院关于同意全面深化服务贸易创新发展试点的批复》（国函〔2020〕111号）要求，同意自即日起至2023年8月1日，在全面深化服务贸易创新发展试点地区暂时调整实施《旅行社条例》、《商业特许经营管理条例》、《专利代理条例》、《中华人民共和国技术进出口管理条例》、《国务院对确需保留的行政审批项目设定行政许可的决定》、《国务院关于取消和下放一批行政许可事项的决定》、《国务院办公厅关于对在我国境内举办对外经济技术展览会加强管理的通知》的有关规定（目录附后）。

二、国务院有关部门、有关地方人民政府要根据上述调整，及时对本部门、本地区制定的规章和规范性文件作相应调整，建立与试点工作相适应的管理制度。

三、全面深化服务贸易创新发展试点期满，国务院将根据实施情况对本批复的内容进行调整。

附件：国务院决定在全面深化服务贸易创新发展试点地区暂时调整实施的有关行政法规和国务院文件规定目录

国务院
2021年9月15日

（此件公开发布）

附件

国务院决定在全面深化服务贸易创新发展试点地区暂时调整实施的有关行政法规和国务院文件规定目录

序号	有关行政法规和国务院文件规定	调整实施情况	调整实施的地域范围
1	《旅行社条例》 第二十二条 外商投资企业申请经营旅行社业务，应当向所在地省、自治区、直辖市旅游行政管理部门提出申请，并提交符合本条例第六条规定条件的相关证明文件。省、自治区、直辖市旅游行政管理部门应当自受理申请之日起30个工作日内审查完毕。予以许可的，颁发旅行社业务经营许可证；不予许可的，书面通知申请人并说明理由。 设立外商投资旅行社，还应当遵守有关外商投资的法律、法规。	审批时限调整为：自受理申请之日起15个工作日内审查完毕。	全面深化服务贸易创新发展试点地区

续　表

序号	有关行政法规和国务院文件规定	调整实施情况	调整实施的地域范围
2	《商业特许经营管理条例》 　　第八条　特许人应当自首次订立特许经营合同之日起15日内,依照本条例的规定向商务主管部门备案。在省、自治区、直辖市范围内从事特许经营活动的,应当向所在地省、自治区、直辖市人民政府商务主管部门备案;跨省、自治区、直辖市范围从事特许经营活动的,应当向国务院商务主管部门备案。 　　特许人向商务主管部门备案,应当提交下列文件、资料: 　　(一)营业执照复印件或者企业登记(注册)证书复印件; 　　(二)特许经营合同样本; 　　(三)特许经营操作手册; 　　(四)市场计划书; 　　(五)表明其符合本条例第七条规定的书面承诺及相关证明材料; 　　(六)国务院商务主管部门规定的其他文件、资料。 　　特许经营的产品或者服务,依法应当经批准方可经营的,特许人还应当提交有关批准文件。 　　第九条　商务主管部门应当自收到特许人提交的符合本条例第八条规定的文件、资料之日起10日内予以备案,并通知特许人。特许人提交的文件、资料不完备的,商务主管部门可以要求其在7日内补充提交文件、资料。 　　第十条　商务主管部门应当将备案的特许人名单在政府网站上公布,并及时更新。 　　第二十一条　特许人应当在订立特许经营合同之日前至少30日,以书面形式向被特许人提供本条例第二十二条规定的信息,并提供特许经营合同文本。 　　第二十五条　特许人未依照本条例第八条的规定向商务主管部门备案的,由商务主管部门责令限期备案,处1万元以上5万元以下的罚款;逾期仍不备案的,处5万元以上10万元以下的罚款,并予以公告。 　　第二十八条　特许人违反本条例第二十一条、第二十三条规定,被特许人向商务主管部门举报并经查实的,由商务主管部门责令改正,处1万元以上5万元以下的罚款;情节严重的,处5万元以上10万元以下的罚款,并予以公告。	暂停实施相关内容,对从事商业特许经营活动的特许人,可不进行商业特许经营备案,同时加强事中事后监管。	海南省
3	《专利代理条例》 　　第十条　具有高等院校理工科专业专科以上学历的中国公民可以参加全国专利代理师资格考试;考试合格的,由国务院专利行政部门颁发专利代理师资格证。专利代理师资格考试办法由国务院专利行政部门制定。	允许取得中国政府颁发的外国人永久居留证且具有其他国家专利代理资格的外国人,参加专利代理师资格考试,成绩合格者由国务院专利行政部门颁发专利代理师资格证。	北京、南京、苏州、广州市等全面深化服务贸易创新发展试点地区

续 表

序号	有关行政法规和国务院文件规定	调整实施情况	调整实施的地域范围
4	《中华人民共和国技术进出口管理条例》 第十八条 进口属于自由进口的技术,应当向国务院外经贸主管部门办理登记,并提交下列文件: （一）技术进口合同登记申请书； （二）技术进口合同副本； （三）签约双方法律地位的证明文件。 第十九条 国务院外经贸主管部门应当自收到本条例第十八条规定的文件之日起3个工作日内,对技术进口合同进行登记,颁发技术进口合同登记证。 第二十一条 依照本条例的规定,经许可或者登记的技术进口合同,合同的主要内容发生变更的,应当重新办理许可或者登记手续。 经许可或者登记的技术进口合同终止的,应当及时向国务院外经贸主管部门备案。 第三十七条 出口属于自由出口的技术,应当向国务院外经贸主管部门办理登记,并提交下列文件: （一）技术出口合同登记申请书； （二）技术出口合同副本； （三）签约双方法律地位的证明文件。 第三十八条 国务院外经贸主管部门应当自收到本条例第三十七条规定的文件之日起3个工作日内,对技术出口合同进行登记,颁发技术出口合同登记证。 第四十条 依照本条例的规定,经许可或者登记的技术出口合同,合同的主要内容发生变更的,应当重新办理许可或者登记手续。 经许可或者登记的技术出口合同终止的,应当及时向国务院外经贸主管部门备案。 第四十七条 以欺骗或者其他不正当手段获取技术进出口合同登记的,由国务院外经贸主管部门吊销其技术进出口合同登记证,暂停直至撤销其对外贸易经营许可。	将自由类技术进出口登记备案管理权限下放至地市级商务主管部门。	全面深化服务贸易创新发展试点地区
5	《国务院对确需保留的行政审批项目设定行政许可的决定》 第179项 境内举办对外经济技术展览会办展项目审批（实施机关：商务部）	允许外国机构独立举办除冠名"中国"、"中华"、"全国"、"国家"等字样以外的涉外经济技术展。外国机构独立举办或合作主办的上述涉外经济技术展行政许可,委托省级商务主管部门实施并开展有效监管。	海南省
6	《国务院关于取消和下放一批行政许可事项的决定》（国发〔2019〕6号） 第20项 对于保留审批的两种涉外经济技术展览会（首次举办冠名"中国"等字样的、外国机构参与主办的）,采取措施优化审批服务,强化引导规范,有效防范风险。		
7	《国务院办公厅关于对在我国境内举办对外经济技术展览会加强管理的通知》（国办发〔1997〕25号） 二、对外经济技术展览会的主办和承办单位,必须具有外经贸主管部门批准的主办和民办资格；境外机构在华举办经济技术展览会,必须联合或委托我国境内有主办资格的单位进行。		

上海市人民政府关于印发《"十四五"时期提升上海国际贸易中心能级规划》的通知

沪府发〔2021〕2号

各区人民政府，市政府各委、办、局：

现将《"十四五"时期提升上海国际贸易中心能级规划》印发给你们，请认真按照执行。

上海市人民政府
2021年4月17日

"十四五"时期提升上海国际贸易中心能级规划

"十四五"时期，是上海立足新发展阶段、贯彻新发展理念、服务构建新发展格局，加快建设具有世界影响力的社会主义现代化国际大都市的关键五年，也是开启深化国际贸易中心建设新征程、实现上海国际贸易中心能级提升的关键时期。为更高起点、更大力度推进上海国际贸易中心建设，根据国家对上海经济社会发展的重要部署和《上海市国民经济和社会发展第十四个五年规划和二〇三五年远景目标纲要》，编制本规划。

一、"十四五"时期提升上海国际贸易中心能级的基础和环境

（一）"十三五"时期主要进展

过去五年，上海对国内国际两个市场、两种资源的配置能力显著增强，基本建成了与我国经济贸易地位相匹配、在全球贸易投资网络中具有枢纽作用的国际贸易中心。

1. 贸易集聚功能持续提升，优进优出外贸发展格局基本形成。世界级口岸城市地位继续夯实。2020年，上海口岸贸易额占全球贸易总量3.2%以上，继续位列世界城市首位。集装箱吞吐量达到4350万标箱，连续11年居世界第一。货物贸易结构持续优化。深入实施"四个一百"专项行动，附加值和技术含量较高的一般贸易进出口占比达53.7%，比2015年提高6.3个百分点；新兴市场占比由47%提高到51.1%；离岸贸易加快发展，经常项目汇兑顺畅度进一步提升。贸易中转功能稳步增强，集装箱水水中转和国际中转比例分别提高至51.6%和12.3%。服务贸易发展全国领先。率先发布全国首张跨境服务贸易领域负面清单。技术进出口额达到153.2亿美元，年均增长6.4%。电信计算机和信息服务、专业管理和咨询服务进出口比2015年分别增长57.4%和31.3%。贸易新业态新模式蓬勃发展。发布全国首份省级数字贸易行动方案，数字贸易交易额达到433.5亿美元。设立国家级跨境电商综合试验区，积极创新监管和发展模式。外贸综合服务、汽车平行进口、保税维修和再制造、二

手车出口等实现新突破。外贸企业贡献度稳步提升。全市有实际进出口交易的企业数量从2015年的3.9万家增加到5.2万家,贡献了全市37.3%的税收、12.5%的就业。

2. 消费基础性作用更加凸显,国际消费城市建设取得显著成效。流通和消费规模居全国城市首位。商品销售总额、社会消费品零售总额分别达到13.98万亿元和1.59万亿元。商贸业增加值占全市GDP比重达13.5%,商贸业税收占第三产业税收比重达21.3%。商业模式创新持续加快。电子商务交易额从1.65万亿元增长到2.94万亿元,年均增长12.3%,居全国城市首位。"互联网+生活性服务业"创新试验区建设成效显著,已有5300多家企业落户。产业互联网领域创新性平台集聚发展,成为引领传统制造业转型升级的重要力量。品牌集聚效应显著提升。成功举办首届"五五购物节",拉动消费作用明显。打响"上海购物"品牌三年行动计划顺利完成,年均引进首店超过800家,占全国一半左右,消费品进口占全国三分之一,离境退税销售额占全国六成以上,浦东机场免税销售额跻身全球前三,上海时装周位列全球五大时装周之一。服务民生能力进一步增强。颁布单用途预付消费卡管理规定,出台家政业地方法规,城市主副食品保供机制进一步完善,肉菜追溯体系建设取得积极成效,建成200家早餐工程示范点。

3. 资源配置功能不断增强,服务辐射能级进一步提升。平台经济影响力逐步显现。平台交易总额达到2.99万亿元,千亿级市场平台数量从2015年的5家增加到10家。大宗商品贸易平台达到40家,钢铁、有色金属、铁矿石等大宗商品价格成为国际市场重要风向标。供应链体系效能明显提升。全面完成国家内贸流通体制改革发展综合试点、供应链创新与应用试点等任务。现代物流对贸易的支撑作用进一步显现,物流车辆周转率提高1倍以上,供应链效率提升35%,全社会物流总费用占全市生产总值比重低于全国平均水平1个百分点。国际会展之都基本建成。全市展览面积从2015年的1513万平方米扩大到2019年的1941.7万平方米,年均增长6.4%,2020年国际展占比提高至78.9%,世界百强商展数量稳居全球首位。出台全国首部省级会展业地方法规。成功举办三届中国国际进口博览会(以下简称"进博会"),进博会溢出带动效应逐步显现,"6天+365天"常年展示交易服务平台达到56个,城市推介大会打响"上海投资"品牌。区域辐射带动效应明显增强。建立长三角区域市场一体化合作机制,推动重要产品追溯信息互通,推进国际贸易"单一窗口"系统对接和数据共享,推动长三角经贸摩擦应对协同发展。加强与"一带一路"沿线国家和地区合作,进出口额占全市比重从19.3%提高到22.5%;新签对外承包工程合同额占全市73.7%,5000万美元以上项目占比达到73.3%。

4. 贸易主体能级不断提升,国际竞争力进一步提高。外资结构优化质量提升。五年累计实际利用外资921亿美元。高技术服务业引进外资年均增长30.9%。全国首家外资独资保险控股公司、首家外资独资人身保险公司、首批新设外资控股合资证券公司落户上海。高技术制造业吸引外资占制造业比重由25%提升至31.2%。高能级市场主体持续集聚。五年累计新认定跨国公司地区总部236家(其中大中华区及以上总部96家)、外资研发中心85家,累计分别达771家(大中华区及以上总部137家)和481家,继续保持中国内地外资总部最多的城市地位。培育集聚贸易型总部210家,认定民营企业总部274家。贸易流通企业集聚效应明显增强。年进出口规模10亿美元以上企业55家。101家国际贸易投资促进机构在沪设立了常驻代表机构。上海钻石交易所成为世界第五大钻石交易中心。本土跨国公司显著增多。上海企业在境外投资设立企业增加到4317家,对外投资覆盖178个国家和地区,海外存量投资超过1亿美元的企业达到110家。

5. 贸易制度创新持续深化,贸易环境进一步改善。自贸试验区改革取得新突破。参照国际通行规则,实施准入前国民待遇加负面清单的外商投资管理制度。自贸试验区外商投资准入特别管理措施从2015年的122条缩减至30条,54项扩大开放措施累计落地企业3230家。国际贸易"单一窗口"功能模块增加到10个,覆盖部门扩展到23个。亚太示范电子口岸网络成员增至12个经济体22个示范口岸。临港新片区制度创新成效初显。特斯拉超级工厂等项目落地,312家优质企业进入跨境人民币结算便利化名单,享受跨境金融服务便利。洋山特殊综合保税区挂牌,一期14.27平方公里封关运行。服务贸易集聚区加快建设,建立数字贸易交易促进平台。全力推进企业原油进口资质、保税油补、保税维修政策创新。营商环境建设取得重大进展。跨境贸易便利度不断提升,2019年在世界银行营商环境评估中排名全球海运经济体第5位。出台我国首部地方外商投资条例。推出重点商圈"上海购物"诚信指数和全国首份市场信用奖惩清单。建立长三角国际贸易知识产权海外维权联盟。一批国际贸易投资、跨国经营管理领域精英入选上海各类人才计划。

但是,对标全球国际贸易中心城市,上海仍存在一定差距。在贸易能级方面,全球总部和亚太总部数量较少,具备国际竞争力的本土跨国企业依然不多。全球供应链整合能力有待增强,大宗商品话语权、定价权和资源配置权相对有限,商圈商街的国际影响力有待提高。在贸易结构方面,口岸货物国际中转率依然不高,离岸贸易发展较为缓慢,数字贸易尚处于起步阶段,保险、金融、文化等服务领域进出口规模仍然偏小。在制度环境方面,与国际高标准投资贸易规则相比尚有差距,吸引国际消费集聚的制度有待完善。

(二)"十四五"时期环境分析

"十四五"时期,上海国际贸易中心建设面临着更加深刻复杂的内外部发展环境,但仍处于重要的战略机遇期,机遇和挑战并存。要准确识变、科学应变、主动求变,努力在危机中育先机、于变局中开新局。

1. 国际经贸规则出现新变化。经济全球化遭遇逆流,上海作为我国改革开放的前沿窗口和对外依存度较高的国际大都市,既首当其冲受到外部环境深刻变化带来的重大挑战,也面临着全球治理体系和经贸规则变动带来的新机遇。

2. 全球供应链深度调整形成新布局。新科技革命和产业变革在全球范围内深度推进,进而推动全球范围内价值链、产业链和供应链布局深度调整,新冠肺炎疫情促使跨国公司谋求多元化布局,这有利于吸引全球供应链向我国及长三角地区集聚,助力上海成为全球资本的重要流入地之一。

3. 内需潜力释放带来新机遇。上海坚定实施国家扩大内需战略,大力吸引国内外高端要素集聚,推动人才、资金、技术、信息等各类流量扩容增能,有利于推动上海国际贸易中心枢纽功能的不断跃升。

4. 数字经济快速发展催生新动能。上海明确要加快国际数字之都建设,大力推动数字产业发展,实现数字贸易以及线上购物、线上文娱、数字医疗、数字教育等跨越式发展,这将成为上海国际贸易中心建设新的增长点。

5. 国家对上海战略定位提出新要求。推进浦东高水平改革开放和新的三项重大任务、强化"四大功能"、加快建设虹桥国际开放枢纽等,都是新时期国家赋予上海的重要使命,也为上海国际贸易中心建设指明了方向,拓展了空间。未来上海国际贸易中心建设将全面贯彻落实国家要求,充分利用国内国际两个市场、两种资源,在更高的起点上构筑服务全国、辐射全球的新平台、新网络。

二、"十四五"时期上海国际贸易中心建设指导思想和发展目标

(一)指导思想

以习近平新时代中国特色社会主义思想为指导,深入贯彻党的十九大和十九届二中、三中、四中、五中全会精神,立足新发展阶段,贯彻新发展理念,服务构建新发展格局,坚持稳中求进工作总基调,全面落实浦东高水平改革开放和三项新的重大任务、强化"四大功能"、打响"四大品牌"和加快发展

"五型经济"和"五大新城"的总体部署,持续深化供给侧结构性改革,以"提升开放能级、增强枢纽功能"为主攻方向,加快推动制度型开放、数字化转型和新动能转换,积极促进内需和外需、进口和出口、引进外资和对外投资协调发展,着力畅通国内大循环、促进国内国际双循环,率先构建要素高效流动、高效聚合的枢纽节点,加快推动商务高质量发展,实现国际贸易中心核心功能显著提升,为全面提升上海城市能级与核心竞争力作出更大贡献。

(二) 发展目标

经过5年努力,上海国际贸易中心能级实现跃升,基本建成全球贸易枢纽、亚太投资门户、国际消费中心城市、亚太供应链管理中心、贸易投资制度创新高地,全面建成国际会展之都,为上海建设国内大循环中心节点、国内国际双循环战略链接提供重要支撑。

——贸易投资规模稳步扩大。口岸货物进出口总额保持全球城市首位,服务贸易进出口额保持世界城市前列。消费规模稳步提高,社会消费品零售总额率先超过2万亿元,电子商务交易额达到4.2万亿元左右,保持全国城市首位。实到外资保持稳中有进。会展综合竞争力进入全球会展中心城市前列。

——资源配置能级逐步提升。在有色金属、钢铁、铁矿石、能源化工等大宗商品领域,培育若干千亿级、万亿级交易平台,打造一批百亿、千亿级重点功能性平台,部分商品价格和指数成为重要国际风向标。具备全球资源配置能力的贸易主体加快集聚,累计落户跨国公司地区总部达到1000家左右、贸易型总部300家左右、规模以上本土跨国公司200家左右。世界百强商展在沪举办比重进一步提升。

——开放创新能力持续增强。对标国际高标准经贸规则,实施新一轮高水平对外开放。离岸贸易、转口贸易取得突破,规模稳步扩大。加快建设数字贸易国际枢纽港,数字贸易年均增速达到4%左右。加快吸引和培育一批具有强劲科技创新策源功能的外资研发中心。

——消费引领作用日益凸显。持续打响"上海购物"品牌,集聚高端商品和服务,推进消费数字化转型,扩大新型消费规模,基本建成线上线下融合、引领全球消费潮流的国际消费中心城市。建成若干辐射全国乃至全球的世界级商圈,培育形成一批特色商业街区。

——贸易投资环境更加便利。外商投资开放度和透明度进一步提高,自由化便利化水平大幅提升。跨境贸易便利度位居世界海运经济体前列,国际贸易"单一窗口"功能拓展、覆盖面拓宽,智慧口岸综合治理能力显著提高,长三角"单一窗口"互联互通持续深化。国内外知名专业机构和贸易投资促进机构、国际组织加快集聚,面向国际的商事争议解决平台和纠纷解决机制加快形成。

专栏1 "十四五"时期上海国际贸易中心建设主要预期指标

序号	指标类别	指标名称	2020年	2025年目标值	备注
1	规模集聚度	社会消费品零售总额	1.59万亿元	超过2万亿元	年均增长5%左右
2		电子商务交易额	2.94万亿元	4.2万亿元左右	年均增长8%左右
3		货物贸易进出口总额	"十三五"期间累计2.42万亿美元	"十四五"期间累计2.5万亿美元左右	年均5000亿美元左右
4		口岸货物进出口总额占全球比重	"十三五"期间年均3.2%左右	"十四五"期间基本保持稳定	—

续　表

序号	指标类别	指标名称	2020年	2025年目标值	备注
5	规模集聚度	外商直接投资实际到位金额	"十三五"期间累计921亿美元	"十四五"期间累计1 000亿美元左右	年均200亿美元左右
6		展览面积	1 942万平方米（2019年）	2 200万平方米左右	—
7	资源配置度	千亿、万亿级交易市场（平台）数量	累计10家	累计15家左右	—
8		在沪跨国公司地区总部数量	累计771家	累计1 000家左右	—
9		规模以上本土跨国公司数量	累计110家	累计200家左右	—
10		贸易型总部数量	累计210家	累计300家左右	—
11		国际展览面积占比	78.9%	80%左右	—
12	开放创新度	在沪外资研发中心数量	累计481家	累计560家	—
13		离岸贸易额	3 055亿元	5 000亿元左右	—
14		数字贸易额	433.5亿美元	525亿美元左右	年均增长4%左右
15		知识密集型服务贸易额	696.4亿美元	825亿美元左右	年均增长3.5%左右
16	消费引领度	新增首店数量	909家	年均引进800家左右	—
17		世界级商圈数量	2个	3~4个	—
18		网络零售额	1.17万亿元	2.1万亿元左右	年均增长12%左右
19		高端品牌门店数量	累计520家	累计700家左右	年均增加36家左右
20	营商便利度	贸易便利化	国际贸易"单一窗口"功能更加优化，通关效率明显提高，进出口环节收费显著降低	在世界银行营商环境排名中，跨境贸易指标位居海运经济体前列水平，基本建成数字化、标准化、国际化的智慧口岸，长三角区域一体化业务协同能级提升	—
21		治理水平	事中事后监管制度创新取得成效，商业诚信度明显提高，与高标准国际贸易投资规则相衔接的制度环境更加优化	率先实施高水平制度型开放，投资贸易管理机制机制进一步完善，国内外领先专业机构及各类贸易投资促进机构、国际组织加快集聚，商事争议解决平台和纠纷解决机制加快形成	—

三、"十四五"时期上海国际贸易中心建设主要任务

(一) 培育外贸综合竞争新优势,构筑全球贸易枢纽

实施贸易高质量发展战略,着力推动贸易强国建设,协同推进货物贸易"优进优出"和服务贸易"创新提升",促进要素资源高效配置,加快形成贸易规模稳定、集散功能强劲、竞争优势明显、链接国内国际两个市场的全球贸易枢纽。

1. 打造联动长三角、服务全国、辐射亚太的进出口商品集散地。促进对外贸易稳中提质。提升贸易发展与产业升级联动效应,扩大高附加值产品出口,促进关键装备、零部件和技术专利进口。支持加工贸易创新发展,鼓励向营销物流、检测维修等产业链上下游延伸,支持加工贸易企业进入关键零部件和系统集成制造领域。支持符合条件的贸易企业申请认定高新技术企业和技术先进性服务企业。加大财税、金融等政策支持力度,扩大出口信用保险覆盖面,提高风险容忍度。支持外贸企业参与国际质量认证、注册国际商标,培育壮大一批自主品牌。拓展贸易调整援助制度覆盖面,帮助企业更好应对国际贸易环境变化影响。进一步夯实国内最大的进口消费品集散地地位,口岸货物进口和出口中外省市占比分别超过45%和70%。建设高能级强辐射的贸易平台。加快虹桥商务区保税物流中心(B型)建设,深化虹桥和外高桥国家级进口贸易促进创新示范区建设,加快联动发展,形成融合商品进口、保税仓储、分拨配送、展示销售、零售推广及售后服务等功能的贸易服务链,持续增强进口集散功能。优化国家外贸转型升级基地公共服务配套体系,高标准建设一批国别(地区)中心和专业贸易平台。推动综合保税区建成具有全球影响力和竞争力的加工制造中心、研发设计中心、物流分拨中心、检测维修中心和销售服务中心。培育一批信用等级较高、服务能力较强的外贸综合服务企业。推进联合国采购大会、中国国际公共采购论坛和联合国亚洲采购中心等项目落地。推进崇明横沙渔港国际渔业贸易中心建设。优化国际市场布局。支持企业稳定重点市场,有效运用《区域全面经济伙伴关系协定》(RCEP)等自贸协定中关税减让、原产地累积规则、开放市场准入、简化通关程序等互惠措施,逐步扩大与协定国贸易规模,优化进出口商品结构,更好地促进产业升级。支持行业组织、贸易促进机构搭建公共服务平台,帮助企业参加境内外贸易促进活动,鼓励企业参加海外自办展和专业性展览。支持企业加快建立多层次的国际营销服务网络,扩大国际营销公共平台服务覆盖面,引入一批贸易促进机构。

2. 打造新型国际贸易发展高地。实现离岸贸易创新突破。便利跨境贸易资金流动,支持银行提升企业经常项下离岸贸易外汇收支便利度。有效利用境内外市场资源网络,扩大以自由贸易账户为基础的离岸贸易企业参与范围,支持银行为更多有需求的企业提供相关跨境金融服务便利,培育一批离岸贸易结算标杆企业。在自贸试验区及临港新片区、虹桥商务区等重点区域探索研究鼓励离岸贸易发展的税制安排。支持虹桥商务区内贸易真实且信誉度高的企业通过自由贸易账户开展新型国际贸易。增强转口贸易枢纽功能。促进洋山港、外高桥"两港"功能和航线布局优化,进一步简化进出境备案手续,提高货物流转通畅度和自由度。建设洋山特殊综合保税区国际中转集拼服务中心。在高端装备制造、邮轮保养和船供、沿海捎带、多式联运等方面推进科学化、智能化、便利化监管模式。在智能制造、集成电路、生物医药、大宗商品等领域推动国际分拨发展。挖掘跨境电商发展潜能。加快国家级跨境电商综合试验区和市级跨境电商示范园区建设,鼓励跨境电商模式创新,建设跨境电商营运中心、物流中心和结算中心。深化海关跨境电商企业对企业出口监管试点,支持企业建设海外仓。提升跨境电商公共服务平台能级,支持专业服务机构提供通关、物流、品牌营销、融资、法律等服务。

> **专栏2 新型国际贸易创新发展行动**
>
> 加快国际贸易新业态新模式创新发展,将创新驱动作为推动贸易新旧动能接续转换的关键动力,进一步推动上海融入全球价值链、供应链体系,提升国内国际两个市场资源配置能力。
>
> (一)优化离岸贸易发展环境。支持商业银行为真实合法的离岸贸易提供经常项下外汇结算便利服务,扩大以自由贸易账户为基础的离岸贸易业务规模,并将支持范围扩展至离岸加工贸易、服务转手买卖等离岸经贸业务。探索在自贸试验区、临港新片区和虹桥商务区等重点区域研究适应离岸业务发展的税收政策。培育一批离岸贸易标杆企业,推动全市离岸贸易业务规模达到5 000亿元左右。
>
> (二)深化跨境电商综试区建设。持续提升跨境电商公共服务平台能级,培育和集聚跨境电子商务、电商平台、跨境金融、跨境物流及其他相关服务企业,形成具有国际竞争力的跨境电商产业集群。加强市级跨境电商示范园区建设,完善园区功能,打造一批配套完善、产业优势明显的跨境电商产业集聚区。支持物流、平台或贸易企业共建共享海外仓,丰富海外仓功能,扩大服务范围。
>
> (三)提升国际贸易分拨辐射能级。鼓励跨国物流企业将上海作为其全球或区域性物流分拨业务节点,打造100家左右进出口规模大、辐射国内国际市场的国际贸易分拨中心示范企业。研究对重点国际贸易分拨企业实施个性化监管方案。支持国际贸易分拨企业提升资金结算等特色功能,提升全球供应链资源配置影响力。
>
> (四)提升海关特殊监管区域货物进出监管便利。在海关特殊监管区域,探索通过电子账册、信用监管、风险监控等集成化制度安排,完善智慧智能、高效便捷的海关综合监管模式,提升货物和资金流动效率。重点发展国际中转集拼、保税检测维修、大宗商品交易、高端研发制造、生鲜冷链等。
>
> (五)扩大保税维修和再制造规模。支持综合保税区内企业开展航空航天、船舶、轨道交通、工程机械、数控机床、通信设备、精密电子等产品维修业务,提升飞机发动机等维修业务规模和水平。推动临港再制造产业示范基地建设。在确保风险可控的前提下,支持在海关特殊监管区外开展高技术、高附加值、符合环保要求的保税维修业务。

3. 打造服务贸易创新发展高地。提升知识密集型服务贸易能级。加快推进全面深化服务贸易创新发展试点,积极配合国家制定跨境服务贸易负面清单。健全服务贸易促进体系,扩大医疗、教育、金融、计算机和信息、商务、文化娱乐、维修维护、知识产权使用费等知识密集型服务出口规模,稳步提升"上海服务"品牌和服务贸易综合竞争力。提升服务外包公共服务水平,夯实数字化转型基础,加强与高端制造业融合发展。推动一批全球保税维修项目先行先试,增加船舶、航空、轨道交通、工程机械、数控机床、通信设备等维修品类。创新高端设备再制造监管模式,集聚一批具有全球影响力的再制造检测认证与研发创新中心和企业。推进长三角服务行业标准与管理规则对接,探索优势互补的服务贸易集群发展模式,推动长三角服务品牌"走出去"。持续扩大技术贸易规模。聚焦重点产业领域、基础科学研究、关键核心技术,对本市急需并纳入国家《鼓励进口服务目录》的服务进口加大支持力度,促进技术进口来源多元化。建设国际技术贸易合作平台,用好中国(上海)国际技术进出口交易会等国家级科技创新交流平台,发挥"上交会3+365联盟"优势,吸引全球企业在上海发布最新创新成果。支持全球跨境技术贸易中心建设,健全面向国际的科技服务体系,形成国际化的科技创新成果发现、项目储备对接和跟踪服务机制。

4. 建设数字贸易国际枢纽港。探索推进数字贸易规则制度建设。对标全球数字贸易发展趋势,促进数字经济和实体经济深度融合,配合国家数字贸易规则制定,争取先行先试政策试点。加强跨境数据保护规制合作,研究信息技术安全、数据隐私保护、数据共享、数据确权和数据交易定价相关规则。在临港新片区开展数据跨境流动安全评估试点,探索跨境数据流动分类监管模式。加快建设高质量基础设施。推动虹桥商务区等特定功能区域建设国际互联网数据专用通道、数据枢纽平台。探索建设服务于跨境贸易的大型云基础设施。建立健全公共服务功能。围绕数字资产的确权、定价、交易、存储、转移等关键环节,健全数字经济领域知识产权综合服务、跨境支付结算服务。强化数据共享功能和综合配套服务功能,为数字贸易企业"走出去"提供数据合规咨询服务。培育一批国际化、有潜力的数字贸易品牌。强化数字化转型政策支持,吸引国际数字企业地区总部、研发中心、交付中心和重要平台落户。推动建设一批重要承载区。认定一批国家数字服务出口基地。推动临港新片区实施"互联网+先进制造"战略,建设国际数据港。推动浦东、长宁、静安、杨浦等区打造各具特色的数字贸易生态圈。打造长三角全球数字贸易高地。推动虹桥商务区发展数字会展、跨境电商等,建设数字贸易跨境服务集聚区。探索成立长三角数字贸易城市联盟,推动建设大数据产业集聚区。

专栏3　建设数字贸易国际枢纽港专项行动

以数字基础设施、市场主体集聚和公共服务建设为突破口,加快建设要素有序流动、功能完善、总部集聚的数字贸易国际枢纽港。

(一)建设一批高质量基础设施。提升国际海底光缆容量,建设和开通国际互联网数据专用通道,扩容亚太互联网交换中心(APIX),建设大规模高等级云数据中心,建设人工智能公共算力平台。

(二)建成一批国家级基地。聚焦数字服务、技术转移、版权贸易、文化娱乐、体育电竞等领域,建设数字服务出口基地、文化出口基地等10个左右数字贸易领域国家级基地。

(三)打造一批大型互联网平台。发挥上海数字经济和在线新经济发展优势,在数字内容、数字服务领域打造10个左右国际性大型互联网平台,进一步集聚全球数字要素资源。

(四)培育一批全球化布局品牌。加大上海数字贸易品牌培育力度,支持企业打造有品牌效应的服务产品,培育云服务、数字化专业服务领域10个左右全球化布局的服务品牌。

(五)建立一批公共服务平台。推动建立数字贸易知识产权综合服务平台、数字贸易跨境支付结算平台、数字贸易数据共享服务平台、跨境贸易数据合规咨询服务平台等公共服务平台,提升服务上海、服务长三角数字贸易企业的能级和水平。

(二)深入推进高水平制度型开放,打造亚太投资门户

实施更大范围、更宽领域、更深层次对外开放,坚持以开放促改革、促发展、促创新,着力推动规则、规制、管理、标准等制度型开放,加快形成高能级市场主体集聚、高标准投促体系健全、高水平服务系统集成的亚太投资门户。

5.打造新时期外资首选地。实施新一轮高水平对外开放。深入落实浦东高水平改革开放、临港新片区总体方案、虹桥国际开放枢纽建设总体方案,加快落实上海服务业扩大开放综合试点,积极争取更大的改革自主权,推动科技服务、商务服务、物流运输、教育、金融、卫生、文化旅游、电信等领域开放措施率先落地,在更多领域允许外资控股或独资。支持符合条件的跨国公司开展跨境资金集中运营管理。支持外商投资在虹桥商务区建设剧院、电影院、音乐厅等文化场馆和设立演出场所经营单位。落实RCEP、《中欧全面投资协定》(CAI),研究对标《全面与进步跨太平洋伙伴关系协定》

(CPTPP)，推动上海率先形成与高标准投资规则相衔接的基本制度体系和监管模式。构建面向全球的投资促进网络。健全由政府、专业机构、商协会、企业组成的"四位一体"投资促进体系，持续增强与主要投资来源地及潜力国家（地区）的经贸及投促机构合作，加快构建境外经贸合作伙伴网络。推动投资促进与进博会、中国（上海）国际技术进出口交易会、中国国际工业博览会、中国国际旅游商品博览会等大型国际会展联动，举办高层次投资促进、文化合作交流活动。

6. 打造高质量外资集聚地。实施"总部增能"行动。持续提升总部经济能级，创新资金管理、境外融资、数据流动、人员出入境、通关便利等方面功能性政策，大力吸引跨国公司亚太总部和全球总部落户。鼓励跨国公司积极参与全球价值链重构，设立辐射亚太、面向全球的财资中心、销售中心、采购中心、供应链管理中心、共享服务中心等功能性机构。打破人才、创新资源等要素跨境流动瓶颈障碍，支持外资设立全球研发中心和开放式创新平台，大力发展具有引领策源作用的创新型经济。继续保持中国内地外资总部能级最高、质量最优的城市地位，累计落户跨国公司地区总部1 000家左右、外资研发中心560家左右。积极参与若干世界级产业集群建设。依托长三角较为完备的产业链基础，全力做强外资创新引擎，聚焦集成电路、生物医药、人工智能和电子信息、汽车、高端装备、先进材料、生命健康、时尚消费品等领域，大力吸引产业链上下游配套企业集聚，构建长三角一体化产业生态，形成前沿制造业产业集群。加大对科技服务、商务服务、物流运输、金融、文化旅游、信息服务业等领域引资力度，打造现代服务业集聚高地。构建外商投资全生命周期服务链。落实外商投资法及其实施条例、上海市外商投资条例，拓展涉外服务专窗内容，健全完善政企沟通、联系走访、重大项目服务、投诉和兜底服务等工作机制，全方位、全流程、全渠道加强外商投资服务，切实保护外商投资合法权益。

专栏4　"总部增能"行动

聚焦"全球总部、开放创新"，发展更高能级的总部经济，吸引跨国公司亚太总部和功能性全球总部落户，鼓励外资设立全球研发中心和开放式创新平台，支持贸易型总部和民营企业总部升级，做优做强链接国内国际双循环的市场主体。

（一）持续优化总部经济支持政策。借鉴香港、新加坡等总部发展经验，适时修订完善跨国公司地区总部支持政策，适当降低认定门槛，细化认定分类，建立适应于结算、销售、分拨、管理等功能集聚提升的政策支持体系，不断优化专项资金、人才发展支持政策，打造多维度总部经济政策体系。

（二）提升资源配置能级。重点发展资源配置能力强、辐射范围广的功能性全球总部，促进跨境资金流动便利化，吸引全球资金管理总部集聚；促进离岸贸易结算便利化，吸引全球销售总部集聚；促进跨境支付便利化，吸引全球采购总部集聚；落实通关便利化，吸引全球供应链总部集聚。

（三）提升创新策源能级。落实鼓励外资研发中心发展新举措，推动外资研发中心升级为全球研发中心。借鉴国际先进研发创新模式，开展外资开放式创新平台的吸引、培育和认定服务。推动本土创新企业和跨国公司研发团队协同创新，更好地发挥外资研发中心溢出效应，助力科创中心建设。

（四）支持贸易型总部和民营企业总部升级。发挥总部企业对产业链、供应链、价值链的引导作用，支持贸易型总部与民营企业总部积极开拓海外市场，加快布局亚太和全球市场，升级为亚太乃至全球总部，成为国际贸易投资规则的深度参与者。创新对外投资机制，强化信息、人才、金融、法律等服务支撑，依托浦东新区、临港新片区重点区域，培育、集聚一批具有较强核心竞争力的本土跨国公司。

---

7. 打造"走出去"对外投资合作桥头堡。培育更高层级的本土跨国公司。加快培育、集聚一批具有全球影响力的本土跨国公司，推动对外投资和扩大出口更好结合。以境外经贸合作区为载体，积极

开展国际产能合作,鼓励长三角企业抱团入驻、联动发展。依托RCEP、CAI等多双边贸易投资协定,进一步提高对东盟、欧盟等地区的投资质量。提升对外承包工程国际竞争力。支持工程承包企业探索以项目管理总承包(PMC)、建设-经营-转让(BOT)、公私合作制(PPP)、投建营一体化等方式承接海外项目,延伸运营管理服务,全面带动装备、技术、标准和服务出口,打造一批具有影响力和带动力的标志性海外工程项目。支持工程承包企业加强与在沪跨国公司地区总部及日本、韩国、新加坡等国企业开展第三方合作,共同开拓东南亚、中亚等市场。打造"走出去"公共服务体系升级版。加强"走出去"风险防范体系建设,建立企业境外权益保护工作联动机制,整合安全信息、国际救援等各方专业机构资源,构筑企业境外权益保护和突发应急体系网络。深化政企银保四方协调合作,引导更多社会资金共同参与对外投资合作。发挥援外培训与"走出去"的联动效应,加大跨国经营人才培训力度。

专栏5 "走出去"提质增效行动

依托RCEP、CAI等多双边贸易投资协定,创新投资机制,加强协同联动,优化服务保障,开展提质增效行动,促进合作项目升级、市场主体升级、协同联动升级、服务保障升级。

(一)促进合作项目升级。在东盟、欧盟、西亚、非洲等区域,打造一批有影响力的标杆项目。到"十四五"末,力争新增境外非金融直接投资1亿美元以上项目100个左右,新签对外承包工程合同额5000万美元以上项目100个左右。

(二)促进市场主体升级。发挥浦东新区、临港新片区等区域的特殊政策和功能优势,创新对外投资合作方式,以跨境换股、设立境外投资产业基金平台等试点政策为重点,鼓励开展并购,培育、吸引和集聚一批高能级本土跨国公司。

(三)促进协同联动升级。强化与进出口联动,以对外投资带动装备、技术、服务、标准出口;强化与"引进来"联动,探索与本市跨国公司地区总部联手开拓第三方市场,试点推进境外投资组建红筹架构境内上市;强化与工程联动,组合对外投资、工程承包、设备出口、运营服务等抱团出海;强化与援外联动,发挥培训优势,助力企业拓展国际市场。

(四)促进服务保障升级。以境外防疫和安全防范为重点,建立企业境外安全和权益保护联动工作机制,加强综合服务中心建设。优化风险预警、培训、信息等服务功能,推出"走出去服务港"公众号升级版。加强RCEP规则解读、跨国经营管理等培训,"十四五"期间培训超过2万人次。

(三)推动消费持续提质扩容,建设国际消费中心城市

坚持扩大内需这个战略基点,着力推进国内市场建设,以创新驱动、高质量供给引领和创造新消费需求,持续增强对国内外消费的吸引力、集聚力、资源配置力和创新引领力,建设线上线下深度融合、内贸外贸相互链接、具有全球影响力的国际消费中心城市。

8. 创新高端消费供给。提升高端商品和服务集聚能力。大力培育高端消费市场,支持高端消费品牌跨国公司设立亚太和全球分拨中心,推动国际知名高端品牌、新兴时尚品牌集聚。发挥世界级口岸优势,建设一批进口消费品展示交易直销平台,多渠道扩大特色优质产品进口。推动首发经济发展。加快建设全球新品首发地,举办具有国际重大影响力的品牌首发活动,支持黄浦、静安、浦东、徐汇、虹口等区打造全球新品首发示范区,支持重点电商平台打造全球新品网络首发中心,支持国内外名家新品、名牌新品、老牌新品和新牌新品设立首店、旗舰店、体验店。深化品牌经济发展。培育本土

品牌,鼓励发展城市定制商品和零售商自有品牌,支持外贸企业打造自有品牌,推进国产品牌入驻免税店,推动"上海制造"品牌建设。打造时尚品牌,引进培育一批知名独立设计师、品牌工作室、时尚买手。创新发展老字号,推动"一品一策一方案"落地,加快实施老字号"数字焕新工程""品牌保护工程""传人培养工程""国潮出海工程"。加快免退税经济发展。积极争取新设市内免税店,增加免税购物额度,培育本地免税品经营企业。推进重点商圈离境退税商店全覆盖,推广即买即退。扩大虹桥国际机场航站楼免税购物场所,加快浦东国际机场免税综合体建设,做大邮轮免税经济。支持南京西路等商圈建设离境退税示范区。

9. 建设多层级商业地标。打造世界级商圈。加快建设世界级"消费金腰带",形成南京路、淮海中路-新天地、豫园、小陆家嘴、徐家汇、北外滩"两街四圈",打造精品云集享誉世界、服务创新引领全球、消费环境优质舒适、监管模式接轨国际的国际消费中心城市核心承载区。形成差异化区域商圈。优化虹桥商务区免税购物功能和保税展示交易功能,提升服务长三角联通国际的消费枢纽功能。支持临港新片区引入高端、特色目的地消费体验项目,打造一站式消费新地标。加强中心城区历史文脉传承与现代商业融合创新,推动五角场、中山公园、前滩等市级商圈主题化、特色化发展。推动"五大新城"商业高质量发展。加快推动嘉定、青浦、松江、奉贤、南汇等"五大新城"商业发展,按照城市副中心的等级,建设面向新城的综合性商业中心,完善面向大型居住社区的社区配套商业,发展面向长三角的特色商业,加快集聚优质消费资源,深化商产文旅联动,形成层次分明、布局合理、功能完备、业态引领、错位发展的新城商业体系,加快提高新城人居品质,扩大新城商业辐射能力。培育特色商业街区。聚焦特色商业品牌资源与人文旅游资源整合和联动,加快提升国潮品牌特色街区、国别商品特色街区等 20 条"一街一主题"特色商业街区品质,建设分时步行特色街区。建设夜间经济地标。持续办好上海夜生活节,鼓励夜购、夜食、夜娱、夜游、夜秀、夜读等多元化业态发展,加快推动"1+12+X"夜间经济空间布局,大力发展滨江夜经济活力带、12 个都市夜生活活力圈和多个主题化、特色化、差异化的标志性夜市。

10. 引领服务消费升级。扩大文旅休闲和体育消费。加快打造人民广场、世博会文化博览区两大具有国际影响力的文化设施集聚区,规划建设电竞场馆和全球动漫游戏原创中心。推进杨浦、徐汇国家体育消费试点城市建设,大力发展"三大球"、路跑等具有引领性的体育项目,打造健身休闲多层次消费场景。提升健康和养老消费。持续开展服务业质量提升行动,优化健康消费品和服务供给,发展定制化健康体检、私人健康管理等,推动医疗、养生和养老一体化发展。鼓励社会力量增加养老服务供给,提升老龄消费公共服务水平,支持商贸企业面向社区开展形式多样的养老服务项目。打造虹桥国际医药流通业集聚区,推进"诊疗一体化"等项目集聚。升级信息消费。推动建设各类信息消费体验中心,培育多元化商业模式,促进智能终端、可穿戴设备、智能家居等新型信息产品升级消费,扩大网络文学、互联网游戏等信息服务消费。扩大外来消费。用好进博会、购物节、旅游节、国际艺术节等资源,培育一批会商旅文体跨界融合的新模式、新业态,打造一批品牌化、标志性创新项目。发挥"上海购物"APP、"乐游上海"公众号等平台功能,大力吸引境内外旅客来沪,带动吃住行游购娱等延伸消费。

11. 推动消费数字化转型。加快电子商务创新发展。鼓励人工智能、大数据、区块链等新技术广泛应用,积极推动在线教育、健康、文娱等新业态发展,大力推动直播电商、社交电商、小程序电商等新模式创新发展,着力培育一批在线新经济领军企业,支持浦东、长宁、青浦等区打造直播电商基地。加快线上线下深度融合。推动互联网平台企业与实体商业合作创新,加快高品质新型消费资源集聚,打造新型消费场景。鼓励实体商业加快数字化升级,建设南京路步行街、虹桥商圈等数字商圈商街示范项目,打造一批智慧商圈和智慧购物示范场景。加快生活服务数字化提升。建设数字生活服务示范区,大力发展"互联网+"餐饮、旅游、家政和体育等生活服务,形成服务各年龄层人群、覆盖居民"衣食住行娱"、基于地理位置的个性化本地生活服务。推进智能化终端设施建设。加快发展"无接触"经济，完善新型消费基础设施布局，推广建设智能快件箱、智能取餐柜、网订柜取门店、智慧零售终端和智能回收站等新型消费基础设施。推进网络新品牌建设。鼓励电商平台与"上海制造"品牌深度对接，为企业提供全渠道、全品类、全体验的销售模式，形成面向垂直领域、细分客户群的网络新品牌。

专栏6　消费数字化赋能行动

运用5G、大数据、人工智能等现代信息技术，促进商业领域数字化融合和改造，实现实体商业线上化、零售终端智慧化、物流配送即时化、生活服务数字化、生产消费个性化，通过强化"五个示范"，将上海打造成"在线新消费之城"。

（一）打造数字商圈商街建设示范项目。推动各大电商平台和南京路步行街、徐家汇商圈、五角场商圈、虹桥商圈、陆家嘴商圈等重点商圈商街开展合作，加快数字化智能化升级改造，形成10个左右在全国具有示范引领性的数字商圈商街。推动开展商圈商街数字化营销，鼓励电商平台利用直播、小程序、微视频等产品和服务，共同策划系列营销活动。

（二）建设智能化终端设施示范项目。鼓励智能售货机、智慧微餐厅、智能回收站等各类智慧零售终端发展，开展安全卫生智能取餐柜示范试点，在社区、商务楼宇、交通枢纽、医院、学校、园区等场所，打造覆盖面广、类型丰富的新零售应用场景。

（三）实施智慧即时配送示范项目。加快推动无接触经济发展，加强智能配送设施网络布局，到"十四五"末基本实现智能快件箱社区全覆盖，在商务楼宇、医院和学校覆盖率显著提升。大力发展同城即时配送，加快物流仓储中心、分拨中心、快件转运中心和配送站等布局，合理布局生鲜前置仓，着力构建覆盖15分钟社区生活圈及住宅小区的智能末端配送体系。

（四）推进建设数字生活消费示范项目。发挥本市生活服务电商优势，大力推动互联网餐饮、旅游、家政、教育培训和休闲娱乐等生活服务电子商务发展，实现各类居民生活消费与互联网平台深度融合。打造"上海在线生活节"，形成一批数字生活服务的示范案例。

（五）培育新消费品牌示范项目。依托电商企业的平台优势和品牌集聚效应，整合网络直播、社交电商、产品供应链以及各类电商专业服务机构等业态资源，重点打造100个左右面向垂直领域、细分客群的上海网络新消费品牌。

---

12. 打响"上海购物"品牌。提升"五五购物节"辐射力和影响力。推动消费内容、消费模式和消费场景全面创新升级，打造消费新理念、新模式、新业态、新品牌的试验田和竞技场。深化长三角联动，共同做大消费市场。推进中国国际零售创新大会、上海时装周等与"五五购物节"联动，不断提升国际影响力。构建"上海购物"品牌体系。制定实施打响"上海购物"品牌新一轮三年行动计划。加强"上海购物"城市公共品牌研究，探索形成与上海国际消费中心城市相匹配的形象设计和推广模式。打造本土消费内容创意产业，打响一批精品活动IP，提升"上海购物"品牌和商业文明的创造力与传播力。优化"上海购物"环境。提升上海商务服务水平，加快消费服务标准化建设。推进商业配套设施改造，在移动支付、导引标示、信息获取等多环节提升消费便利度。构建以信用为基础的新型监管机制，加强单用途预付卡等商务领域信用分类分级监管，推动行业协会、重点企业开展商户信用分类管理，归集市场信用信息。完善商务诚信平台功能，发布商圈诚信指数，持续推进线下零售企业七日无理由退货。加强国际消费中心城市全球推广，搭建宣传推广公共平台，打造上海消费地图。

> **专栏7　全力打响"上海购物"品牌行动**
>
> 　　进一步提升"上海购物"品牌的全球影响力和美誉度,聚焦打造系列精品节庆活动,强化"上海购物"品牌营销推广,全力打响"上海购物"品牌。
>
> 　　(一)持续提升"五五购物节"办节水平。丰富活动内容,深化线上线下融合,商产文旅展联动,推动消费内容、消费模式和消费场景全面创新升级。深化长三角联动,建立"客流共享、平台互联、主体互动、宣传互通"的联动办节机制,相互合作、相互促进、共同提升的消费资源联动推广载体和平台。打造标志性精品活动,增强集聚和辐射高质量消费资源的能力,打造国际新品名品荟萃、民族品牌精品云集的新品首发季。打造具有全球知名度的"夜上海"标志性项目,不断丰富融合夜游、夜娱、夜食、夜购、夜读等夜间经济新场景,打响"夜上海"品牌。提升国际影响力,开展知名商圈商街与国际知名商业地标的互动交流和节庆联动,不断提升"五五购物节"对全球消费者的吸引力和影响力,将"五五购物节"打造成为国际一流消费节庆活动,展示推广全球消费新理念、新模式、新业态、新品牌。
>
> 　　(二)打造一批专业节庆和推广活动。用好进博会等重大活动平台,在沪举办各类促消费活动。办好上海时装周和上海国际美妆节,打造集发布流行趋势、推广原创设计、贸易展示、文化交流于一体的国际时尚消费平台。提升中国国际零售创新大会、上海酒节、双品网购节、互联网青春生活节、浦东国际品质生活节、东方美谷国际化妆品大会等重点商业活动的影响力,培育具有国际影响力的商业节庆品牌项目,打造国际时尚消费风向标。
>
> 　　(三)构建"上海购物"品牌推广机制。构建"上海购物"品牌体系,开展"上海购物"城市公共品牌研究,明确"上海购物"品牌定位、品牌理念、品牌识别体系和品牌口号。加强上海国际消费中心城市和"上海购物"品牌整体形象设计和推广。打造本土消费内容创意产业,提升消费内容制造与分销传播平台能级和水平,提升"上海购物"品牌和商业文明的创造力与传播力,讲好上海品牌故事,提升国际品牌与国际客群对上海商业文化历史的认同感与认可度。打造"上海购物"品牌宣传推广平台。以手机APP应用为载体,搭建多元化、开放式、全渠道的融媒体宣传矩阵,打造一站式、多功能、国际化的消费资讯信息门户和"上海购物"品牌宣传平台。

13. 推动生活服务升级。探索超大城市主副食品保供体系。以西郊国际三期和新上海农产品中心批发市场项目建设引领带动批发市场规划布局优化、功能完善和能级提升,提升保供能力。优化标准化菜市场规划布局,推动标准化菜市场向智慧菜市场转型,提升菜市场社区便民服务功能。支持主副食品新零售业态健康发展,丰富多元化供应网络。建设100个左右蔬菜域外基地、若干紧密型生猪外延基地。加快建立跨部门、跨地区、产业链各环节集聚的主副食品运行调控系统,进一步强化超大城市保供能力。优化社区商业。完善十五分钟社区生活圈,支持社区商业中心向社区生活服务中心转变,加快发展品牌连锁便利店,提升社区商业丰富度、便捷性和安全性。推进家政业提质扩容。大力培育家政龙头企业,推进产业化发展。推进家政综合服务管理平台建设,完善家政领域信用体系,推行家政人员星级评定和家政机构等级评定,打造上海家政服务品牌。指导推进长宁、闵行"领跑者"行动示范城(区)建设。完善早餐供应体系。制订早餐网点布局规划,加强郊区大居、产业园区、商务楼宇等早餐薄弱区域网点建设,完善以连锁早餐网点为主体,特色单店、流动餐车、外卖平台配送等多种形式为补充的早餐供应体系。制定早餐业态导则,大力发展各类复合业态,持续建设早餐示范点,开展共享早餐创新示范计划和早餐营养优化计划,推动早餐供应更加健康、便捷和丰富。

> **专栏8　超大城市保供优化行动**
>
> 以建立健全与超大城市安全运行和高质量发展相匹配的主副食品保供体系,切实保障人民群众"菜篮子"充足稳定为总体目标,推动农产品流通主渠道布局优化、功能提升,进一步打通主副食品产业链,构建大市场、大流通、大基地、大数据、大统筹的保供格局。
>
> (一)推进重点项目,促进批发市场转型升级。以西郊国际三期和新上海农产品中心批发市场项目建设为引领,带动批发市场规划布局优化、功能完善和能级提升。通过业务流程再造、标准体系建设、加工配送功能扩展、数字化经营管理能力提升,优化城市核心功能设施保供能力。
>
> (二)开展试点建设,提升零售网络管理服务能级。开展智慧菜场试点,打造集大数据统计分析、线上线下运营功能于一体的数字化菜场。鼓励菜市场融合餐饮、休闲、助老等生活服务元素,提升便民服务功能。将新型零售业态纳入供应基础服务网络,形成市场主体多元、多种模式融合互补和运行高效的主副食品零售网络体系。
>
> (三)拓展域外基地,强化货源可控能力。推动本市主要批发市场按照日常及应急需要,分级建设100个左右蔬菜域外基地。加强政策引导,通过资本、技术等要素输出,不断加强与重点基地的合作紧密度,提升货源可控性。加快制订支持政策,推进在江苏、安徽、河北和贵州等省建设若干紧密型生猪外延基地。提前开展产销对接,拓展渠道,确保基地生猪产品稳定供应上海市场。
>
> (四)建立调控系统,构建超大城市保供体系。明确各级政府保供职责分工,形成考核机制,制度化保障保供工作协同高效。建立保供企业名录及"哨点"机制,落实保供主体责任。制定监测及应急调度管理制度,规范应急响应调度程序。以主副食品智慧运行调控系统为载体,以专业监测运行队伍和保供专家智库为支撑,强化市场运行监测信息分析预警,提升市场调控科学决策水平,优化主副食品保供能力。

(四)提升进博会全球影响力和竞争力,全面建成国际会展之都

高质量办好进博会,推动展品变商品、展商变投资商。充分发挥进博会国际采购、投资促进、人文交流、开放合作四大平台作用,持续放大进博会溢出带动效应。推动会展模式、技术、机制创新,着力将上海打造成为市场机制更加成熟、会展企业更有活力、品牌会展更加集聚、更具全球影响力的国际会展之都。

14. 持续放大进博会溢出带动效应。推动贸易升级。做精做优做强"6天+365天"常年展示交易服务平台,增加境内外专业采购商规模。强化虹桥商务区进口集散功能,高水平建设一批面向"一带一路"国家和地区的专业贸易平台和国别(地区)商品交易中心,加快建设联动长三角、服务全国、辐射亚太的进出口商品集散地。推动产业升级。用好参展商资源,办好上海城市推介大会等重大活动,推进重大项目落地、总部能级提升。用好进博会海外资源网络,加强投资活动和项目信息联动,推介上海投资环境。推动消费升级。借力进博会新品首发平台,打造"全球新品首发地"。举办进博会参展国商品周、文化周、文化集市和各类场外延展和品牌推介活动,鼓励老字号、非遗品牌等在进博会展示推介,做大做强中国品牌日、中国自主品牌博览会等各类品牌展会。提升进博会常态化精品旅游线路的吸引力、影响力,打造集展会、旅游、购物、体验等为一体的新地标。推动开放升级。巩固和放大虹桥国际经济论坛国际影响力,打造世界级高水平论坛和国际公共产品。将进博会期间的展品税收支持、通关监管、资金结算、投资便利、人员出入境等创新政策依法上升为常态化制度安排。围绕"越办越好"总要求,按照"一流城市形象和一流服务保障"目标,高标准提升城市服务保障能力,着力打造成为城市治理体系和治理能力的现代化国际样板。

> **专栏9 进博会"6天+365天"常年展示交易服务平台增能行动**
>
> 持续放大进博会溢出带动效应,强化"6天+365天"常年展示交易服务平台进口商品集散功能和资源配置能力,加快打造具有国际影响力的进口商品集散地。
>
> (一)做大交易规模,壮大一批交易服务平台。进一步提升交易服务平台发展规模,加快高能级交易服务平台建设和培育,壮大一批综合服务平台、跨境电商平台、专业贸易平台及国别(地区)中心。力争到2025年交易服务平台数量达到80家左右,累计进口规模超过1万亿元左右。推动交易服务平台对接进博会展商展品,丰富进口商品品类,扩大进口规模,促进展品变商品。持续优化进口商品结构,进一步带动本市产业转型升级需要的技术、设备及零部件进口。
>
> (二)优化区域布局,集聚一批高能级贸易主体。进一步优化交易平台区域布局,发挥外高桥和虹桥商务区2个国家级进口贸易促进创新示范区促进进口、服务产业、提升消费的示范引领作用,分别打造浦东和浦西集聚区。进一步做精外高桥国家级进口贸易促进创新示范区智能制造、化妆品、红酒等专业贸易平台。依托虹桥进口商品展示交易中心、绿地全球商品贸易港,支持交易服务平台在虹桥商务区集聚,提升规模效应,打造有形大市场。
>
> (三)增强创新能级,形成一批政策创新成果。进一步发挥进博会贸易政策创新策源功能,加强贸易便利化创新政策建议储备,推动已有支持措施固化形成常态化制度安排,畅通进口商品进入国内市场渠道,提升平台创新示范能级。加强保税展示交易常态化业务模式探索,支持虹桥进口商品保税展示交易中心和绿地全球商品贸易港保税展示展销业务发展,提升产品保税展示交易整个流程的便利程度,做实展示、撮合、交易等服务功能。
>
> (四)放大辐射效应,打造一张贸易辐射网络。进一步放大交易服务平台辐射带动效应,支持交易服务平台在长三角地区拓展渠道,增强地域联动能力。鼓励交易服务平台积极开拓新兴市场,在虹桥商务区等重点地区,高标准建设一批面向"一带一路"国家的商品直销平台,支持新兴市场国家和地区入驻国别(地区)商品中心,为国内外企业获取市场机遇搭建平台。

15. 提升会展业配置全球资源的能力。集聚高能级办展主体。大力引进国际知名会展企业总部、境内外专业组展机构及其上下游配套企业,支持打造具有国际竞争力的会展集团。鼓励本土会展企业采取国内外合作、收购兼并等模式增强组展实力,提升国际影响力。探索试点境外机构在本市特定展馆独立举办对外经济技术展会。规划布局大型会展场馆,进一步提升展览场馆运营能力。积极开展与国际展览业协会(UFI)和国际展览与项目协会(IEAA)等国际组织的合作。培育具有国际影响力的会展项目体系。聚焦集成电路、人工智能、生物医药、航天航空等战略性新兴产业和文化创意、金融服务、商业零售、商务服务等现代服务业领域,培育一批具有世界影响力的品牌展会项目,引进一批细分行业领域处于领先地位的世界知名展会项目。大力发展"会议+展览"模式,吸引高级别国际会议在沪举办。创新展会服务模式。大力发展"云展",培育以线上会展为主的新型展会主体,鼓励会展企业融合5G、大数据、人工智能等技术办展,实现会展行业线上线下融合发展。

16. 打造国际化城市会展促进体系。形成具有引领性的会展业标准体系。对接国际最高标准,完善会展服务、会展经营、绿色会展、评估认证等标准,在全国率先形成面向市场、服务产业、主次分明、科学合理的会展业标准化体系。构建会展业营商环境高地。深入贯彻本市会展业条例,率先建立会展活动"一网通办"和信息备案制度。构建市、区两级多措并举、精准高效的政策促进体系。完善高效便捷的事中事后监管机制、知识产权保护机制、纠纷解决机制。加强国际宣传推广,提升上海国际会展之都整体形象。

> **专栏10　展会双线(线上线下)联动发展行动**
>
> 推动展会线上线下联动发展,创新展会服务模式、培育展会发展新动能、提升上海会展业品牌竞争力,全面建成国际会展之都。
>
> (一)做大做强线上展会新平台。提升云上会展平台运营能力水平,打造具有国际影响力的线上"智慧场馆","十四五"期间力争承接100个左右国际性优质品牌展览会上线运营。开展"云展示""云对接""云签约",搭建展示、宣传、洽谈等线上新平台。依托新技术优势,探索开发"智慧场馆"新业务,创设场馆运营新模式。
>
> (二)培育线上展会主办主体和品牌展会。鼓励本土展览企业与知名互联网企业、云服务企业加强合作,培育2~3家以"云会展"为主要业务的新型展会主办企业。鼓励本市大型组展企业加强与国内外知名会展企业合作,积极拓展长三角联动等跨区域交流,培育一批市场竞争力强、辐射带动作用大的线上品牌展会。
>
> (三)鼓励本市会展企业线上线下融合发展。探索"线上线下双轮驱动"发展新模式,鼓励会展企业将5G、大数据、人工智能等数字技术深度融合到线下展会运营中,支持知名实体展会加强线上展会运营能力。引导会展企业进一步提升数字化水平,促进线上线下展会相互赋能。

(五)推进现代流通体系建设,建设亚太供应链管理中心

深化流通体系改革,创新流通领域技术、业态、模式,完善制度、规则、标准,增强供应链自主可控能力,打造供应链服务健全、物流配送高效、市场治理规范、平台配置完善、期现市场联动的亚太供应链管理中心。

17.优化现代商贸流通体系。建设高水平的商贸流通体系。推动流通创新与产业变革的深度融合,提升商贸企业产供销资源整合能力,推动产供销一体化发展。优化流通网络布局,合理规划商品集散中心和综合物流园区、公共配送中心。加快上下游协调互动、资源整合、协同创新,实现产业链、供应链高效对接和整合,打造多渠道、多层次、立体化的现代流通体系。培育集聚具有全球竞争力的现代流通企业。聚焦自贸试验区及临港新片区、虹桥商务区、长三角一体化示范区和北外滩等重点区域,加快集聚一批贸易型总部和民营企业总部。支持各类总部积极开拓海外市场,打造形成立足全国、面向亚太的供应链、产业链集群。设立上海中小企业海外中心,实施"专精特新"中小企业培育工程。提升流通主体竞争力,引导流通企业数字化、平台化、标准化发展,进一步降本增效。促进内外贸一体化。打通内外贸流通堵点,完善内外贸一体化调控体系,推动内外贸在法律法规、监管体制、质量标准、认证认可等方面的衔接。推动内外贸产品同线同标同质,培育一批拥有自主品牌和开展国际经营的本土跨国商贸集团。加快推动国内国际流通融合,支持出口企业拓展国内市场、国内流通企业积极布局全球市场,构建高效通畅的全球物流网络。

18.推动供应链创新与应用。强化供应链物流支撑。完善智慧物流基础设施建设,合理规划物流仓储布局、优化物流运输结构,构建高效便捷的配送网络体系。加强标准化建设和绿色发展,建立托盘循环共用系统性平台。推动青浦商贸服务型国家物流枢纽建设,加强与全球生产、流通、贸易等主体合作对接。推动存量仓库高标化、数字化、智能化升级改造。建设长三角区域应急供应链协作机制。加快推进供应链数字化和智能化发展。积极应用区块链、大数据等现代供应链管理技术和模式,加强数据标准统一和资源线上对接,推广应用在线采购、车货匹配、云仓储等新业态、新模式、新场景,促进企业数字化转型,实现供应链即时、可视、可感知,提高供应链整体应变能力和协同能力。支持商

贸企业建设数字化供应链管理平台,实现研发、生产、制造、分销和物流等供应链各个环节实时联通。提升供应链服务平台能级。培育市场空间大、附加值高、对产业提升作用明显的供应链综合平台。拓展会计审计、金融服务、法律服务、投资咨询、信用评级、质量管理、数据服务、追溯服务、人力资源等领域专业服务,构建具有亚太乃至全球服务能力的专业服务网络。推进建设中国(上海)宝玉石交易中心,打造世界级的宝玉石集散中心。加强供应链安全建设。加强对重点产业供应链的分析与评估,探索建立跨区域、跨部门、跨产业的信息沟通、设施联通、物流畅通、资金融通、人员流通、政务联动等协同机制,加强对重点产业和区域的风险预警管理。增强供应链风险防范意识,制定和实施供应链多元化发展战略,着力在网络布局、流程管控、物流保障、应急储备、技术和人员管理等方面增强供应链弹性,促进供应链全链条安全、稳定、可持续发展。

19. 打造具有亚太影响力的大宗商品市场。加强市场监管配套制度建设。在钢铁、有色金属等领域,制定并完善产能预售、提单、远期交易等创新业务规则,建立相应的监管治理机制。探索为大宗商品现货离岸交易和保税交割提供与国际规则相接轨的跨境金融服务。提升大宗商品国际资源配置能力。积极布局亚太地区交割仓库、物流网络以及交易经纪业务,建立内外连接的大宗商品供应链体系。推动大宗商品交易人民币计价结算,推出更多能源和金属类大宗商品期货,打造大宗商品"中国价格"。推动浦东新区期现联动创新探索,开展预售交易业务试点。推动临港新片区设立国际油气交易平台。推进宝山建设钢铁领域亚太供应链管理中心示范区,打造集交易、结算、物流、金融、资讯等功能为一体的行业生态圈。

专栏11 平台经济能级提升行动

大力发展平台经济,建立适应现代市场流通体系建设需要的平台经济治理体系,提升国内国际资源配置能力和定价话语权。

(一)推动大宗商品交易市场能级提升。聚焦钢铁、有色、化工等领域,建立期现联动、内外连接的大宗商品现货市场,打造集交易、结算、物流、金融、资讯等功能为一体的行业生态圈。创建与之相配套的市场规则和治理体系,吸引境内外贸易商同台竞价,提升大宗商品国际资源配置能力。在宝山、浦东等区持续推进平台经济示范区建设,推动上海期货交易所标准仓单交易平台建设,实现从标准仓单逐步向非标仓单、保税仓单和场外衍生品交易拓展,形成满足实体企业风险管理、融资和定价需求的综合服务体系。

(二)建设联通供应链全链条的公共与专业服务平台。以汽车、电子、船舶、航空航天、医药、能源设备等优势行业为依托,持续培育供应链公共服务与专业服务平台,拓展质量管理、追溯服务、金融服务、研发设计等功能,提供供应链全链条服务。

(三)完善平台经济现代化治理体系。健全适应平台经济特点的新型监管机制,应用大数据技术构建商贸领域监管体系。发挥"大数据+部门联动监管"机制作用,分等级强化预警机制,设立监管信息平台,加强商贸领域监管治理。以电子商务、大宗交易等领域为重点,加快培育商务信用服务市场。

(六)持续打造市场化、法治化、国际化营商环境,形成贸易投资制度创新高地

对标国际最高标准、最好水平,围绕对内对外开放两个扇面,全力支持浦东进一步扩大高水平制度型开放,推进临港新片区和虹桥商务区"一东一西"国际贸易中心核心功能承载区建设,率先建成贸易流通更便利、法治保障更健全、专业人才支撑更完备的贸易投资制度创新高地。

20. 推进浦东新区、自贸试验区和临港新片区高水平制度型开放。支持浦东新区打造社会主义现代化建设引领区。全面落实国家支持浦东新区高水平改革开放的意见，着力强化开放窗口、枢纽节点、门户联通功能，率先推进规则、规制、管理、标准等高水平制度型开放，率先加大现代服务业和先进制造业对外开放力度。建立与国际高标准规则相一致的跨境服务贸易制度，大力发展专业服务、商贸物流、旅游、会展等跨境服务。支持自贸试验区和临港新片区构建更高水平开放型经济新体制的试验田。对标最高标准、最好水平，实行更大程度的压力测试，加快推动自贸试验区和临港新片区由商品要素流动型开放向规则制度型开放转变。把握RCEP签署机遇，对标CPTPP，在数字经济、互联网和电信、金融、教育、医疗、文化、知识产权等领域先行先试高标准经贸规则。加快建设临港新片区更具国际市场影响力和竞争力的特殊经济功能区，努力推动投资自由、贸易自由、资金自由、运输自由、人员从业自由、数据跨境流动安全有序，持续释放制度创新集成效应。建立以安全监管为主、体现更高水平贸易自由化便利化的货物贸易监管制度。建设高水平的洋山特殊综合保税区，推进国际物流、中转集拼、大宗商品等优势业态发展，拓展保税研发、保税制造、保税维修等新业态。研究推进加工制造、研发设计、物流分拨、检测维修等专项政策在特殊综合保税区制度环境下的集成和创新。探索实施洋山特殊综合保税区主分区制度。

21. 推进虹桥商务区打造上海国际贸易中心新平台。做大进口商品集散规模。推进国家级进口贸易促进创新示范区建设，培育保税展示、保税交易、价格形成、信息发布等核心功能，扩大保税交易规模，鼓励跨境电商创新发展。增强虹桥海外贸易中心功能，优化提升服务能级，吸引集聚国际经贸仲裁机构、贸易促进协会商会等组织，建设高能级贸易主体集聚地，推动贸易功能向国际交流、平台展示和贸易消费功能升级。推动服务贸易创新发展。依托虹桥临空经济示范区，发展航空服务业及配套产业，支持给予虹桥国际机场空运整车进口口岸资质，优化拓展虹桥机场国际航运服务。建设全球航空企业总部基地和高端临空服务业集聚区。鼓励新虹桥国际医学中心发展医疗服务贸易。积极吸引管理、会计、法律等咨询服务机构入驻，推动专业服务业集聚发展。支持在电子商务、数字贸易、供应链管理等领域培育引进一批独角兽企业和行业龙头企业。加快形成联通全球的数字贸易枢纽。充分发挥数字贸易龙头企业的带动作用，支持符合条件的境外企业探索数字贸易增值服务试点。持续优化数字贸易综合营商环境，建设虹桥商务区数字贸易重点区域，支持虹桥临空经济示范区建立国家数字服务出口基地。持续提升服务辐射长三角的能力。构建国际会展之都的重要承载区，推动高端商务、会展、交通功能深度融合。加强海关特殊监管区域建设，推动综合保税区与长三角区域内自由贸易试验区协同发展。加大与长三角协同联动力度，推动长三角生态绿色一体化发展示范区和虹桥国际开放枢纽拓展带建设。鼓励长三角地区各类品牌展会和贸易投资促进活动加强协调，支持长三角企业在虹桥商务区设立总部和功能性机构。

22. 优化跨境贸易营商环境。深化跨境贸易降费提速改革。对标国际最高标准、最好水平、最前沿实践，聚焦优流程、减单证、提效率、降费用、可预期，助力我国在世界银行营商环境跨境贸易指标排名位居海运经济体前列。进一步削减进出口验核单证，通过监管环节电子化、集约化，探索"云监管"和"云服务"。推动建立降费传导机制，提高企业感受度。深化中国（上海）国际贸易"单一窗口"建设。丰富银行、税务、保险等特色功能，拓展大数据、区块链等新技术应用试点，打造口岸"通关港航物流"服务平台。探索建立进出口企业信用评价体系，实施贸易融资、信用保险、出口退税等信用应用。推动跨境贸易便利化措施适用至所有海运、空运和海铁联运货物，并探索拓展至边境后管理领域。健全适应贸易高质量发展的法规制度体系。对标国际高标准贸易投资规则，不断完善国际贸易中心建设相关的地方法规制度体系，加强平台经济、总部经济、贸易消费数字化转型等领域立法调研，适时推动出台相关地方立法。完善海外知识产权维权援助服务机制，健全知识产权海外维权网络体系，支持重点行业、企业建立知识产权海外维权联盟，促进知识产权保护领域的国际交流与合作。

> **专栏12　口岸营商环境优化行动**
>
> 　　对标最高标准、最好水平,巩固口岸营商环境优化成效,推进实施一批跨境贸易便利化新措施,营造高效、透明、规范的贸易便利化环境,助力我国在世界银行营商环境跨境贸易指标排名中,位居海运经济体前列水平。
>
> 　　(一)优化口岸"通关+物流"流程。统筹口岸不同主体、不同环节衔接畅通,依托国际贸易"单一窗口",优化"通关+物流"全流程并联作业,以海关进口"两步申报"、进出口"提前申报"模式和港航"出口直装""进口直提"模式融合协调为核心,推进并联作业向订舱、集港、提货、疏港、提还箱等物流环节拓展。
>
> 　　(二)推进口岸单证精简及无纸化。进一步争取削减口岸环节验核单证,推进简化相关检验、检测、认证类证书和凭单,严控相关市场主体新设单证,取消陆上运输、航运、港口经营等领域非必要单证要求。除保密等原因外,推进相关单证办理手续前推后移、网上申领、网上验核。优化出口退税单证备案制度,试点无纸化单证备案。
>
> 　　(三)降低企业进出口合规成本。落实停征港建费、简并港口收费项目等简降费政策。加强市场化收费公开和便捷查询,鼓励和推动港口、航运企业、堆场经营人等主体调整收费结构,加强口岸不合理收费的清理和监督检查。
>
> 　　(四)提升口岸监管能力和服务水平。推广无陪同查验,优化以风险管理为基础的口岸联合监管和事中事后监管模式,提升口岸查验单位风险管理水平,运用大数据风险识别、区块链供应链监管、非侵入式智能查验等监管手段,推进对实货的顺势监管和无感通关。
>
> 　　(五)强化口岸作业公开透明可预期。主动听取企业对跨境贸易便利化改革的建议,加强通关便利化措施对企业宣传培训,加强通关疑难问题会诊咨询和热线服务,向企业提供更多即时性通关状态和监管过程信息。

　　23.优化国际经贸人才发展环境。加大海内外优秀人才引进力度。聚焦国际贸易中心建设紧缺急需人才,推动人才引进政策向重点区域、重点领域、重点机构聚力,鼓励重点功能区实施差异化特殊人才政策。完善经贸人才引进重点机构目录和动态调整机制,支持在线新经济、商贸会展等重点领域和各类总部型机构引进优秀人才。强化高水平人才队伍培育。完善市场化、社会化的国际贸易中心人才培养体系,统筹推动高端领军、专业技能、质量管理等各类人才队伍建设。整合各类优质培训研修交流资源,深入开展国际商务领域高端人才专项培育,探索建立国际贸易中心建设高端智库。加快推动高技能人才培养基地、技能大师工作室、工匠创新工作室等载体建设,培育国际贸易中心建设高技能人才。

四、保障措施

　　24.发挥贸易与金融、航运、科技创新互相促进的作用。大力发展贸易金融。积极探索资金跨境自由流动的管理制度,积极推进人民币跨境使用,着力推进货物贸易外汇收支便利化试点,促进离岸贸易、转口贸易、跨境电商等新型国际贸易发展。加强贸易与航运联动发展。大力吸引国际性航运专业组织和功能性机构落户,加快优化集疏运体系和海空铁多式联运体系,持续增强长三角贸易综合竞争力。强化贸易与科技创新的相互促进。着力吸引和集聚各类国际创新资源,推进国家技术转移东部中心、上海国际技术进出口促进中心、南南全球技术产权交易所参与国际技术交流与合作,鼓励外资研发机构与本土机构组建国际研发联盟和联合研究机构,构建面向国际的创新合作新平台。

25. 全面提升防范应对风险能力。积极参与和服务国家涉外法治工作战略布局,提高以法治方式应对挑战、防范风险、反制打压的能力。持续跟踪国际经贸发展趋势,及时研判风险挑战。建立全球性突发事件应急预案,加强区域产业链、供应链安全监测,促进供应链开放、稳定、安全。拓展公平贸易公共服务平台与载体,持续开展国际贸易风险防控与法律实务培训,提升贸易摩擦应对、贸易投资合规指导的精准性与有效性。深化产业损害预警体系建设,搭建上海国际经贸政策工具箱,构建面向国际的经贸商事争议解决平台。

26. 强化规划实施组织保障。发挥市推进上海国际贸易中心建设领导小组作用,加强统筹协调,优化财政资金支持的内容和方式,保障重大项目、重大平台、重大政策顺利实施。深入落实推进浦东高水平改革开放和三项新的重大任务,承担更多国家级贸易、投资、消费和流通领域改革试点任务。健全政府与企业、市民的信息沟通和交流机制,发挥新闻媒体、群众社团的桥梁和监督作用,完善国际贸易中心建设动态监测和评估体系,推动规划有效实施。

市商务委 市委宣传部 市经济信息化委 市司法局
市财政局 市人力资源社会保障局 市文化旅游局
市卫生健康委 市市场监管局 市体育局
关于印发《上海市服务贸易
促进指导目录(2021年版)》的通知

沪商服贸〔2021〕341号

各有关单位：

为推动本市传统服务贸易领域提升能级，促进新型服务贸易业态快速增长，现将《上海市服务贸易促进指导目录(2021年版)》印发给你们，请遵照执行。

上海市商务委员会　中共上海市委宣传部
上海市经济和信息化委员会　上海市司法局
上海市财政局　上海市人力资源和社会保障局
上海市文化和旅游局　上海市卫生健康委员会
上海市市场监督管理局　上海市体育局
2021年12月21日

上海市服务贸易促进指导目录(2021年版)

一、运输服务贸易

促进目标：打造一批主营业务突出、经营模式先进、海外网络健全、具有较强竞争力、向综合物流业发展的大型国际货代企业，培育一批以专业化为基础、通过创新运营和操作模式扩展服务项目、专项业务优势明显的中小型国际货代企业，逐步形成结构合理、业态多样、服务优质、竞争有序的国际货代市场。

培育重点：

（一）以综合服务为主的国际货代企业，上年度销售额人民币1亿元以上(含1亿元)，其中国际货代及相关辅助业务收入所占比例不低于70%；具有一定规模的、独立操作功能的物流服务网点，国内外网点数不少于5个；

以专业化服务为主的国际货代企业，上年度销售额人民币5 000万元以上(含5 000万元)，如：汽车物流、冷链物流、化工物流、多式联运以及为国际贸易服务的跨境电商物流等；

（二）具有较为稳定的长期合作知名客户，至少拥有1个协议服务期在一年以上的国内外知名客户；

（三）主要生产设施与设备具有一定先进性，须有自行开发或引进的国际物流（国际货代及其辅助业务）管理信息系统，能与主要客户实现电子数据交换，信息共享，并能实现对物流活动的实时跟踪、信息反馈。

二、旅游服务贸易

促进目标：建设结构合理、多种所有制经营协调发展、日益繁荣的旅游市场，形成一批实力雄厚、业务广泛的重点企业，鼓励企业加强横向联合，积极向集团化、专业化、现代化方向发展，加快世界著名旅游城市建设。

培育重点：

（一）上海市旅游星级酒店

1. 上年度营业额 8 000 万元人民币以上；
2. 上年度接待境外客人比例不低于 30%；
3. 获得市级旅游标准化示范单位、绿色饭店称号的优先支持。

（二）经济型酒店连锁集团

1. 集团上年度营业额 20 亿元人民币以上；
2. 品牌直营或加盟的酒店 400 家以上；
3. 以品牌特许经营或品牌代理的模式在境外发展品牌直营店或加盟店，国外酒店上年度营业额 50 万美元以上。

三、电信、计算机和信息服务贸易

促进目标：打造一批技术应用开发水平高、科技创新能力强、服务和产品质量好、行业发展前景佳、影响力强的行业领先企业，夯实产业基础，扩大产业规模，提升电信、计算机和信息服务贸易发展水平和服务竞争力。

培育重点：

（一）软件开发服务

1. 从事软件咨询、设计、开发、测试、培训、维护等服务及信息化规划、信息系统设计、信息技术管理咨询、信息系统工程监理、测试评估认证和信息技术培训服务的企业，具有国际市场开发和营销能力，且具备较高技术及服务水平、具有自主知识产权产品的企业和服务出口类企业优先；
2. 符合条件的软件企业，获得 CMM(CMMI) 或 ISO 系列等国际质量管理体系标准认证；
3. 上年度软件和信息技术出口额（以软件出口合同登记执行金额及银行收汇凭证为准，下同）200

万美元以上。

(二) 数据处理服务和信息系统运行维护服务

1. 从事数据录入、数据处理、数据分析、数据整合、数据挖掘、数据管理、数据使用等服务、数据库管理与维护服务、数据中心基础环境以及各类信息系统的软硬件运行维护服务的企业,具有国际市场开发和营销能力,且具备较高技术及服务水平、具有自主知识产权产品的企业和服务出口类企业优先;

2. 符合条件的软件企业,获得有关系列质量管理体系标准认证;

3. 上年度软件和信息技术出口额 500 万美元以上。

(三) 新兴互联网信息技术及内容服务(包括云计算服务)

1. 从事基于互联网的新兴电子商务与网络金融信息服务、网络文化娱乐服务、网络媒体服务、基础应用服务、其他软件信息服务类增值电信服务等,以及通过 IaaS、PaaS、SaaS 等模式的云计算服务平台提供平台软件设计开发和平台管理运营等服务的企业,具有国际市场开发和营销能力,且具备较高技术及服务水平、具有自主知识产权产品的企业和服务出口类企业优先;

2. 符合条件的软件企业,获得有关系列质量管理体系标准认证;

3. 上年度软件和信息技术出口额 100 万美元以上。

(四) 数字内容软件及服务

1. 从事开发数字动漫、游戏设计制作等软件(主要包括数字出版软件、动漫游戏制作引擎软件和开发系统,以及图形制作处理软件、视频制作处理软件、音频制作处理软件等多媒体软件)以及相关服务、智能电视应用等的企业,具有国际市场开发和营销能力,且具备较高技术及服务水平、具有自主知识产权产品的企业和服务出口类企业优先;

2. 符合条件的软件企业,获得有关系列质量管理体系标准认证;

3. 上年度软件和信息技术出口额 200 万美元以上。

(五) 集成电路研发设计及服务

1. 从事集成电路研发设计以及相关技术支持服务(包括为集成电路的开发运用提供测试平台服务)的企业,具有国际市场开发和营销能力,且具备较高技术及服务水平、具有自主知识产权产品的企业和服务出口类企业优先;

2. 符合条件的集成电路设计企业,获得有关系列质量管理体系标准认证;

3. 上年度集成电路研发设计及技术服务出口额 500 万美元以上。

四、工程承包与建筑服务贸易

促进目标:更好利用"两个市场、两种资源"不断创新"走出去"途径和方式,进一步推进境外项目结构调整、市场结构调整和"走出去"主体队伍结构调整,支持企业对境外技术密集型、资本密集型工程项目进行总承包和总集成,树立上海优质工程的品牌形象。

培育重点：

（一）中高端建筑和工程服务

1. 承接的境外工程项目是国家支持的大型工程项目；
2. 鼓励采用 BOT、PPP 等模式承接境外工程项目；
3. 近两年内没有发生重大工程质量事故和较大事故以上的生产安全生产事故；
4. 按时申报商务部对外承包工程业务统计；
5. 上年度承接境外工程单个项目新签合同额达 1 亿美元以上；
6. 带动具有世界先进水平的国产成套机电产品出口的项目优先,带动项目换资源或资源回运的项目优先；
7. 按时足额缴纳对外劳务合作备用金。

（二）工程设计

1. 拥有专利和专有技术；
2. 以设计为龙头带动项目总承包；
3. 具有熟悉国际化执业标准和比较优势的专业服务人才；
4. 具有创新本土化和国际市场开发潜力,在同行业研发能力成绩突出；
5. 已实施具有国际影响力的成功案例,在业内具有较高知名度；
6. 按时申报商务部对外承包工程业务统计；
7. 上年度承接境外工程单个项目新签合同额 3 000 万美元以上；
8. 按时足额缴纳对外劳务合作备用金。

五、专业服务贸易

（一）咨询、会计、法律、广告、人力资源专业服务

促进目标：扩大专业服务业对外开放,提高专业服务水平,提升专业服务质量,通过政策引导扶持,逐步培育管理咨询、会计、法律、广告、人力资源等重点专业服务领域的比较优势；支持本土专业服务企业扩大跨境服务,积极为我国企业海外投资提供专业服务,培育一批具有全球影响力的专业服务品牌。

培育重点：

1. 咨询服务

（1）实到注册资本金 50 万元人民币以上；
（2）专业服务业务上年度营业额 350 万元人民币以上,出口额 5 万美元以上。

2. 会计服务

（1）取得市财政局颁发的会计师事务所(分所)执业许可；
（2）专业服务业务上年度营业额 500 万元人民币以上,出口额 3 万美元以上。

3. 法律服务

（1）取得市司法局颁发的律师事务所执业许可证；

（2）净资产 30 万元人民币以上；专业服务业务上年度营业额 3 000 万元人民币以上，出口额 20 万美元以上。

4. 广告服务

（1）《营业执照》经营范围含有广告制作、设计、代理、发布等事项；

（2）专业服务业务上年度营业额 1 000 万元人民币以上，服务出口额 3 万美元以上。

5. 人力资源服务

（1）取得本市人力资源和社会保障部门颁发的人力资源服务许可证；

（2）企业上年度无亏损情况；

（3）专业服务业务上年度营业额 2 000 万元人民币以上，出口额 5 万美元以上。

（二）会展服务

促进目标：通过扶持、引进、合作等方式打造一批国际化水平较高的专业办展企业和会展项目；支持办展企业积极引进国内外品牌展会，培育一批符合国家产业导向的专业精品展；积极推动企业海外办展，培育一批具有核心竞争力的中小型国际专业展会；大力推进网上会展业发展，打造全国领先、功能齐全、服务水平一流的网上会展平台，努力将上海打造成为国际会展之都。

培育重点：

1. 展览主（承）办

（1）展览会业务近三年内年营业额 3 000 万元人民币以上，其中年外汇收入 50 万美元以上；

（2）连续举办同一主题展览会五届以上，且该展览会已被行业协会认定为上海市国际展览会品牌展，并具有国内行业代表性，且专业性强的项目；

（3）举办的国际展览会境外参展商占参展商总数的 20% 以上，或境外观众总数占比不低于 10%。

2. 会议主（承）办

（1）会议业务近三年内年营业额 800 万元人民币以上，其中年外汇收入 10 万美元以上；

（2）每年度举办单项国际性会议规模在 300 人以上或至境外办会 1 次以上；每年度举办国际性会议 3 次以上；

（3）连续举办同一主题国际性会议 3 届以上，且该国际性会议具有发展潜力。

3. 展示工程

（1）近三年内年营业额 1 000 万元人民币以上，年外汇收入 10 万美元以上；

（2）每年度独立承办 2 个以上展览会主场，或净面积 200 平方米以上特装展位，或 1 个以上展示厅、博物馆的设计制作工作；

（3）完成项目的创意设计为原创，且连续两届获得市行业协会授予的优秀展台项目，或被当地政府主管部门授予优秀博物馆、展示厅、陈列室等项目。

4. 会展场馆

近三年内年营业额在 4 000 万元人民币以上，外汇收入 60 万美元以上。

六、文化服务贸易

促进目标：以建设社会主义国际文化大都市为目标，逐步培养一批具备较强国际市场竞争力、守法经营、信誉良好的文化出口重点企业,打造一批弘扬中华民族优秀传统文化、维护国家统一和民族团结、发展中国同世界各国人民友谊、具有比较优势和鲜明民族特色的文化出口重点项目。

培育重点:

(一) 新闻出版类

1. 出版物输出

(1) 传统出版物上年度出口额 30 万美元以上,或版权输出 3 万美元以上,或版权输出种类达到 20 种;

(2) 具有国际市场开发和营销能力,产品体现中华文化特色。

2. 印刷服务

(1) 上年度出口额 80 万美元以上;

(2) 独立设计能力较强,印刷技术水平居世界前列;

(3) 有成熟的国际合作渠道。

(二) 文广影视类

1. 电影电视

(1) 上年度出口额 40 万美元以上;

(2) 具有良好发展潜质,在提升影视文化产品的生产、发行、播映和后产品开发能力等方面成绩突出;

(3) 积极与国外广播影视机构合作,拥有较为成熟的境外销售网络,境外宣传和推广活动效果突出。

2. 演艺及相关服务

(1) 上年度出口额 5 万美元以上,或在海外高端主流演出市场产生巨大影响力的;

(2) 体现中华文化特色,拥有自主知识产权,具有较高的艺术水平和国际市场开发前景。

(三) 综合服务类

1. 游戏动漫

(1) 上年度出口额 30 万美元以上,或版权输出金额 10 万美元以上,或游戏动漫衍生产品出口额 100 万美元以上;

(2) 拥有自主知识产权的原创游戏动漫形象和内容,或核心技术。

2. 境外文化机构的新设、并购和合作

(1) 在境外通过新设、收购、合作等方式,成功在境外投资设立分支机构,或成功设立演出剧场、产业园区等实体项目,或依托互联网技术成功在海外市场建立营运服务平台,并经营良好;

(2) 境外分支机构上年度营业额 30 万美元以上。

3. 工艺美术品、创意设计服务

(1) 具有显著民族特色的工艺品或属于经认定的国家级非物质文化遗产上年度出口额 30 万美元以上,或创意设计服务上年度出口额 30 万美元以上;

(2) 拥有自主知识产权,体现较高的文化附加值;

(3) 保持较高的研发设计、品牌建设投入,具有持续创新和国际营销能力。

4. 文化贸易集聚服务

(1) 集聚文化贸易企业 50 家以上;

(2) 每年组织文化企业参加 2 次以上境外知名国际文化交易类展览推介活动(单次组织参会在 5 家企业以上);

(3) 搭建公共服务平台,帮助文化企业拓展国际市场。

七、医药卫生服务

促进目标:贯彻落实《上海市人民政府关于推进本市健康服务业高质量发展 加快建设一流医学中心城市的若干意见》(沪府发〔2018〕25 号)和《关于促进中医药传承创新发展的实施意见》(沪委发〔2020〕10 号),培育一批在高端医疗、康复医疗、老年医疗护理、中医药保健、教育培训、科研、产业、文化、旅游和中介等方面持续稳定开展服务贸易工作,具有较好工作基础,条件完备、特色突出、具备较强国际市场竞争力的服务贸易企业(机构)。引导企业(机构)积极探索,创新服务模式、拓展海外营销渠道,打造具有国际影响力的医疗服务品牌。

培育重点:

1. 具有相对稳定的业务渠道和需求市场,已与境外相关机构、国际组织或企业签署一年期以上合作协议;

2. 或与国际接轨,具有特色专科和品牌的,年服务境外人士 5000 人次以上且医疗业务收入在 1 000 万元以上的医疗机构;

3. 或近三年内稳定持续开展中医药服务贸易工作,提供中医药保健、教育培训、科研、产业、文化、旅游等综合服务,已有出口渠道或海外基地,形成较为稳定服务收入,具有独立法人资格;

4. 或在中医药服务标准化、宣传中医药文化、培养中医国际服务人才和海外市场拓展等方面有突出贡献。

八、体育服务贸易

促进目标:结合打造世界一流国际体育赛事之都、国内外重要体育资源配置中心的发展定位,拓宽体育服务贸易领域,扩大体育服务贸易规模,支持与国际体育赛事旅游等服务贸易相关市场主体发展,增强国际知名体育专业公司、国际优质体育知识产权等的吸引力,逐步培育起门类多样、健康有序的体育服务贸易市场,促进全球著名体育城市建设目标的实现。

培育重点:

(一) 体育赛事

1. 引进赛事

(1) 截至上年度已完成一项或多项国际知名体育赛事引进并进行运营管理的机构或企业;

(2) 单项国际赛事交易额 25 万美元以上或运动员奖金设置 10 万美元以上;

(3) 单项赛事营业额 250 万元人民币以上。

2. 自主赛事

(1) 截至上年度已完成举办一项或多项自主培育的、拥有独立知识产权的国际性赛事并进行运营管理的机构或企业；

(2) 单项赛事营业额 250 万元人民币以上。

(二) 体育中介

1. 职业体育经纪

(1) 上年度在国际转会市场上有转会交易的职业体育俱乐部或机构；

(2) 上年度涉及国际球员转会、海外教练员引进资金发生额 35 万美元以上；

(3) 上年度涉及海外体能或医疗康复团队引进资金发生额 25 万美元以上。

2. 体育专业咨询

(1) 上年度在国际咨询市场有体育咨询专业服务的机构或企业；

(2) 实到注册资本金 50 万元人民币以上；

(3) 体育专业服务上年度营业额 150 万元人民币以上，出口额 2.5 万美元以上。

(三) 体育知识产权服务

1. 体育赛事版权

(1) 以国际优质体育赛事版权为投资标的的机构或企业；

(2) 单笔赛事版权交易额 100 万美元以上。

2. 体育无形资产

(1) 上年度从事国内国际优质体育组织、体育场馆、体育赛事、体育活动名称与标志等无形资产的开发与交易的机构或企业；

(2) 实到注册资本金 50 万元人民币以上；

(3) 上年度营业额 150 万元人民币以上。

九、服务外包

促进目标：大力发展应用先进数字技术的软件研发、集成电路和电子电路设计、测试、信息技术解决方案、信息技术运营和维护、网络与信息安全、云计算、人工智能等信息技术外包服务，提升交付一体化数字解决方案的能力；大力发展基于数字技术的共享中心以及多语种呼叫中心服务，提升互联网营销推广、供应链管理、金融后台、法律流程、维修维护等业务流程服务外包水平，支持数字化技术在垂直行业的应用；大力发展医药和生物技术研发、大数据、管理咨询、工业设计、工程技术、服务设计、检验检测和新能源技术研发等知识流程外包服务；打造一批技术水平高、创新能力强、服务质量好、发展前景佳、影响力强的服务外包领先企业。

培育重点：

(一) 信息技术服务外包(ITO)

1. 从事信息技术外包的企业，上年度提供国际服务外包业务额不低于 50 万美元；

2. 具有较高的市场竞争力和服务能力,与服务外包发包商签订提供中长期服务外包业务合同(1年以上);

3. 企业大专及以上学历员工占员工总数的50%以上,对促进就业有较大贡献。

(二) 业务流程服务外包(BPO)

1. 从事业务流程服务外包的企业,上年度提供国际服务外包业务额不低于50万美元;

2. 具有较高的市场竞争力和服务能力,与服务外包发包商签订提供中长期服务外包业务合同(1年以上);

3. 企业大专及以上学历员工占员工总数的50%以上,对促进大学生就业有较大贡献。

(三) 知识流程服务外包(KPO)

1. 从事知识流程服务外包的企业,上年度提供国际服务外包业务额不低于50万美元;从事工业设计、工程技术、服务设计服务的企业,该标准可降至20万美元;

2. 具有较高的市场竞争力和服务能力,与服务外包发包商签订中长期提供服务外包业务合同(1年以上);

3. 企业大专及以上学历员工占员工总数的50%以上,对促进大学生就业有较大贡献。

十、数字贸易

促进目标:围绕打造"数字贸易国际枢纽港",加快推动形成良好的市场主体培育生态环境。扶持和激活数字阅读、网络视听、动漫网游等领域的一批原创内容IP;聚焦云服务、大数据、物联网、人工智能等领域,重点支持实施一批高端化、国际化和规模化的数字服务重大项目;加快培育一批数字贸易领域成长性好、增长潜力大的独角兽企业。

培育重点:

(一) 云服务

1. 从事软件即服务、平台即服务、基础设施即服务等领域跨境业务的企业优先;
2. 上年度服务出口额100万美元以上;
3. 在海外设有数据中心。

(二) 数字内容

1. 从事动漫游戏、数字演艺、网络视听、数字阅读、电子竞技、搜索引擎、社交媒体等领域跨境业务的企业优先;
2. 上年度服务出口额30万美元以上;
3. 拥有一个及以上原创内容IP;
4. 在海外设有数字内容服务平台或分支机构。

（三）数字服务

1. 提供运输、旅游、专业服务、文化创意、医疗、金融、制造业、建筑业、农业等行业数字化解决方案的跨境服务企业优先；
2. 上年度服务出口额100万美元以上；
3. 拥有一个及以上的数字技术应用核心产品；
4. 在海外设有分支机构，具有境外交付能力。

十一、服务贸易示范基地

促进目标：根据《中共中央 国务院关于推进贸易高质量发展的指导意见》和《全面深化服务贸易创新发展试点总体方案》（商服贸发〔2020〕165号）的要求，培育一批具有较好服务贸易发展基础，并集聚一定数量服务贸易重点领域企业的开发区和园区，不断优化服务贸易重点领域的空间布局，突出重点区域信息集聚、要素集聚和资源集聚的优势，加强贸易和产业的联动发展。

培育重点：

（一）具有完整的发展规划和鲜明的产业特色及定位，具有明显的区位优势，纳入区域产业布局的整体规划和推进方案，在服务贸易方面有较强的竞争力，企业集聚度较高；

（二）集聚20家及以上特定领域的服务贸易企业，或实现区域内该特定领域的年度服务贸易进出口总额超过1亿美元的行政区域；

（三）集聚10家及以上特定领域的服务贸易企业，或实现该领域的服务贸易进出口总额超过500万美元的开发区和园区。

上海市人民政府办公厅印发《关于本市加快发展外贸新业态新模式的实施意见》的通知

沪府办发〔2021〕25号

各区人民政府，市政府各委、办、局：

《关于本市加快发展外贸新业态新模式的实施意见》已经市政府同意，现印发给你们，请认真贯彻执行。

上海市人民政府办公厅
2021年9月18日

关于本市加快发展外贸新业态新模式的实施意见

为深入贯彻《国务院办公厅关于加快发展外贸新业态新模式的意见》（国办发〔2021〕24号），现就本市加快发展外贸新业态新模式提出以下实施意见：

一、总体要求

（一）指导思想。以习近平新时代中国特色社会主义思想为指导，全面贯彻党的十九大和十九届二中、三中、四中、五中全会精神，立足新发展阶段，贯彻新发展理念，服务构建新发展格局，以改革创新为根本动力，以浦东高水平改革开放、虹桥国际开放枢纽建设等国家重大战略任务为契机，全面落实"十四五"时期上海国际贸易中心建设任务目标，着力打造国内大循环的中心节点和国内国际双循环的战略链接，实现外贸创新发展。

（二）发展目标。坚持创新引领，将创新驱动作为贸易新旧动能接续转换的关键动力，培育贸易竞争新优势，提升贸易发展软实力，外贸对全市经济发展的贡献度进一步增强。

贸易新业态新模式发展的政策支撑更加有力。积极探索制度型开放路径，推动外贸数字化转型，争取一批外贸创新试点任务率先实施，实现一批支持外贸创新的政策制度取得突破，推动一批外贸新业态新模式加速发展。

贸易新业态新模式综合竞争优势更加显现。外贸新业态新模式对贸易高质量发展的驱动引领作用进一步显现，对外贸易渠道更加畅通，跨境贸易营商环境更加优化，为构筑全球贸易枢纽打下坚实基础。

贸易新业态新模式创新辐射能力更加突出。发挥贸易对国内国际两个扇面的辐射作用，畅通国内国际双循环交换通道。对接RCEP等新型国际经贸协定，加大压力测试力度，推进产业链供应链国际合作，提升对外开放水平。

二、加快提升贸易创新发展能级，培育贸易竞争新优势

（三）打造离岸贸易创新发展高地。支持商业银行对具有真实、合法交易基础，且具备商业合理性和逻辑性的人民币离岸经贸业务和外汇离岸贸易业务，自主决定审核交易单证的种类。扩大自由贸易账户离岸经贸业务规模，优化"离岸经贸业务企业名单"产生机制，对符合条件的企业实施动态更新。在浦东具备条件的区域，争取实施适应离岸业务发展的税收政策。支持上海自贸试验区、临港新片区等区域出台离岸贸易专项政策。（责任部门、单位：市商务委、人民银行上海分行、外汇管理局上海市分局、市财政局、浦东新区政府、临港新片区管委会）

（四）推进绿色低碳贸易发展。支持本市企业发展绿色技术和扩大绿色生产，加快融入绿色产业国际价值链。支持上海环境能源交易所建设碳排放权全国性交易市场。鼓励绿色再制造业务发展，允许特定类别境外再制造产品按新品实施进口管理，研究推动开展汽车发动机关键零部件、高端医疗设备等禁止进口的旧机电产品再制造业务。进一步支持综合保税区内企业开展保税维修业务，争取扩大综合保税区维修产品范围。支持自贸试验区内企业按照综合保税区维修产品目录开展"两头在外"的保税维修业务。在确保风险可控的前提下，支持海关特殊监管区域外重点企业开展高技术含量、高附加值、符合环保要求的保税维修业务。（责任部门、单位：市商务委、上海海关、市生态环境局、浦东新区政府、临港新片区管委会）

（五）打造国际贸易分拨枢纽。鼓励跨国企业将上海作为其全球或区域性物流分拨业务节点，认定一批贸易规模大、辐射范围广的分拨企业为上海市国际贸易分拨中心示范企业。扩大国际分拨货物《未再加工证明》试点范围，支持相关货物在优惠贸易项下，其他国家（地区）进口受惠。发挥洋山特殊综合保税区政策优势，建设洋山特殊综合保税区国际中转集拼服务中心，进一步简化进出境监管手续，提高货物流转通畅度和自由度。支持国际贸易分拨企业提升资金结算等特色功能，提升全球供应链资源配置影响力。（责任部门、单位：市商务委、上海海关、浦东新区政府、临港新片区管委会）

（六）支持外贸综合服务企业健康发展。支持外贸综合服务企业取得海关高级认证资质，在进出口通关环节享受差异化便利服务，进一步降低外贸综合服务海关高级认证企业的进出口货物平均查验率。进一步落实完善海关"双罚"机制，在外贸综合服务企业无故意或重大过失情况下，由外贸综合服务企业和其客户区分情节承担相应责任。支持外贸综合服务企业代生产企业申办出口退（免）税业务，持续提升出口退税办理便利化水平，确保及时足额退税。外贸综合服务企业办理货物贸易外汇收入，可自主决定是否开立出口收入待核查账户。（责任部门、单位：市商务委、上海海关、市税务局、外汇管理局上海市分局）

（七）支持外贸垂直服务平台发展壮大。支持在营销、支付、交付、物流、品控等外贸细分领域共享创新。鼓励外贸细分服务平台在各区域、各行业深耕垂直市场，走"专精特新"之路。鼓励外贸企业自建独立站，支持专业建站平台优化提升服务能力。探索区块链技术在贸易细分领域中的应用。（责任部门：市商务委）

三、加快推进贸易创新数字赋能，培育贸易发展新动能

（八）完善贸易数字化基础设施。推动口岸信息化平台升级，深化上海国际贸易"单一窗口"建设，汇集"口岸通关、港航物流"全程业务办理功能，推进海港、空港等业务受理系统与上海国际贸易

"单一窗口"信息双向交互。建设上海国际贸易"单一窗口"收费公示及服务信息发布系统,实现港口、船代、理货等口岸收费标准线上公开、在线查询。加强大数据理念和方法运用,持续推进上海跨境贸易大数据平台建设。鼓励外贸企业为开展数字化营销使用国际互联网数据专用通道。完善国际邮件互换局(交换站)和国际快件处理中心布局。推动开行中欧班列。(责任部门、单位:市商务委、上海海关、市交通委、中国铁路上海局集团、虹桥国际中央商务区管委会)

(九)提升贸易数字化营销能力。加快推动传统经贸展会数字化转型,支持展会线上线下融合发展,支持外贸企业运用"云展示""云对接""云签约"等新模式进行展示推介、洽谈合作和线上签约。进一步打响"出海优品"品牌,举办"云购申城""e路同行"系列活动,支持电商平台赋能贸易商和制造商转型发展。支持企业建设面向海外市场的线上营销网络,拓展外贸企业开拓国际市场新渠道。(责任部门:市商务委)

(十)推进跨境电商制度创新。深化跨境电商综合试验区建设,在空海港口岸、海关特殊监管区域和优势产业带增设一批跨境电商示范园区。完善跨境电商公共服务平台软硬件基础设施,确保平台通关便利性保持全国前列。推动跨境电商特殊区域出口和跨境电商B2B出口海运清单模式落地实施。继续推动跨境电商B2B出口业务发展,力争在海运渠道、邮路渠道规模化发展,引导更多企业参与新业务的试点。加快建设跨境电商一般出口业务海关监管作业场所,支持以邮路为通路的跨境电商出口纳入全市跨境贸易电商统计。(责任部门:市商务委、上海海关、市发展改革委)

(十一)培育本土海外仓企业。支持物流、平台或贸易企业共建共享海外仓,丰富海外仓功能,扩大服务范围。鼓励海外仓企业对接跨境电商公共服务平台、电商平台,匹配供需信息。优化快递运输等政策措施,支持海外仓企业建立完善物流体系,向供应链上下游延伸服务,探索建设海外物流智慧平台。支持出口商品可按一般贸易方式进入海关特殊监管区域,再以跨境电商方式出境。(责任部门、单位:市商务委、上海海关、市发展改革委、市交通委、市邮政管理局、浦东新区政府、临港新片区管委会、虹桥国际中央商务区管委会)

(十二)加快数字贸易发展。聚焦云服务、数字内容、数字服务等重点领域,着力发展互联网视听平台、数字化供应链平台、数字化营销平台等新模式新业态,发布数字贸易企业创新引领案例。支持数字贸易跨国公司在沪设立地区总部、研发中心和科技类机构,增强区域资源配置能力。推进浦东软件园国家数字服务出口基地建设,推动虹桥国际中央商务区全球数字贸易港率先成势,积极创建虹桥临空国家数字服务出口基地,提升临港新片区国际数据港能级。建设数字贸易交易促进平台,深入应用区块链、大数据技术,提升在线跨境结算功能。(责任部门、单位:市商务委、市委网信办、市经济信息化委、浦东新区政府、临港新片区管委会、虹桥国际中央商务区管委会)

(十三)培育贸易数字化生态链条。鼓励外贸龙头企业率先开展数字化转型,对产品研发、生产制造、物流通关、客户管理、供应采购等贸易全场景、全链条数字化改造,带动上下游企业数字化转型。支持传统外贸企业运用云计算、人工智能、虚拟现实等技术,加强研发设计,开展智能化、个性化、定制化生产。在贸易金融、外贸综合服务、国际物流、海外售后服务等领域,培育一批贸易数字化转型专业服务机构,提供线上报关、出口退税代理、收结汇、出口信保、跨境金融等综合服务。(责任部门:市商务委、市经济信息化委)

四、加快推进贸易创新环境建设,提升贸易发展软实力

(十四)提升贸易创新发展策源能力。加强原始创新和集成创新,支持外贸企业创新方式优化国际市场布局。引导企业创新对外合作方式,优化资源、品牌和营销渠道,培育一批具有较强创新能力

和国际竞争力的龙头企业。创新要素投入,推动产业转型升级,优化出口产品结构,提升重点产业出口能力,推动产业链国际开放合作,培育贸易创新发展核心动能。(责任部门:市商务委、市经济信息化委)

(十五)支持企业主动对接高标准国际贸易规则。提升企业运用国际协定能力,提高企业自贸协定利用率。推进RCEP关税实施准备工作,引导企业运用关税减让、原产地累积规则、开放市场准入、简化通关程序等互惠措施,逐步扩大与协定国贸易规模。加大对重点市场宣传推介力度,及时发布政策和市场信息,增强外贸企业业务承接能力。(责任部门:市商务委、上海海关)

(十六)完善贸易创新容错机制。对外贸企业在外汇结汇、税收缴交等环节出现的非主观故意又可整改的行为,按照规定不纳入跨境人民币业务重点监管名单。加强海关信用体系建设,推进海关信用修复机制建设。积极深化主动披露应用,完善海关事后监管容错机制。对诚信企业加快推进进口商品第三方采信监管模式,对被采信的检验检测机构实施目录管理,强化事中事后监管。(责任部门:人民银行上海分行、上海海关)

(十七)鼓励贸易金融服务创新。支持上海跨境人民币贸易融资转让服务平台建设,提高跨境人民币贸易融资主体间信息传递和交易效率。发挥出口信用保险作用,聚焦服务贸易和跨境电商、海外仓等外贸新业态新模式,实施更积极的承保政策和更完善的理赔支持措施,强化产品模式创新。探索保单融资新模式,持续扩大出口信用保险覆盖面和保单融资规模。(责任部门、单位:人民银行上海分行、市商务委、市地方金融监管局、上海银保监局、中国信保上海分公司)

(十八)提升贸易新业态相关外汇收支便利。支持跨境电商企业将境外费用与出口货款轧差结算,出口至海外仓销售的货物出口报关金额与汇回的实际销售收入可不一致。境内国际寄递企业、物流企业、跨境电商平台企业可为客户代垫跨境电商相关境外费用。便利从事跨境电商的个人通过个人外汇账户办理跨境电商相关外汇结算,凡境内个人办理跨境电商项下结售汇,提供有交易额的证明材料或交易电子信息的,不占用个人年度便利化额度。允许符合条件的外贸综合服务企业根据客户委托代办出口收汇手续。(责任部门:外汇管理局上海市分局)

(十九)加强竞争政策执法。发挥反垄断和反不正当竞争规制作用,加强对外贸新业态领域竞争政策执法前沿研究,着力预防和制止外贸新业态领域垄断和不正当竞争行为,保护公平竞争,维护良好外贸秩序。(责任部门:市市场监管局、市商务委)

(二十)提升国际贸易知识产权保护水平。完善本市知识产权海外维权援助机制,加强企业知识产权海外维权行政指导,实施涉外知识产权高端人才培育计划。完善知识产权多元纠纷解决机制,持续推动世界知识产权组织仲裁与调解上海中心在沪开展涉外知识产权仲裁与调解业务,推广世界知识产权组织仲裁与调解服务。强化进出口环节知识产权保护,提高边境知识产权执法水平,设立科创企业知识产权海关保护中心,建立知识产权快速便利维权机制以及知识产权保护联合培塑机制。(责任部门:市商务委、市知识产权局、上海海关、上海科创办)

(二十一)加强行业组织建设和专业人才培育。支持外贸新业态领域行业组织出台行业服务规范和自律公约,鼓励设立外贸新业态领域相关行业组织。支持普通高校、职业院校设置相关专业。引导普通高校、职业院校与企业合作,培养符合外贸新业态新模式发展需要的管理人才和高素质技术技能人才。(责任部门:市商务委、市教委、市民政局)

五、加快完善贸易创新保障体系,筑牢贸易发展基础

(二十二)加强贸易创新组织领导。充分发挥上海市与商务部、海关总署等部市、署市合作机制

作用,统筹推进传统贸易、新型贸易和服务贸易协同发展。各区、各有关部门和单位要按照职责分工,密切配合,及时出台相关措施。市商务委要会同有关部门和单位加强工作指导,确保各项措施落地见效。(责任部门、单位:市商务委等有关部门、各区政府等有关单位)

(二十三)加大财税政策支持力度。在符合世界贸易组织规则前提下,进一步完善财政资金对贸易新业态新模式的支持方式,优化市区财政支持结构,鼓励各区出台相关支持政策。优化出口退税单证备案制度,推行单证备案无纸化试点,允许经批准企业自主选择单证留存形式。(责任部门、单位:市商务委、市财政局、市税务局、各区政府)

(二十四)强化贸易风险防范与应对能力。出台本市贸易调整援助管理制度,优化产业安全监测工作站功能,建立区域产业损害与安全保障机制。加强贸易摩擦应对,搭建贸易摩擦应对特色行业工作站及实训平台,建立上海国际经贸合规法律服务平台。(责任部门:市商务委)

(二十五)深化经贸国际交流合作。发挥行业协会、学术机构等社会组织作用,加强与境外国际机构的合作交流。大力发展丝路电商,加强共建"一带一路"经贸合作。加强理论研究与经验总结,以国内成熟规则体系为基础,参与外贸新业态新模式的国际规则和标准制定。(责任部门:市商务委)

(二十六)加强外贸新业态宣传引导。不断总结推广好经验、好做法。加强舆论引导,宣介外贸新业态新模式发展成效。积极营造鼓励创新、充满活力、公平竞争、规范有序的良好氛围,促进外贸新业态新模式健康持续创新发展。(责任部门、单位:市商务委、市政府新闻办、各有关单位)

上海市商务委员会 上海海关
上海市药品监督管理局 上海市科学技术委员会
上海推进科技创新中心建设办公室
关于印发《上海市生物医药研发用物品
进口试点方案》的通知

沪商规〔2021〕4号

各区商务主管部门、各隶属海关、各区市场监管局、各区科技主管部门,各有关单位:

为我市加快打造具有国际影响力的生物医药产业创新高地进程,有序推进生物医药研发用物品进口试点,现将《上海市生物医药研发用物品进口试点方案》印发给你们,请遵照执行。

上海市商务委员会 上海海关
上海市药品监督管理局 上海市科学技术委员会
上海推进科技创新中心建设办公室
2021年6月30日

上海市生物医药研发用物品进口试点方案

为我市加快打造具有国际影响力的生物医药产业创新高地进程,有序推进生物医药研发用物品进口试点,制定本方案。

一、总体要求

根据"创新体制机制、守牢风险底线、提升便利水平"原则,建立生物医药企业(研发机构)进口研发用物品"白名单"(以下简称"白名单")制度,完善信息化监管,提升进口便利化程度,实现"白名单"物品进口不需办理《进口药品通关单》。

二、主要任务

(一)建立市、区两级生物医药研发用物品进口试点联合推进机制。建立由市商务委牵头,上海海关、市药监局、市科委和上海科创办等多部门参与的市级生物医药研发用物品进口试点联合推进机制,办公室设在市商务委。试点区域建立商务主管部门牵头,市场监管和科技等部门参与的生物医药研发用物品进口试点联合推进机制,办公室设在区商务主管部门。

（二）认定"白名单"。"白名单"由企业（研发机构）及试点进口研发用物品两部分组成,每家试点企业（研发机构）与试点进口研发用物品一一对应。试点区域内企业（研发机构）可以向区域联合推进机制办公室提出进入"白名单"的申请。"白名单"由区域联合推进机制负责向市级联合推进机制推荐,市级联合推进机制认定,市商务委、上海海关、市药监局、市科委和上海科创办等市级联合推进机制成员单位联合发文确认并公布。纳入"白名单"的物品进口不需办理《进口药品通关单》,"白名单"以外的物品进口仍按现行流程办理。

"白名单"须满足以下条件：

1. 企业（研发机构）应具备与试点研发业务相匹配的业务规模、研发技术和项目经验,具有相关物品使用全流程追溯的信息管理系统,有良好的信用记录,无严重失信行为。

2. 企业（研发机构）可进口物品的种类,按照"服务企业、聚焦前沿、风险可控"原则,根据每家企业（研发机构）业务情况确定。

3. 企业（研发机构）须建立健全内控制度,指定专人负责研发用物品进口管理工作,建立进口物品使用台账,并承诺进口物品只限于研发用途,在使用过程中严格按照规范进行管理和销毁。

（三）试点便利化通关措施。依托信息化平台,实现"白名单"信息与企业（研发机构）申报信息比对。上海海关对属于"白名单"的,不需企业（研发机构）提交《进口药品通关单》,办理通关手续。

（四）实施"白名单"动态调整。"白名单"将根据试点进程和企业（研发机构）需求实施动态调整,原则上每半年调整一次。

（五）明确违规责任。试点企业（研发机构）如有违规行为,一经查实,将取消试点资格,试点期内不得再次申请。违法违规信息按我市有关规定纳入企业信用记录。涉及刑事犯罪的,依法移送司法机关。

三、保障措施

（一）统筹协调推进。市级联合推进机制各成员单位加强联动,合力推进试点,放大试点效应。市商务委负责协调试点总体工作,市药监局负责生物医药研发用物品的属性界定,上海海关负责进口物品通关,市科委和上海科创办负责生物医药研发业务和生物医药全产业链发展协同。

（二）加强组织实施。市、区两级联合推进机制成员单位在法定职责内各司其职,加强事中事后监管。各区域联合推进机制成员单位加强属地管理,定期对企业（研发机构）研发用物品使用情况进行检查,如发现违规行为,立即向对口市级部门和市级联合推进机制办公室报告。市、区两级联合推进机制建立例会制度,强化各部门信息互通,及时通报试点进展,协调解决试点中出现的问题。

（三）分步开展试点。生物医药研发用物品进口试点先在浦东新区和临港新片区开展。临港新片区企业（研发机构）可以向临港新片区管委会提出申请,由临港新片区管委会负责向市级联合推进机制推荐。其他有需求的区可向市级联合推进机制办公室提出试点申请,经市级联合推进机制评估后纳入试点范围并公布。

本试点方案自 2021 年 8 月 1 日起实施,有效期至 2023 年 7 月 31 日。

第四部分
数据表组

表1 1980—2020年全球服务贸易进出口额

（单位：亿美元）

年份	进出口				出口				进口			
	总额	运输	旅游	其他	总额	运输	旅游	其他	总额	运输	旅游	其他
1980	7 675	3 022	2 117	2 536	3 650	1 344	1 035	1 271	4 025	1 678	1 082	1 265
1981	7 919	3 132	2 086	2 701	3 740	1 370	1 039	1 331	4 179	1 762	1 047	1 370
1982	7 674	2 908	2 019	2 747	3 646	1 278	1 012	1 356	4 028	1 630	1 007	1 391
1983	7 374	2 738	1 974	2 662	3 544	1 207	1 006	1 331	3 830	1 531	968	1 331
1984	7 619	2 778	2 170	2 671	3 656	1 227	1 099	1 330	3 963	1 551	1 071	1 341
1985	7 827	2 760	2 284	2 783	3 816	1 247	1 158	1 411	4 011	1 513	1 126	1 372
1986	9 059	2 923	2 809	3 327	4 479	1 332	1 430	1 717	4 580	1 591	1 379	1 610
1987	10 753	3 386	3 467	3 900	5 314	1 541	1 757	2 016	5 439	1 845	1 710	1 884
1988	12 259	3 891	4 057	4 311	6 003	1 783	2 028	2 192	6 256	2 108	2 029	2 119
1989	13 420	4 241	4 397	4 782	6 565	1 930	2 207	2 428	6 855	2 311	2 190	2 354
1990	16 011	4 861	5 292	5 858	7 805	2 233	2 648	2 924	8 206	2 628	2 644	2 934
1991	16 655	4 880	5 481	6 294	8 245	2 287	2 764	3 194	8 410	2 593	2 717	3 100
1992	18 709	5 321	6 332	7 056	9 238	2 440	3 188	3 610	9 471	2 881	3 144	3 446
1993	19 008	5 314	6 321	7 373	9 413	2 435	3 230	3 748	9 595	2 879	3 091	3 625
1994	20 771	5 813	6 870	8 088	10 333	2 658	3 511	4 164	10 438	3 155	3 359	3 924
1995	23 864	6 664	7 905	9 295	11 849	3 037	4 077	4 735	12 015	3 627	3 828	4 560
1996	25 406	6 764	8 420	10 222	12 709	3 101	4 386	5 222	12 697	3 663	4 034	5 000
1997	26 259	6 901	8 469	10 889	13 204	3 174	4 414	5 616	13 055	3 727	4 055	5 273
1998	26 853	6 824	8 533	11 496	13 504	3 143	4 434	5 927	13 349	3 681	4 099	5 569
1999	27 940	7 030	8 859	12 051	14 056	3 253	4 593	6 210	13 884	3 777	4 266	5 841
2000	29 718	7 683	9 197	12 838	14 922	3 485	4 778	6 659	14 796	4 198	4 419	6 179
2001	29 888	7 565	9 000	13 323	14 946	3 450	4 668	6 828	14 942	4 115	4 332	6 495
2002	31 808	7 776	9 463	14 569	16 014	3 605	4 889	7 520	15 794	4 171	4 574	7 049
2003	36 363	8 898	10 454	17 011	18 340	4 089	5 371	8 880	18 023	4 809	5 083	8 131
2004	42 123	10 955	11 284	19 884	21 795	5 056	6 339	10 400	20 328	5 899	4 945	9 484
2005	47 580	12 268	13 453	21 859	23 967	5 632	6 977	11 358	23 613	6 636	6 476	10 501
2006	53 302	13 722	14 292	25 288	27 107	6 259	7 371	13 477	26 195	7 463	6 921	11 811
2007	63 161	16 123	16 438	30 600	32 570	7 420	8 620	16 530	30 591	8 703	7 818	14 070

续 表

年份	进 出 口				出 口				进 口			
	总额	运输	旅游	其他	总额	运输	旅游	其他	总额	运输	旅游	其他
2008	72 003	19 094	17 977	34 932	37 313	8 727	9 472	19 114	34 690	10 367	8 505	15 818
2009	64 257	15 305	16 343	32 609	33 116	7 035	8 543	17 538	31 141	8 270	7 800	15 071
2010	71 790	17 430	17 860	36 500	36 640	7 830	9 360	19 450	35 150	9 600	8 500	17 050
2011	80 750	19 600	20 150	41 000	41 650	8 600	10 650	22 400	39 100	11 000	9 500	18 600
2012	84 500	20 350	21 050	43 100	43 450	8 900	11 100	23 450	41 050	11 450	9 950	19 650
2013	89 400	20 650	22 450	46 300	46 200	9 000	11 750	25 450	43 200	11 650	10 700	20 850
2014	97 250	21 800	24 050	51 400	49 400	9 550	12 400	27 450	47 850	12 250	11 650	23 950
2015	93 650	19 650	24 450	49 550	47 500	8 750	12 300	26 450	46 150	10 900	12 150	23 100
2016	92 263	18 772	24 040	49 451	46 417	8 526	12 055	25 836	45 846	10 246	11 985	23 615
2017	100 476	20 343	25 973	54 160	50 956	9 315	13 095	28 546	49 520	11 028	12 878	25 614
2018	109 006	22 318	28 409	58 279	55 587	10 166	14 365	31 056	53 419	12 152	14 044	27 223
2019	117 962	22 360	28 320	63 370	60 656	10 290	14 420	33 580	57 306	12 070	13 900	29 790
2020	96 668	18 260	11 033	67 375	49 853	8 299	5 489	36 065	46 815	9 961	5 544	31 310

数据来源：WTO国际贸易统计数据库

表2 1982—2020年中国服务贸易进出口额

年份	中国出口额（亿美元）	中国出口占世界比重(%)	中国进口额（亿美元）	中国进口占世界比重(%)	中国进出口额（亿美元）	中国进出口占世界比重(%)
1982	25	0.7	19	0.5	44	0.6
1983	25	0.7	18	0.5	43	0.6
1984	28	0.8	26	0.7	54	0.7
1985	29	0.8	23	0.6	52	0.7
1986	36	0.8	20	0.4	56	0.6
1987	42	0.8	23	0.4	65	0.6
1988	47	0.8	33	0.5	80	0.7
1989	45	0.7	36	0.5	81	0.6
1990	57	0.7	41	0.5	98	0.6
1991	69	0.8	39	0.5	108	0.6
1992	91	1	92	1.0	183	1.0
1993	110	1.2	116	1.2	226	1.2
1994	164	1.6	158	1.5	322	1.6
1995	184	1.6	246	2.1	430	1.8
1996	206	1.6	224	1.8	430	1.7
1997	245	1.9	277	2.1	522	2.0
1998	239	1.8	265	2.0	504	1.9
1999	262	1.9	310	2.2	572	2.0
2000	301	2	359	2.4	660	2.2
2001	329	2.2	390	2.6	719	2.4
2002	394	2.5	461	2.9	855	2.7
2003	464	2.5	549	3.0	1 013	2.8
2004	621	2.8	716	3.4	1 337	3.1
2005	739	3.1	832	3.5	1 571	3.3
2006	914	3.4	1 003	3.7	1 917	3.6
2007	1 216	3.7	1 293	4.2	2 509	3.9
2008	1 465	3.9	1 580	4.5	3 045	4.2
2009	1 286	3.9	1 581	5.1	2 867	4.5

续 表

年份	中国出口额(亿美元)	中国出口占世界比重(%)	中国进口额(亿美元)	中国进口占世界比重(%)	中国进出口额(亿美元)	中国进出口占世界比重(%)
2010	1 702	4.6	1 922	5.5	3 624	5.1
2011	1 821	4.4	2 370	6.0	4 191	5.2
2012	1 905	4.4	2 801	6.7	4 706	5.6
2013	2 106	4.4	3 291	7.6	5 397	6.0
2014	2 222	4.6	3 821	8.1	6 043	6.3
2015	2 850	6.0	4 660	10.1	7 510	8.0
2016	2 073	4.3	4 498	9.6	6 571	7.1
2017	2 281	4.3	4 676	9.2	6 957	6.7
2018	2 651	4.6	5 206	9.5	7 857	7.0
2019	2 817	4.6	4 970	8.7	7 787	6.6
2020	2 806	5.6	3 810	8.1	6 616	6.8

数据来源：WTO 国际贸易统计数据库

附录

2004—2020年蓝皮书目录

《2004 上海国际服务贸易发展研究报告集》目录

第一部分　总报告
上海国际服务贸易发展研究总报告

第二部分　统计报告
分报告一：国际服务贸易的概念和统计指标体系研究分
分报告二：上海国际服务贸易(BOP)统计分析报告
分报告三：上海国际服务贸易(FATS)统计分析报告

第三部分　行业分报告
分报告四：上海运输国际服务贸易发展研究报告
分报告五：上海旅游国际服务贸易发展研究报告
分报告六：上海国际工程承包及劳务输出发展研究报告
分报告七：上海文化广电领域国际服务贸易发展研究报告
分报告八：上海国际教育服务贸易发展研究报告
分报告九：上海金融国际服务贸易发展研究报告
分报告十：上海保险国际服务贸易发展研究报告
分报告十一：上海体育国际服务贸易发展研究报告

《2005 上海国际服务贸易发展研究报告集》目录

第一部分　总报告
上海国际服务贸易发展研究总报告

第二部分　专题研究
分报告一：上海发展国际服务贸易的影响因素分析
分报告二：服务贸易发展的国际比较研究
分报告三：我国入世过渡期承诺对上海国际服务贸易发展的影响
分报告四：发展服务外包，促进上海国际服务贸易发展
分报告五：财税对于推动上海国际服务贸易发展的若干思考
分报告六：上海国际服务贸易发展中的人才培训对策研究
分报告七：上海服务业利用外资的现状及发展思路研究
分报告八：外国附属机构服务贸易统计FATS统计分析报告

第三部分　行业分报告
分报告一：上海港航运输国际服务贸易发展研究
分报告二：上海旅游国际服务贸易发展研究
分报告三：上海金融保险国际服务贸易发展研究
分报告四：上海国际工程承包及劳务输出发展研究
分报告五：上海计算机与信息国际服务贸易发展研究
分报告六：上海中介咨询国际服务贸易发展研究
分报告七：上海专利国际服务贸易发展研究
分报告八：上海通信国际服务贸易发展研究
分报告九：上海教育国际服务贸易发展研究
分报告十：上海文化领域国际服务贸易发展研究
分报告十一：上海体育国际服务贸易发展研究

《2006 上海服务贸易发展研究报告集》目录

第一部分 总报告

2005 年上海服务贸易发展总报告

第二部分 统计报告

2005 年上海服务贸易 BOP 统计报告
2005 年上海服务贸易 FATS 统计报告
附录：服务贸易的概念和统计指标体系研究

第三部分 专题研究

上海服务外包发展研究报告
上海运输项目 BOP 统计长期逆差的实证分析
推动特殊监管区域政策整合和功能拓展，促进服务贸易加快发展
上海"十一五"服务业与服务贸易发展趋势研究
"走出去"与上海服务贸易发展研究
上海服务外包人才培训与开发研究中国服务贸易发展和参与多哈谈判的情况（服务贸易论坛讲稿）
从统计角度看欧盟与中国的服务贸易（服务贸易论坛讲稿）

《2007上海服务贸易发展报告》目录

第一部分　总报告
2006年上海服务贸易发展总报告

第二部分　统计报告
2006年上海服务贸易BOP统计报告

2006年上海服务贸易FATS统计报告

第三部分　专题报告
上海服务贸易竞争力研究

服务贸易统计国际比较研究

上海软件与信息技术外包竞争力分析报告

上海与香港服务贸易比较研究

关于大力发展上海内外中转物流产业的思考与建议离岸服务外包：发展现状和展望

第四部分　政策文件
《国务院关于加快发展服务业的若干意见》（国发〔2007〕7号）

《关于上海加速发展现代服务业的若干政策意见》（沪府〔2005〕102号）

《商务部关于推进服务贸易发展的若干意见》（商服贸发〔2007〕27号）

《商务部关于实施服务外包"千百十工程"的通知》（商资发〔2006〕556号）

《关于促进上海服务外包发展若干意见的通知》（沪府发〔2006〕26号）

《2008 上海服务贸易发展报告》目录

第一部分　总报告

2007年上海服务贸易发展总报告

第二部分　统计报告

2007年上海服务贸易国际收支BOP统计报告

2007年上海服务贸易外国附属机构FATS统计报告

第三部分　专题报告

上海服务贸易发展战略研究

主要服务贸易国家竞争力比较和上海的现实选择

服务贸易技术性壁垒对上海服务贸易的影响

上海服务外包发展的目标和政策举措研究

长三角联动发展软件外包的思考与实践

促进上海文化出口研究

国际航空运输服务贸易：发展现状和政策问题

我国航空运输服务贸易发展现况与对策思考

全球专利权利使用费和特许费国际贸易情况

我国专利权利使用费和特许费国际贸易的现况与发展

第四部分　政策文件

《国务院办公厅关于加快发展服务业若干政策措施的实施意见》（国办发〔2008〕11号）

商务部关于印发《服务贸易发展"十一五"规划纲要》的通知（商服贸发〔2007〕466号）

《商务部关于2008年服务贸易工作的意见》（商服贸发〔2008〕90号）

《商务部、统计局关于印发国际服务贸易统计制度的通知》（商服贸发〔2007〕464号）

《财政部、商务部关于支持承接国际服务外包业务发展相关财税政策的意见》（财企〔2008〕32号）

《商务部、公安部、财政部、人民银行、国资委、海关总署、税务总局、证监会、外汇局关于支持会计师事务所扩大服务出口的若干意见》（商服贸发〔2007〕507号）

第五部分　数据表组

1990—2007年世界服务贸易进出口额

1997—2007年中国服务贸易进出口额

2000—2007年上海服务贸易进出口额

附　录

2004—2007年蓝皮书目录

《2009上海服务贸易发展报告》目录

第一部分　总报告

2008年上海服务贸易发展总报告

第二部分　统计报告

2008年上海服务贸易国际收支BOP统计报告

2008年上海服务贸易外国附属机构FATS统计报告

第三部分　专题报告

上海服务贸易发展趋势研究

上海服务贸易综合评估体系研究

上海服务贸易发展与产业结构转型升级研究

上海服务贸易管理体制现状及改革路径研究

基于现代服务业集群市郊的上海服务贸易发展研究

上海服务贸易发展要素研究

上海服务贸易发展模式研究

上海服务贸易发展战略定位研究

关于上海国际教育服务贸易发展的政策建议

关于加快推进上海国际物流发展的研究报告

我国会计师事务所发展战略研究

第四部分　政策文件

国务院关于推进上海加快发展现代服务业和先进制造业、建设国际金融中心和国际航运中心的意见(国发〔2009〕19号)

商务部关于做好2009年服务贸易工作的指导意见(商服贸发〔2009〕156号)

上海市人民政府关于印发《上海服务贸易中长期发展规划纲要》的通知(沪府发〔2009〕48号)

上海市人民政府印发关于促进上海服务贸易全面发展实施意见的通知(沪府〔2009〕48号)

第五部分　数据表组

1990—2008年世界服务贸易进出口额

1997—2008年中国服务贸易进出口额

2000—2008年上海服务贸易进出口额

2000—2008年上海服务贸易出口分项目情况

2000—2008年上海服务贸易进口分项目情况

附　录

2004—2008年蓝皮书目录

《2010 上海服务贸易发展报告》目录

第一部分　总报告

2009年上海服务贸易发展总报告

第二部分　专题报告

上海服务贸易"十二五"发展规划研究

上海专业服务贸易现状、存在问题和促进政策研究

国际技术贸易发展动态及我国技术贸易的发展思考

服务贸易与货物贸易协调发展的基本规律研究

旅游产业应成为上海发展服务经济的先导产业

上海中医药国际服务贸易发展研究

上海市服务外包人力资源现状分析

第三部分　政策文件

上海市人民政府办公厅关于转发市商务委、市发展改革委、市财政局制定的《上海市服务贸易发展专项资金使用和管理试行办法》的通知（沪府办发〔2009〕36号）

上海市商务委员会、上海市发展和改革委员会、上海市财政局关于做好2010年度服务贸易发展专项资金申报工作的通知（沪商服贸〔2010〕646号）

财政部、海关总署、国家税务总局关于支持文化企业发展若干税收政策问题的通知（财税〔2009〕31号）

商务部、文化部、广电总局、新闻出版总署、中国进出口银行关于金融支持文化出口的指导意见（商服贸发〔2009〕191号）

国务院办公厅关于促进服务外包产业发展问题的复函（国办函〔2009〕9号）

财政部、国家税务总局、商务部关于示范城市离岸服务外包业务免征营业税的通知（财税〔2010〕64号）

财政部、商务部关于做好2010年度支持承接国际服务外包业务发展资金管理工作的通知（财企〔2010〕64号）

财政部、国家税务总局、商务部、科技部、国家发展改革委关于技术先进型服务企业有关企业所得税政策问题的通知（财税〔2010〕65号）

上海市科学技术委员会、上海市商务委员会、上海市财政局、上海市国家税务局、上海市地方税务局、上海市发展和改革委员会关于修订《上海市技术先进型服务企业认定管理试行办法》的通知（沪科合〔2010〕19号）

上海市人民政府办公厅关于转发市商务委、市发展改革委、市财政局制定的《关于做好2010年度促进服务外包产业发展专项资金使用和管理试行办法》的通知（沪府办发〔2009〕49号）

第四部分　数据表组

表1：1980—2009年全球服务贸易进出口额

表2：1982—2009年中国服务贸易进出口额

附　录

2004—2009年蓝皮书目录

《2011 上海服务贸易发展报告》目录

第一部分　总报告

2010年上海服务贸易发展总报告

第二部分　专题报告

服务业、服务贸易和服务经济
京津沪渝服务贸易发展比较研究
利用出口信用保险政策促进服务贸易出口
上海服务外包"十二五"发展规划研究
关于国际物流（货代）企业物流外包服务业务认定的思考
发展文化产业应做好四大设计
加快浦东新区服务贸易发展，为建设"四个中心"核心功能区作贡献
国际服务贸易统计手册2010年版解读

第三部分　政策文件

商务部等34个部门关于联合发布《服务贸易发展"十二五"规划纲要》的通知（商服贸发〔2011〕340号）
财政部、国家税务总局关于印发《营业税改征增值税试点方案》的通知（财税〔2011〕110号）
财政部、国家税务总局关于在上海市开展交通运输业和部分现代服务业营业税改征增值税试点的通知（财税〔2011〕111号）
财政部、商务部关于做好2011年度技术出口贴息资金申报工作的通知（财企〔2011〕51号）
财政部、商务部关于做好2011年度支持承接国际服务外包业务发展资金管理工作的通知（财企〔2011〕69号）
上海市关于鼓励服务外包产业加快发展及简化外资经营离岸呼叫中心业务试点审批程序的通知（沪通信管市字〔2011〕32号）
财政部、商务部关于做好2011年度支持承接国际服务外包业务发展资金管理工作的通知（财企〔2011〕69号）
商务部办公厅、中国人民银行办公厅关于服务外包企业人民币跨境贸易结算有关问题的通知（商办财函〔2010〕1439号）
关于上海市境内机构对外支付服务贸易项下代垫、分摊费用有关问题的通知（上海汇发〔2010〕192号）

第四部分　数据表组

表1：1980—2010年全球服务贸易进出口额
表2：1982—2010年中国服务贸易进出口额

附　录

2004—2010年蓝皮书目录

《2012 上海服务贸易发展报告》目录

第一部分 总报告

2011年上海服务贸易发展总报告

第二部分 专题报告

国际贸易中心城市货物贸易与服务贸易比较研究

客观认识上海服务贸易的国际竞争力与政策安排

关于国家服务外包交易促进平台的可行性调研报告

上海技术进口发展的若干思考

做强国际工程承包引领上海货物、服务出口

上海中医药服务贸易发展现状分析

搭建平台，完善体系，全力推进以贸易为引领的现代服务业

非政府组织促进服务贸易工作之案例分析

美国服务贸易促进体系探究

第三部分 政策文件

商务部等10部门联合发布文化产品和服务出口指导目录（公告2012年第3号）

财政部、商务部关于做好2012年度承接国际服务外包业务发展资金管理工作的通知（财企〔2012〕165号）

商务部、中国进出口银行关于"十二五"期间金融支持服务贸易发展的意见（商服贸发〔2012〕86号）

商务部、统计局关于印发《国际服务贸易统计制度》的通知（商服贸函〔2012〕655号）

上海市知识产权局、上海市商务委员会等关于印发《关于加强本市服务外包产业知识产权工作的若干意见》的通知（沪知局〔2012〕73号）

上海市商务委员会关于发布《上海市服务外包专业园区认定管理办法》的通知（沪商服贸〔2012〕141号）

上海市商务委员会关于印发《上海市服务外包重点企业认定管理办法》的通知（沪商服贸〔2012〕143号）

上海市商务委员会、上海市经济和信息化委员会关于发布《上海市软件和信息技术服务出口重点企业认定管理办法》的通知（沪商服贸〔2012〕497号）

上海市商务委员会、上海市卫生局、上海市中医药发展办公室关于发布《上海市中医药服务贸易试点单位（试点项目）认定及管理暂行办法》的通知（沪商服贸〔2012〕609号）

上海市商务委员会关于发布《上海市国际物流（货代）行业重点企业认定管理办法》的通知（沪商服贸〔2011〕227号）

上海市商务委员会关于印发《上海市软件出口（创新）园区认定和管理办法》的通知（沪商服贸〔2011〕477号）

第四部分 数据表组

表1：1980—2011年全球服务贸易进出口额

表2：1982—2011年中国服务贸易进出口额

附 录

2004—2011年蓝皮书目录

《2013 上海服务贸易发展报告》目录

第一部分　2012 年上海服务贸易发展总报告

第二部分　专题研究

服务化水平评估与比较——以 OECD 主要国家和金砖五国为例

新谈判方式下服务业进一步开放的重点和难点

浅析营改增对上海服务贸易发展的影响

全球外包浪潮与我国城市转型升级——我国扩大服务贸易的路径

上海法律服务外包发展现状和潜力

实施文化走出去的战略意义

上海文化国际贸易发展政策研究

着力打造服务贸易产业高地　加快提升黄浦服务经济综合能级

从服务贸易协定的视角看中小企业在服务贸易中的角色打造

"21 世纪全面高标准的自由贸易协定"——从 TPP 谈判看美国服务贸易政策动向

第三部分　政策文件

财政部、商务部关于做好 2013 年度承接国际服务外包业务发展资金管理工作的通知（财企〔2013〕52 号）

上海市人民政府办公厅关于转发市商务委等三部门制定的《上海市服务贸易发展专项资金使用和管理办法》的通知（沪府办发〔2012〕64 号）

上海市人民政府办公厅关于转发市商务委等三部门制定的《上海市促进服务外包产业发展专项资金使用和管理办法》的通知（沪府办发〔2012〕66 号）

市商务委关于发布《上海服务外包人才实训基地认定管理办法》的通知（沪商服贸〔2013〕747 号）

市商务委关于发布《上海服务外包人才培训基地认定管理办法》的通知（沪商服贸〔2013〕748 号）

上海市文化产品和进出口综合统计报表制度

第四部分　数据表组

附　录

2004—2012 年蓝皮书目录

《2014 上海服务贸易发展报告》目录

第一部分　总报告
2013年上海服务贸易发展总报告

第二部分　专题报告
中国(上海)自由贸易试验区和服务贸易创新研究
增强上海服务业研发创新能力的思考
促进上海国际技术贸易发展的分析与建议
新形势下上海软件和信息服务业国际化发展战略探讨
上海旅游服务贸易发展现状与分析
文化生产数字化对国际文化贸易的影响
我国动画产业"走出去"的十年回顾
美国文化产业和文化贸易推进体系
中国高端金融服务外包的现状与发展
突出重点，提升能级，加快推动嘉定服务贸易发展
关于全球价值链背景下国际贸易统计方法改革对中国服务贸易统计影响的研究
2013年上海市服务贸易外国附属机构(FATS)统计分析课题报告

第三部分　政策文件
国务院关于加快发展对外文化贸易的意见(国发〔2014〕13号)
教育部、商务部关于创新服务外包人才培养机制提升服务外包产业发展能力的意见(教高〔2014〕2号)
上海市人民政府关于加快发展本市对外文化贸易的实施意见(沪府发〔2014〕71号)
市商务委、市委宣传部、市经济信息化委、市司法局、市财政局、市卫生计生委、市旅游局关于印发《上海市服务贸易促进指导目录(2014年版)》的通知
市商务委关于印发《上海市服务贸易示范基地和示范项目认定管理暂行办法》的通知

第四部分　数据表组
表1：1980—2013年全球服务贸易进出口额
表2：1982—2013年中国服务贸易进出口额

附　录
2004—2013年蓝皮书目录

《2015 上海服务贸易发展报告》目录

第一部分 总报告

2014年上海服务贸易发展总报告

第二部分 专题报告

"一带一路"与国家软实力：上海服务贸易面临的新挑战与新机遇
科技创新中心的国际指标与上海科创中心建设
"中国服务"国际竞争力评估
上海"十三五"期间贸易金融发展的主要突破口与举措研究
服务外包转型升级与加快上海科创中心建设研究
关于推进上海医疗旅游发展的思考和建议
调结构、促转型：大力推动普陀服务贸易发展
美国和全球经济中的数字贸易
2014年上海服务贸易外国附属机构（FATS）统计分析报告

第三部分 政策文件

国务院关于加快发展服务贸易的若干意见（国发〔2015〕8号）
国务院关于促进服务外包产业加快发展的意见（国发〔2014〕67号）
商务部办公厅、中宣部办公厅、文化部办公厅、新闻出版广电总局办公厅、海关总署办公厅关于印发《对外文化贸易统计体系（2015）》的通知（商办服贸函〔2015〕485号）
上海市加快促进服务贸易发展行动计划（2016—2018）上海市服务贸易促进指导目录（2015年版）
上海市商务委关于印发《上海服务外包产业重点发展领域指导目录（2015年版）》的通知（沪商服贸〔2015〕326号）

第四部分 数据表组

表1：1980—2014年全球服务贸易进出口额
表2：1982—2014年中国服务贸易进出口额

附 录

2004—2014年蓝皮书目录

《2016 上海服务贸易发展报告》目录

第一部分　总报告

2015 年上海服务贸易发展总报告

第二部分　专题报告

服务贸易创新发展促进上海全球城市建设

全球价值链中的服务贸易发展及对上海的启示

跨境交付——数字技术下服务贸易新方式及上海的发展策略

确立上海对外文化服务贸易的新优势

上海服务贸易企业国际竞争战略研究

商业银行助力服务贸易企业发展探究

大力发展服务贸易　提升杨浦区经济软实力

美国和全球经济中的数字贸易（案例篇）

跨国公司与跨境技术转移

2015 年上海服务贸易外国附属机构（FATS）统计分析报告

第三部分　政策文件

国务院关于同意开展服务贸易创新发展试点的批复（国函〔2016〕40 号）

上海市人民政府关于印发《上海市服务贸易创新发展试点实施方案》的通知（沪府发〔2016〕82 号）

上海市人民政府办公厅关于转发市商务委等三部门制订的《上海市服务贸易发展专项资金使用和管理办法》的通知（沪府办〔2016〕75 号）

市商务委、市委宣传部、市文广局、市新闻出版局、市经信委关于组织申报 2016—2017 年度上海市文化出口重点企业和重点项目的通知（沪商服贸〔2016〕259 号）

上海市商务委员会关于印发《上海市服务贸易示范基地和示范项目认定管理办法》的通知（沪商服贸〔2016〕266 号）

第四部分　数据表组

表 1：1980—2015 年全球服务贸易进出口额

表 2：1982—2015 年中国服务贸易进出口额

附　录

2004—2015 年蓝皮书目录

《2017 上海服务贸易发展报告》目录

第一部分 总报告

2016年上海服务贸易发展总报告

第二部分 专题报告

全球服务贸易规则重构研究

全球价值链重构下上海服务贸易创新发展对策

"一带一路"倡议下的中国服务业"走出去"——机遇、挑战与路径选择

国际服务贸易规则的新发展与中国服务贸易立法的完善

上海软件出口企业人力资源现状及对策研究

上海对外文化贸易竞争力提升对策研究

优化贸易发展结构 发展"静安特色"服务贸易——上海市静安区服务贸易发展调研报告

2016年上海服务贸易外国附属机构(FATS)统计分析报告

第三部分 政策文件

商务部、国家统计局关于印发《国际服务贸易统计监测制度》的通知(2016年12月20日)

商务部等13部门关于印发《服务贸易发展"十三五"规划》的通知(2017年3月2日)

商务部等5部门关于印发《国际服务外包产业发展"十三五"规划》的通知(2017年4月28日)

市商务委、市委宣传部、市经济信息化委、市司法局、市财政局、市卫生计生委、市旅游局、市体育局关于印发《上海市服务贸易促进指导目录(2016年版)》的通知(2016年12月29日)

上海市人民政府印发《关于本市进一步鼓励软件产业和集成电路产业发展的若干政策》的通知(2017年4月17日)

第四部分 数据表组

表1:1980—2016年全球服务贸易进出口额

表2:1982—2016年中国服务贸易进出口额

附 录

2004—2016年蓝皮书目录

《2018 上海服务贸易发展报告》目录

第一部分　总报告

2017年上海服务贸易发展总报告

第二部分　专题报告

上海市技术贸易运行分析报告

上海数字贸易发展报告

上海数字贸易企业案例

上海文化产业发展报告

上海邮轮旅游服务贸易发展报告

上海服务外包运行分析报告

上海中医药服务贸易发展报告

打响文化品牌　彰显海派特色——全力推进"国家文化出口基地（徐汇）"建设

2017年上海服务贸易外国附属机构（FATS）统计分析报告

第三部分　政策文件

国务院关于支持自由贸易试验区深化改革创新若干措施的通知（国发〔2018〕38号）

国务院关于同意深化服务贸易创新发展试点的批复（国函〔2018〕79号）

2017—2018年度国家文化出口重点企业和重点项目目录（商务部、中央宣传部、财政部、文化部、新闻出版广电总局公告2018年第22号）

公布国家文化出口基地名单（商务部、中央宣传部、文化和旅游部、广播电视总局公告2018年第51号）

财政部、税务总局、商务部等关于将服务贸易创新发展试点地区技术先进型服务企业所得税政策推广至全国实施的通知（财税〔2018〕44号）

商务部等9部门关于印发《中国服务外包示范城市动态调整暂行办法》的通知（商服贸函〔2018〕102号）

中国（上海）自由贸易试验区跨境服务贸易特别管理措施（负面清单）（2018年）（上海市人民政府公告2018年第1号）

上海市人民政府关于印发《中国（上海）自由贸易试验区跨境服务贸易负面清单管理模式实施办法》的通知（沪府规〔2018〕19号）

上海市人民政府关于印发《上海市深化服务贸易创新发展试点实施方案》的通知（沪府规〔2018〕20号）

市商务委、市委宣传部、市经济信息化委、市司法局、市财政局、市卫生计生委、市旅游局、市体育局关于印发《上海市服务贸易促进指导目录（2017年版）》的通知（沪商服贸〔2018〕48号）

第四部分　数据表组

表1：1980—2017年全球服务贸易进出口额

表2：1982—2017年中国服务贸易进出口额

附　录

2004—2017年蓝皮书目录

《2019 上海服务贸易发展报告》目录

第一部分　总报告 2018 年上海服务贸易发展总报告

2018 年上海服务贸易发展总报告

第二部分　专题报告

中国自由贸易试验区(港)服务贸易开放风险研究

USMCA 对跨境金融服务贸易规则的新发展及启示

境外航运中心城市打造"特色航运服务"品牌的主要经验及对上海的启示

全球化背景下我国医疗服务贸易发展分析

长三角地区对外服务贸易的分析报告

经济全球化与上海新兴服务贸易发展研究

上海服务贸易运行指引报告摘要

2018 年上海服务贸易外国附属机构(FATS)统计分析报告

第三部分　政策文件

关于《服务外包产业重点发展领域指导目录(2018 年版)》的公告(商务部、财政部、海关总署公告 2018 年第 105 号)

商务部办公厅关于印发《服务外包统计调查制度》的函(商办服贸函〔2019〕15 号)

中共上海市委、上海市人民政府印发《上海市新一轮服务业扩大开放若干措施》的通知(沪委发〔2019〕21 号)上海市商务委等部门关于印发《上海服务贸易促进指导目录(2018 年版)》的通知(沪商服贸〔2019〕32 号)

关于印发《上海市数字贸易发展行动方案(2019—2021 年)》的通知(沪商服贸〔2019〕201 号)

第四部分　数据表组

表 1：1980—2018 年全球服务贸易进出口额

表 2：1982—2018 年中国服务贸易进出口额

附　录

2004—2018 年蓝皮书目录

《2020上海服务贸易发展报告》目录

第一部分　总报告

2019年上海服务贸易发展总报告

第二部分　专题报告

新冠肺炎疫情对服务贸易影响分析与趋势预判

全球和区域数字贸易规则的发展趋势与焦点争议

金融服务贸易发展现状与对策

《区域全面经济伙伴关系协定》服务贸易规则解读

上海自由贸易试验区临港新片区服务贸易开放与监管的国际借鉴

服务贸易最佳实践和经验总结报告(G20)

2019年服务贸易运行指引报告摘要

第三部分　政策文件

《中华人民共和国出口管制法》(中华人民共和国主席令〔2020〕第58号)

中华人民共和国技术进出口管理条例(国务院令〔2001〕第331号　国务院令〔2020〕第732号)

国务院关于同意全面深化服务贸易创新发展试点的批复(国函〔2020〕111号)

商务部等八部门关于推动服务外包加快转型升级的指导意见(商服贸发〔2020〕12号)

商务部关于印发全面深化服务贸易创新发展试点总体方案的通知(商服贸发〔2020〕165号)

商务部、科技部关于调整发布《中国禁止出口限制出口技术目录》的公告(商务部　科技部公告2020年第38号)

商务部办公厅印发《关于积极做好疫情应对支持服务外包企业发展工作的通知》(商办服贸函〔2020〕51号)

商务部办公厅关于疫情防控期间进一步便利技术进出口有关工作的通知(商办服贸函〔2020〕35号)

上海市关于推进贸易高质量发展的实施意见(沪委办发〔2020〕37号)

上海市人民政府关于印发《上海市全面深化服务贸易创新发展试点实施方案》的通知(沪府规〔2020〕24号)

上海市商务委员会等八部门关于印发《上海市推动服务外包加快转型升级的实施方案》的通知(沪商服贸〔2020〕293号)

关于积极支持服务贸易企业加快复工复产的通知(沪商服贸〔2020〕81号)

上海市商务委员会关于印发《上海市服务贸易示范基地和示范项目认定管理办法》的通知(沪商规〔2020〕9号)

市商务委等九部门关于印发《上海市服务贸易促进指导目录(2020年版)》的通知(沪商服贸〔2020〕314号)

第四部分　数据表组

表1：1980—2019年全球服务贸易进出口额

表2：1982—2019年中国服务贸易进出口额

附　录

2004—2019年蓝皮书目录